KB216765

통곡 속에 숨은 유머

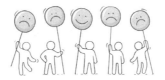

통곡 속에 숨은 **유머**

초판 1쇄   2019년 02월 15일

지은이   김동일
발행인   김재홍
교정·교열   김진섭
마케팅   이연실

발행처   도서출판 지식공감
브랜드   비움과채움
등록번호   제396-2012-000018호
주소   경기도 고양시 일산동구 견달산로225번길 112
전화   02-3141-2700
팩스   02-322-3089
홈페이지   www.bookdaum.com

가격   15,000원
ISBN   979-11-5622-434-1 03230

CIP제어번호   CIP2019003515
이 도서의 국립중앙도서관 출판예정도서목록(CIP)은 서지정보유통지원시스템 홈페이지
(http://seoji.nl.go.kr)와 국가자료공동목록시스템(http://www.nl.go.kr/kolisnet)
에서 이용하실 수 있습니다.

비움과채움은 도서출판 지식공감의 임프린트 출판입니다.

통곡
속에 숨은
유머

김동일 지음

하나님의 말씀과 유머를 병행하여 메시지를 전달하는

••••
60편의 유머

이 책을 썼다고 해서 내가 그렇게 살고 있다는 말은 아니다. 하루에도 여러 번 넘어지지만 넘어지는 횟수가 좀 줄어들 뿐이다. 지금도 영적인 갈등과 불순종으로 얼룩진 삶을 살고 있지만 짧지 않은 세월 속에서 내린 결론은 그분은 나의 전부이고 나를 가장 잘 알고 계시는 분이란 말 외는 더 이상 적당한 표현을 할 수 없다.

그리고 연인에게 보냈던 그 편지를 지금 그분에 대하여 가장 자연스럽고 지혜롭게 나의 마음을 움직여서 쓰게 하신다.

우리나라 교인들은 열정이 다른 어떤 나라보다 참 많다고 생각한다. 새벽기도, 전도집회, 심방 등등 참으로 하루 24시간이 모자라듯 바쁘다 보니 교역자들은 분주함에 밀려다닐 정도로 교회의 일이 넘친다. 물론 예수님께서 공생애 사역을 시작하신 이후에 바쁘게 보내신 것은 확실하지만, 성경에는 예수님께서 바쁘셔서 어린이들을 접근 못 하게 하신다든지 시각장애인들을 피해 다니지 않으셨다. 예수님께서는 바쁘신 가운데 비유와 적절한 유머를 섞어 가시며 자신의 메시지를 전하셨다.

공중을 나는 새를 보라고 하셨고 새도 굶어 죽지 않는데 어찌 자녀를 굶겨 죽이겠느냐고 말씀하셨다. 그리고 어부인 베드로에게 이제부터 고기를 낚지 말고 사람을 낚으러 다니자고 말씀하셨다. 이 얼마나 고급 유머인가?

그렇지만 오늘날 우리 삶은 치열한 경쟁에 내몰리다 보니 모두가 강자가 되려고 발버둥 치고 있다. 특별히 시간이 모자라는 교인들은 세상일, 교회일(원래는 이렇게 구분하면 안됨)로 2배로 바쁠 수밖에 없다. 우리도 예수님을 닮아서 거룩하고 성스러워지는 것은 좋지만 지나치게 심각하고 엄격한 신앙생활을 하다 보면 여유와 웃음을 잃고 바리새인들이 되기가 쉽다. 예수님께서 바리새인들을 독사의 자식이라고 저주를 하셨다는 것을 알면 우리가 신앙의 핵심을 놓치고 있지는 않은지 살펴보아야 한다.

우린 많은 일을 하고 업적을 쌓아야 하나님께 칭찬받는 줄 알지만 일과 업적 이전에 하나님의 마음과 내 마음을 공명시키는 것이 선행되어야 한다. 하나님께서는 우리의 자유의지로 자발적인 참여에 의한 결과를 기뻐하시지 바리새인들처럼 생색내기 위한 행동은 그분의 영광을 가리게 된다.

『통곡 속에 숨은 유머』는 성경이 이야기하고 싶은 고난의 역사를 피부로 겪은 인생과 함께한 유머가 병행된 책이다. 16년간 불치의병으로 알려진 파킨슨병으로 통곡의 세월을 보내면서 유머를 직접 만들었던 시간 속에서 탄생한 책이다.

우리나라에서는 처음으로 하나님의 말씀과 유머를 병행하여 메시지를 전달하는 수미상관식 어법을 써서 신앙의 여유를 누릴 수 있도록 출판되었다. 즉 유머에 관련된 질문을 먼저 던지고 그 유머에 관련된 에세이를 첨가하고 마지막에 유머의 답이 주어지는 형식을 취하고 있다.

이 책이 나오기까지 많은 분들의 도움을 받았다. 추천사를 써주신 올란도 새길교회 이중수 목사님, 용인 하나교회 김성식 목사님께 감사의 말씀을 드린다. 그리고 페이스북을 통하여 적극적으로 참여하여 준 제자들 윤창호, 박흥권, 손현철, 김신의, 전응수 졸업생께 고마운 마음전하고 주수길 교수님, 김계동 교수님, 김한수 교수님, 김성신 교수님, 양창삼 교수님, 김순길 과장님, 이효정 교수님, 최문선 교수님께 고마움을 전한다. 늘 그리운 친구 개그의 천재 친구 노상훈에게도 감사한다. 그리고 사랑하는 아내 목명순 사모와 지아, 지인의 도움과 격려가 없었으면 이 책이 세상에 나오지 못했을 것이다.

나의 영성에 지대한 영향을 끼친 분은 다음과 같다.

우리나라 강해설교의 개척자이시며 선구자이신 이중수 목사님의 저서와 설교는 새롭게 눈을 뜨게 하였다. 이중수 목사님께서는 본인이 영적으로 방황할 때 그 길을 잡아주셨던 영적 멘토셨다. 그리고 남포교회 박영선 목사님에게도 많은 영적인 빚을 졌다. 또한 Oswald Chambers, Alan Redpath, Martyn Lloyd−Jones, A. W. Tozer, Major W. Ian Thomas, Warren W. Wiersbe, A. W Pink 목사님들의 영적 통찰력에 감동을 받았다.

통곡 속에 숨은 유머

이중수(전 올란도 새길교회 담임목사)

여러 해 전에 스코틀랜드의 한 수양회에서 짐 패커(Jim Packer)의 로마서 강해를 들은 적이 있었다. 한 가지 기억에 남는 이야기가 있다. 고난을 밀어내는 번영주의와 형통주의 신앙은 비성경적이라는 말이었다. 그 예로써 패커는 죠니 에릭슨 타다(Joni Eareckson Tada)를 들었다. 죠니는 17세 때 수영 다이빙 사고로 사지가 마비되었다. 그러나 그녀는 자신의 불행한 처지로 인해 다른 지체 장애인들을 돕는 일을 시작하게 되었다. 현재 그녀는 50여 년 동안 휠체어 생활을 하면서 날마다 만성 통증을 견디며 50여 권의 책을 썼고 많은 강연과 자선 활동으로 전 세계 장애인들에게 큰 힘이 되고 있다.

책의 내용은 누가 어떤 환경에서 집필했는지를 고려할 때 그 가치가 달라진다. 김동일 교수는 힘든 질병으로 장기간 투병해 왔다. 그는 통곡의 고통을 통해 복음의 능력을 남달리 체험하고 하나님을 더욱 깊이 알게 되었다. 『통곡 속에 숨은 유머』는 자신의 고난을 통해 담금질 되고 새롭게 깨닫게 된 성경 말씀을 짧은 메시지의 형태로 제시한 것이다. 사물을 보는 저자의 정확한 통찰은 타락한 인간심리의 뒤틀린 배면을 들추어내고 교회와 교인들의 문제에 반영시킨다. 그는 오늘날 우리 교회가 겪는 영적 문제가 고난의 의미를 외면하고 물질적 복과 세속적 성공 주의에 쏠린 것이라고 본다. 그는 자신의 부족을 솔직히 인정하면서 성경 본문의 참뜻을 펼치며 주 예수의 가신 길을 함께 걷도록 촉구한다. 그의 글은 인기를 끌 수 있는 인간의 말재간도 아니고 슬쩍 듣고 넘어갈 수 있는 여담도 아니다. 그의 메시지에는 근본을 정시하고 겨냥하는 예리한 관찰과 자신을 돌아보게 하는 양심의 두드림이 있다.

그런데 심각한 이야기일수록 쉼이 필요하다. 본서는 각 장의 제목에 질문이 나오고 답으로 끝난다. 그런데 답은 다시 답을 찾게 한다. 답은 유머를 담고 있지만, 수수께끼 같아서 이렇게 저렇게 생각해보며 풀어야 한다. 답은 한자나 영어로 풀어야 할 때도 있고, 한글이나 유음을 사용해야 풀리기도 한다. 풀고 나면 어떻게 이런 답을 만들었을까 하는 놀라움이 일어나고 묘한 미소와 함께 다음 장을 기대하게 된다.

통곡 속에 숨은 **유머**

그래서 각 장의 질문에 따르는 답은 하나의 쉼표이다. 잠시 쉬고 나면 다음 장이 되고 다시 쉼표에 이르다 보면 마지막 장의 쉼표에 당도한다. 『통곡 속에 숨은 유머』의 의미가 오늘날 우리 교회가 가진 이슈들을 풀어내고 각자의 신앙생활에 하나의 영적 쉼표가 되기를 기대하며 일독을 추천한다.

김동일 교수로 하여금 여러 고난의 길을 거쳐 복음의 참뜻을 밝히게 하시고 오직 주님만을 따르는 삶으로 인도하신 하나님께 깊은 고개를 숙이며 더 많은 결실이 있기를 기원한다.

김성식(행복을 나누는 하나교회 목사)

예수님의 공생애를 기록한 복음서를 보면 짧은 기간 동안 예수님은 참 많은 일을 하셨고 치열하게 사셨음을 알게 된다. 그 많은 가르침과 사역을 집중적으로 서술함에 있어서도 복음서가 표현하는 예수님은 바쁜 일에 치여 분주하셨다기보다는 혼자 기도하는 시간과 여유를 가지신 분이다. 그리고 또 한 가지 찾을 수 있는 것이 예수님의 유머다. 예수님의 말씀을 듣고자 많은 사람들이 몰려들었는데 예수님은 청중을 향해 소위 빵 터지게 하는 해학과 재치를 발휘하셨다.

"어찌하여 형제의 눈 속에 있는 티는 보면서 너의 눈 속에는 기둥(들보)이 들어있는 것을 모르느냐 그 기둥부터 빼내라."

"누가 아들이 빵을 달라고 하는데 옛다 하며 돌멩이를 주고, 오늘 생선 좀 먹어요 하는데 이거나 먹어라 하며 뱀을 던져 주겠느냐"

예수님의 말씀을 상상하며 들으면 얼마나 우스꽝스러운 장면이 펼쳐지는지 모른다. 예수님의 여유와 거기서 나오는 유머는 반복적인 일상에 찌든 누구에게나 청량감을 주는 생수가 된다. 인생에 있어서 정말 중요한 것이 무엇인지 곱씹을 수 있게 하는 기막힌 방법이다. 이 책의 접근도 마찬가지다. 『통곡 속에 숨은 유머』를 읽고 있노라면 신앙의 진지한 면을 숙고하면서도 동시에 웃을 수 있는 여유를 함께 누리게 된다. 신앙인의 삶과 윤리에 대한 깊은 통찰에 저자의 인생여정을 아는 이들은 숙연하게 받아들일 것이고, 그렇지 않더라도 책장을 넘기며 퀴즈로 풀어내는 고품격 익살에 미소 짓게 될 것이다. 거기서 그치지 않고 이 내용으로 우리의 대화가 윤택하고 따뜻해진다면, 어색함이 깨지고 친밀감이 높아진다면 더할 나위 없이 저자의 의도가 먹혀든 것이 아닐까. 손닿는 곳에 두고 자꾸만 펼쳐 보고 싶은 책이다.

차례

들어가는 글

고린도전서

요나서

베드로전서

에스더서

마무리하는 글

들어가는 글

가난한 자는 그의 형제에게도 미움을 받거든
하물며 친구야 그를 멀리하지 않겠느냐

(잠 18:7)

원화와 달라($)가 싸우면
달라가 패하는 이유는?

성경은 돈에 대하여 부정적이지 않다. 잠언서에서는 오히려 부자를 찬양한다. 가난하면 친구가 끊어지고 쪽박을 차는 사람을 오히려 힐난하는 문구들이 나온다. 재물은 많은 친구를 더하게 하나 가난한즉 친구가 끊어지느라(잠 18:4). 가난한 자는 그의 형제에게도 미움을 받거든 하물며 친구야 그를 멀리하지 않겠느냐(잠 18:7).

사실 돈이란 것은 하나님께서 인간에게 주신 지혜와 슬기의 산물이다. 돈이 없다면 인간사 불편하기 짝이 없어진다. 쌀을 생산한 농부는 허리가 접히도록 무거운 쌀가마를 지고, 비린내를 무릅쓰고 어부들은 생선을 포대 자루에 싣고 재래시장에서 가서 서로 물물교환을 해야 한다. 그러나 돈이 있으면 원하는 물건을 홀가분하게 바로 구입할 수 있다.
그러나 태생부터 이 돈은 마법을 부릴 수 있는 잠재력을 가지고 있다. 먼저 성경도 인정하는 이자가 존재한다. 이른바 돈이 새끼를 치는 것이다. 금융업은 이자를 근거로 발생하게 되었고 위험부담이 크면 클수록 이자가 높고 안전할수록 이자가 적다. 은행은 이자가 낮고 제2금융권은 이자가 높다.

경제는 물처럼 우리와 떨어질 수 없는 활동이다. 돈이 부족하거나 없으면 우린 삶이 황폐해진다. 병원비가 없으면 아파도 병원에 갈 수가 없다. 자본주의 사회에서 살아가려면 돈이 없으면 사람 구실을 할 수 없다. 특별히 한국처럼 지나친 혈연주의와 지연 중심적인 나라에서는 그 스트레스가 도를 넘어선다. 당장 직업이 없거나 취업이 되지 않으면 고향에 가질 않는다. 부모님과 친척 앞에서 사람 구실 못한다는 것이 얼마나 자존심 상하는 일인지 당해본 사람만 이해할 것이다.

그래서 거의 모든 범죄는 돈과 관련성을 가지고 있다. 돈이 관련되면 아무리 가까운 사이라도 순식간에 원수가 될 수 있다. 대표적인 것이 유산상속이다. 유산의 규모가 크면 클수록 앙금은 더 깊어진다. 대기업의 경영과 상속을 두고 싸우는 형제들의 다툼은 어제오늘의 일이 아니다. 대부분의 갈등은 법정소송까지 가게 되고 서로 원수가 되어버린다.

하나님의 지혜와 다스림에 근거하여 만든 화폐이지만 타락한 인간의 손에 들어오면 하나님의 뜻과 반대되는 방향으로 사용되기도 한다. 인간에게 편한 환경을 주기 위해서 만든 돈이 인간을 지배하여 버렸다.

인간은 하나님의 형상에 따라 창조된 진리를 돈에 의해서 평가되는 환경으로 바꾸어버렸다. 인간의 가치를 돈을 얼마를 벌 수 있느냐의 기준으로 평가하여 돈의 노예로 바꾸어버린 것이다. 결혼대상의 조건 중에서 경제력은 가장 강력한 조건으로 등장하고 있다. 심지어 스포츠를 직업으로 살아가는 프로선수들을 놓고 노예가 존재하던 시절의 용어를 서로 자극적으로 써가면서 돈에 굴복한 흔적을 도처에 남기고 있다.

겨울 이적 시장에서 어떤 클럽팀이 선수를 얼마에 팔고 얼마에 산다는 말을 예사로 쓰고 있다. 왜냐하면 이들은 이전의 노예와 달리 엄청난 금액의 돈을 받고 있기 때문이다. 이런 표현과 발상은 모두가 돈이 주는 막강한 위력에 정신적으로 항복한 상태에서 나온 것이다. 즉 노예적인 삶이라도 금액만 많으면 오히려 선망의 대상이 되어도 좋다는 가치관에서 출발한다.

우리는 돈을 어떻게 다루는지 반응에 따라서 신앙의 깊이를 측정할 수 있다. 먼저 마태복음 6장 26절에 나오는 공중에 나는 새를 보라라는 말씀을 잘 이해하고 소화해야 한다. 새는 하나님의 창조물이지만 자녀는 아니다. 즉 자녀도 아닌 새도 먹이시는데 하물며 자녀를 먹이시지 않는가라는 말이다. 크리스천들이 머리로는 이해하지만, 가슴으로 이 사실을 받아들이기를 어려워한다. 그 이유는 하나님께서 구름을 타고 내려오셔서 직접 도와주시거나 현금을 주고 가시지 않기 때문이다. 모든 것이 간접적으로 이루어지기 때문에 보이는 사람이나 사물을 믿지만 보이지 않는 하나님을 믿기는 어렵다.

그러나 보이는 것은 찰나적이고 그것을 믿는 것은 세속적이고 첨벙거리는 사조이다. 지구가 둥글고 엄청난 속도로 돌고 있다는 사실은 우린 느끼지 못한다. 그 어지러운 지구에 살고 있지만, 놀이공원에서 뱅글뱅글 돌아가는 기구와 전혀 다른 경험을 하고 있다. 어찌 우리의 경험과 느낌으로 세상사를 판단하고 진리를 세워 갈 수 있겠는가?

신앙이 없는 사람은 우연으로 처리하는 모든 세상사를 그저 주사위를 던지듯 재수가 있냐 혹은 없냐로 여기며 하루를 이어간다. 그러나 하나님의 사람들은 모든 일에 하나님의 사랑과 간섭으로 삶이 유지된다고 믿는다. 우연을 배제하고 그분의 의지와 계획에 민감하게 반응한다. 인생은 원숭이가 키보드 앞에서 장난스럽게 쳐대는 무의미한 삶이 아닌 목적과 의도와 주도하심을 믿는 행위를 하는 것이다. 어느 것 하나 우연의 연속이 아닌 하나님의 스토리가 담긴 다큐멘터리인 것이다.

이러한 맥락에서 돈과 재물을 허용하신 하나님의 의도를 파악하는 것은 너무도 당연한 일이다. 잠언서의 부자찬양은 결코 돈 그 자체에 관심만 있는 졸부를 지칭하는 것이 아니다. 친구를 위해서 돈을 쓸 줄 아는 부자를 말하고 있다. 즉 돈을 버는 데 관심을 가지기보다는 어떻게 사용하는가가 하나님의 관심이요 마음이다.

디모데후서 3장에서는 말세가 되면 자기를 사랑하고 돈을 사랑하는 인간의 타락한 모습이 그려져 있다. 자기를 사랑하는 사람이 결코 이웃과 친구나 고아나 과부들을 위하여 돈을 쓸 이유가 없다. 80대20의 법칙은 전 세계 재산의 80%를 20%의 소수가 지배한다는 이론이고 해마다 20%는 줄어들고 있어서 소수 거대 공룡기업들이 세계 경제를 좌지우지할 것이라는 전망이 나오고 있고 실제로 그 방향으로 가고 있다. 골목상권이 망해가고 유통거인들이 지배하는 사회가 되어가고 있다.

결국은 우리는 돈의 노예들이 경제의 주인이 된 세상 속에 살게 되었다. 죽으면 동전 10원 한 개도 가져가지 못하는 사실을 알면서도 모두들 망각의 주사를 맞고 살아가고 있다. 현대사회의 문제는 돈을 맡겨주신 주인의 의도대로 살지 않은 우리 신자들의 태도에 달려있다. 소금이 짠맛을 내지 못하면 아무 쓸모가 없어져 내동댕이쳐진다. 우린 불신자들 앞에 당당하게 서지 못한다. "당신이 믿는 하나님을 나도 믿고 싶소."가 아니라 "당신 때문에 하나님인가 뭔가를 전혀 믿고 싶지 않소."라는 말을 듣고 사는 현실이 가슴 아프다.

2

동상 걸린 치아를 뭐라고 할까요?

히브리어로 치아를 대표하는 알파벳은 쉰(שׁ)과 신(שׂ)이다. 치아는 연마의 의미로 갈고 닦는다는 뜻을 가지고 있다. 대표적인 단어가 바로 신명기 6장에 나오는 샤난(שָׁנַן)으로 날카롭게 한다는 의미이다. 즉 한글 개역성경은 부지런히 가르친다고 되어있지만, 오히려 사물을 정확하고 예리하게 파악하기 위해서 자신을 연마한다는 의미에 더 가까워 보인다.

상아는 코끼리 이빨이다. 그런데 학문과 지성을 쌓아가는 대학을 상아탑이라고 한다. 대학은 자신의 지성과 노력으로 학문을 연마하는 곳이다. 이러한 의미에서 치아를 예리하게 한다는 말은 늘 최고의 학문적 업적을 이루어 인류의 발전에 이바지한다는 것이다.

그러나 성경은 이렇게 갈고 닦은 자들이 어둠을 대표하는 사탄의 세력들이라면 갈등과 전쟁을 일으켜서 인류를 파멸의 길로 접어들게 하는 공작을 하고 있다고 명시하고 있다.

잠언(30:14)에서 "앞니는 장검 같고 어금니는 군도 같아서 가난한 자를 땅에서 삼키며 궁핍한 자를 사람 중에서 삼키는 무리가 있느니라" 라고 어둠의 세계의 세력이 이빨을 갈고 닦아 불행으로 몰아놓는 모습을 묘사하고 있다. 같은 맥락으로 시편(57:4)에는 "내 영혼이 사자들 가운데서 살며 내가 불사르는 자 중에 누웠으니 곧 사람의 아들 중에라 그들의 이는 창과 화살이요 그들의 혀는 날카로운 칼과 같도다." 어둠의 세계를 대표하는 세력들이 하나님의 종들을 치기 위하여 이와 혀를 사용한다는 말이다.

인간은 자유의지와 하나님께서 세상을 다스리라고 하신 위임권을 올바르게 쓰기보다는 자신의 유익을 위해서 사용해왔다. 이러한 죄악 가운데서 아담과 하와가 낳은 자식인 가인이 동생 아벨을 죽인다. 그것이 인간 역사의 최초 살인이었고 비극의 시작이었다. 원래 치아는 음식물을 잘 씹어 삼키라고 하나님께서 주신 선물이다. 이는 인간뿐 아니라 짐승에게도 이빨을 주셔서 잘 씹어서 생명을 유지하게 하셨다. 그런데 자연계가 하나님으로부터 저주를 받은 결과 육식동물이 생기면서 사자가 노루를 잡아먹는 잔인한 맹수가 되어버렸다. 그래도 자연계는 하나님의 돌보심을 통하여 천적이란 관계를 유지하여 한 생물이 과도하게 늘어나지 않게 균형을 유지하고 있다. 자연계의 약육강식은 하나님의 통제 안에서 이루어지기 때문에 은밀한 사이클을 그리며 진행되고 있다.

그러나 인간만은 자신의 이빨로는 부족하다고 여겨 끊임없이 신무기를 개발하여 대량살상을 하고 있으며 수천만이 사망한 세계대전을 위시하여 지금도 지구상에는 국지전이 계속되고 있다.

우리의 치아를 선하게 사용할 것인가 아니면 악의 도구로 사용할 것인가는 완전히 우리가 어느 편에 설 것인가에 달려있다. 여기서는 중립지대가 없다. 적이냐 아군이냐 둘로 나누어진다.

　　　　　　　　　　　　　　　통곡 속에 숨은 **유머**

복음은 우리의 치아를 상대방을 공격하는 데 사용하지 않고 이웃을 섬기는 데 사용하라는 하나님의 거룩하신 솔선수범이다. 십자가에서 우리는 사악하게 사용된 이빨은 다 제거하고 새로운 하얀 치아가 새롭게 나는 것을 민감하게 받아들여서 평강의 도구로 쓰면 천국이 임하게 된다.

언니

하늘을
중상 모략하는 것은?

배가 인류역사에 등장한 시기는 정확하게 알기 힘들다. 그러나 강이나 호수를 건너야 하는 인간의 필요에 따라서 자연스럽게 부력에 의하여 뜨는 교통수단인 배를 만들었다. 성경에서 최초로 등장하는 배는 당연히 노아의 방주이다. 노아의 방주는 하나님의 심판의 상징으로 타락한 인간을 더 이상 둘 수 없어서 노아와 자녀들과 며느리들 각종 짐승 암수만을 배에 태워 구원하시고 나머지 타지 못한 사람들과 짐승들이 40여 일 동안 내리는 폭우 속에 견디지 못하고 전멸된 사건이다.

물은 천지창조 때부터 먼저 존재하는 것으로 하나님의 영이 감싸고 있었다고 성경은 증거하고 있다. 우리에게 가장 필요한 것이 물이지만 그 필요한 것이 넘치면 인류에게 재앙으로 다가온다. 즉 물이 어느 편에 서는가는 순전히 우리가 어디에 있는가에 달려있다는 뜻이다. 즉 하나님 편에 있다면 물은 젖과 꿀이 흐르는 땅을 비옥함으로 가득 채우고 기쁨의 수확물을 제공하지만 반대의 경우는 엄청난 재앙을 안겨 줄 것이다.

우리는 타이타닉과 세월호 사건을 통해 아픔을 경험했다. 기본원칙과 안전에 대처하는 기본자세가 철저하게 무시된 시스템은 대한민국을 완전히 파국에 이르게 하였다. 우리는 땅 속의 마그마로 인하여 지진이 발생할 수 있는 땅에서 살고 있다.

인간은 이러한 자연재해를 극복하기 위하여 과학을 발전시켰다. 과학이 발달하다 보니 과학이 신이 되어서 바로 과학적 자료와 관련된 사실만 믿는 과학 만능주의가 되어가고 있다. 하지만 이런 사조는 또 다른 바벨탑으로 인류를 혼란스럽게 할 것이다. 제어되지 않는 AI와 로봇의 발전이 인간생존을 위협할 것이다.

이 세상의 모든 창조물은 하나님을 찬양하고 그 솜씨를 노래해야 함에도 불구하고 끝없이 우상을 섬기며 자신의 힘에 의지하며 살고 있다.

노아시대의 인류의 타락은 안목의 정욕에 빠진 인류를 고발하고 있다. 하나님의 아들이 사람의 딸의 아름다움에 취하여 결혼을 했다고 한다. 지금도 여인의 아름다움은 뭇 남성의 우상이요 영혼을 마비시키는 마취제이다. 그 영혼이 어떤 영혼인지를 묻지 않고 자신의 육신과 하나가 되어 비극적 삶으로 마감하는 하나님의 아들들이 널려있는 경우가 허다한 현실이 개탄스럽다.

항공모함

4

때린 사람이
재판을 의뢰하면은?

    요즈음 생명공학이 발달하면서 유전자 검사를 의뢰하는 건수가 늘어나고 있다고 한다. 유전자검사의 정확도는 99.99%라고 하니 우린 그 검사를 대부분 신뢰할 수밖에 없다. 그래서 유전자 검사결과는 친부모인가 아닌가를 확인하는 결정적인 증거로 법정에서 채택되고 있다. 불신이 깊어가는 사회가 되다 보니 자식이 자기와 닮지 않았다는 이야기를 주위에서 들으면 남자들은 불쑥 자녀가 과연 나의 유전자를 가진 자녀인가를 의심하는 것이 일종의 유행이 되어버렸다.

    우리나라의 이혼율이 50년 만에 13배로 증가하여 OECD 국가 중 9위이며 아시아에서는 최고치를 기록하고 있다. 이혼의 사유 중에서 배우자의 부정이 여전히 상위권을 차지하고 있는 것을 보면 성에 관한 도덕적 타락이 심각한 수준에 이르렀지 않나 싶다. 특별히 여성의 경제적 독립이 가능해지면서 이혼을 할 수 있는 환경이 조성되었다.

    게다가 동양문화는 조상숭배와 씨족사회의 뿌리가 은연중에 박혀 있어서 자신의 정체성이 자손을 통하여 구현된다는 사상 때문에 부자 간에 끈끈한 상속적 고리를 이어가고 있다. 재벌이 형성되는 역사도 다 이런 과도한 뿌리의식으로 인함이다. 그러나 기독교의 영향을 받은 서

통곡 속에 숨은 **유머**

양에서는 상대적으로 이런 재벌이 형성될 수 있는 배경이 약하다.

먼저 성경 속에서 깊은 영감을 얻은 문화를 살펴보기로 하자. 성경 창세기는 일반 불신자들 사이에서도 충격이라고 말할 수 있는 사건이 생긴다. 즉 야곱의 아들인 유다의 며느리인 다말은 자신의 남편인 엘이 사망한다. 후사를 이을 가능성은 엘의 동생 오난과의 동침이었다. 그 당시 법으로는 결혼한 형이 자녀가 없이 사망하면 죽은 형의 다음 동생이 형수와 동침하여 아이를 낳을 수 있도록 되어 있었다. 유다는 아들 오난을 불러서 형수와 동침할 것을 지시한다. 그러나 오난은 형수가 낳은 아이가 자신의 자녀가 될 수 없음을 알고 방바닥에 사정을 해버린다. 하나님께서는 오난의 행동에 분노하셔서 오난을 죽이신다.

남편과 시동생이 사망하자 후사를 이을 가능성이 없어진 현실을 타파하기 위하여 다말은 다른 여자로 변장하여 시아버지인 유다와 관계를 맺어서 임신을 하게 된다. 다말은 쌍둥이 아들인 베레스와 세라를 낳는다. 이 베레스의 가계에서 요셉이 태어나고 요셉은 성령으로 잉태된 예수님의 아버지가 된다.

인간의 도덕과 관계에 의하면 예수님께서 이러한 가계와 연결되어있다는 것이 상식적으로 이해하기가 힘들다. 인간의 가계도는 족보를 통하여 조상을 미화하고 꾸미려고 하는 데 비하여 성경은 인간의 욕심과 죄악을 적나라하게 고발하고 있다. 예수님께서는 금수저 가문에 출생하신 것이 아니라 가장 부끄럽고 죄악스런 가문에서 출생하시므로 노든 인류에게 구원의 길을 열어주신 것이다.

인간은 오직 십자가를 통하여 구원의 길이 열리고 근원적인 문제가 해결되는 것이다. 양자 삼는 문화가 여기서 나오는 것이고 양자를 삼는 행동은 자신의 씨만 보호하려는 이기적이고 근원적인 욕구를 죽이는 것이다. 자신의 유전자가 섞이지 않는 자녀를 아들이나 딸로 삼는 것은 인류가 하나님으로부터 출발하는 하나 된 공동체임을 선언하는 것이다.

자신들의 몸을 빌어서 낳은 자식도 모두가 하나님께서 관여하셔서 낳은 자녀들이다. 결코 자신의 소유물이 아님을 명심해야 한다. 이런 진리를 바로 알게 될 때에 인간은 자신이 어디서 왔고 어디에 있는지 어디로 가는지를 알게 된다.

친자소송

통곡 속에 숨은 유머

수학성적이
좋지 않은 이유는?

성경에서 수학이나 산수란 단어가 직접 나오지는 않지만 수학을 이용한 각종 수치가 등장한다. 제일 먼저 인물들의 나이가 수로 설명되어 있고 다음으로 노아의 방주의 크기를 길이와 너비와 높이가 언급되어 있다. 그리고 가장 많이 언급된 곳은 제단과 성전과 부속기구를 설명할 때 많은 숫자가 나온다. 신약성경에는 베드로가 잡은 물고기 수가 적혀 있다. 이런 것을 근거로 살펴보면 대개 숫자가 시간에 관한 것 즉 몇 시, 며칠, 몇 달, 몇 년 등이 언급되어있다. 다음으로는 공간에 관한 것으로 3차원 공간을 숫자로 묘사되고 있다. 경제활동에 나오는 가격이나 비용 등은 넓은 의미로서 공간 활동이라고 볼 수 있다.

숫자는 인간이 살아가는 데 꼭 필요한 것이다. 모든 사물에 숫자를 부여함으로써 직접 물물교환을 하지 않아도 숫자가 형상화된 돈으로 구입하는 편리함을 제공한다. 숫자로 모든 사물을 표시함으로써 사물의 고유성은 사라지고 추상화가 되는 것이다.

우리가 대학에서 고등수학을 배우지만 때로는 '이렇게 어려운 수학을 과연 배울 필요가 있는가?' 라는 의문이 들 것이다. 즉 물건을 사고

파는 데 필요한 정도만 배워도 살아가는 데 문제가 없는데 왜 이렇게 고통스러울 정도로 힘든 수학을 해야 하는지 의문이 들기도 한다.

수학은 복잡한 자연현상이나 사회적 변화를 수식으로 표현하여 문제를 해결하는 데 필요한 훌륭한 도구이다. 다리가 무너지지 않고 오랜 세월 속에서 버티고 있는 이유도 다 수학의 도움을 받아서 문제를 해결하고 있다. 물론 토목공학의 역학과 진동학이라는 전문과목을 들어야 하지만 이런 과목 역시 수학을 기초로 하여 다리가 설계되고 있다.

수학을 통해 논리적인 사고와 추상화 능력과 통합적 사고, 그리고 수리적 예측을 잘할 수 있다. 그러므로 당장 그 효과가 눈에 나타나지 않는다고 수학폐지론을 주장하는 성급함은 삼가야 할 것이다. 그리고 수학폐지론이라는 사고의 기저에는 대학이 직장을 구하기 위한 양성소로 전락 이후에 더욱더 실용적인 사고가 팽배해진 점도 있다. 즉 써먹을 데도 없는 과목에 대한 유용성이 오늘날 대학교육의 주류가 되고 있는 현실이 안타깝다. 대학이 직업 양성소로 전락하게 되면 실용적인 공학이나 의학은 살아나지만 인문학과 자연과학은 홀대받게 된다.

자유로운 분위기 속에서 인간의 존엄성과 자연의 비밀을 풀어가는 학문 활동이 저하된다면 대학은 정체성의 혼란을 가져와서 이 사회를 바른길로 이끌어 갈 수가 없다. 취업률만이 학교 선택의 유일한 기준이 되고 있는 일그러진 시대정신을 청산하여 진정한 지도자를 키우는 상아탑이 되기를 기대하여 본다.

미적미적하니까

통곡 속에 숨은 유머

꽃이 죽으면 가는 곳은?

 죽음이란 인간이 가지고 있는 문제 중 가장 심각한 것이다. 그럼에도 불구하고 공인된 기관인 학교나 학원에서 죽음의 문제는 다루지 않고 종교적 영역으로 이관시켜 버린다. 성경은 죽음의 문제가 발생한 이유는 에덴동산에서 인간이 하나님의 명령을 어기고 선악과나무의 열매를 따 먹은 결과 죄가 우리 인생에 들어오게 되고 사망하게 되었다고 한다.

 그러나 사회가 발달할수록 죽음에 직접 관여하는 일을 감추어 놓고 기만하는 문화가 형성되고 있다. 사람들은 모두가 영원히 살 것 같은 환상에 휩싸여 살고 있다. 그래서 성경 전도서에서 초상집에 가는 것이 결혼식에 가는 것보다 더 나으니 모든 사람은 끝은 이와 같이 됨이라 산자는 이것을 마음에 둘지어다(전 7:2)라고 이렇게 경고하지만 사람들은 결혼식 가기를 즐거워하고 장례식장에는 가기를 싫어한다. 그리고 떠난 슬픔으로 서로를 부여잡고 통곡을 하다가도 장례식장을 떠나면 또다시 자신은 영원모드에 빠져든다.

 이러한 죽음의 현실을 도피하게 만드는 것은 바로 인간을 분주하게 만드는 오늘날 현대사회의 흐름 때문이다. 사탄의 전략 중에 하나가 바로 죽음이 동반되는 활동을 숨기는 것이다. 이는 한국뿐 아니라 중국 역시 마찬가지이다. 사후세계를 잘 믿지 않는 중국인들은 이 땅에서 고통 없이 사는 것이 가장 최고의 관심사이고 행복으로 여길 수밖에 없다. 중국방송을 들어보면 상당히 많은 시간을 할애하여 건강상담과 자신들이 개발한 한약을 광고하고 그 효과를 본 사람들의 의견을 청취하고 질문을 받는다. 가장 낯선 부분은 그런 약을 파는 성내에 있는 도시와 약국 이름을 일일이 열거하는데 거의 30개 이상의 약국 이름이 거명된다. 우리나라도 어르신 분들을 만나면 건강이 최고야 하는 말을 우린 자주 듣는다.

이런 현상은 우리 사회가 얼마나 죽음의 문제를 본질적으로 접근하려 하지 않고 도피적으로 살고 있는가를 역설적으로 보여주는 단면인 것이다. 대학 캠퍼스는 모두가 직장을 구하는 데 사활이 걸려있는 것 같다. 인생이란 무엇이고 내가 어디서 왔다가 어디로 가는지 그리고 어떻게 살아야 하는지에 대한 고민은 전혀 하지 않은 것 같았다. 캠퍼스에서 이러한 주제로 이야기를 좀 하자고 하면 100명 중에 99명은 바빠서 시간이 없다고 하며 빠른 걸음으로 도망치듯 빠져나간다.

직장 구하기가 하늘에 별 따기가 되어버린 데는 70, 80년대의 경제 발전기에 취업 걱정 없던 시기를 보낸 기성세대들의 잘못도 있다. 젊은 이들이 일할 수 있는 기회와 고용창출에 손발 벗고 나서야 함에도 불구하고 정치인들은 정치적인 목적 달성에 이용해왔다. 또한 경제인들은 자신들의 살길을 찾는다고 공장이나 회사를 외국으로 옮기다 보니 일자리가 절대적으로 부족해졌다.

그러나 아무리 그리하다 해도 우린 먼저 죽음의 문제를 해결해야 한다. 찰나적인 인생문제에 매달리면 우린 큰 그림을 그리지 못하고 그냥 하루살이처럼 살다가 인생의 끝을 맞이하게 된다.

우린 모두가 형 집행 시기를 알 수 없는 사형수인 것이다. 그것이 하루 먼저 집행되고 하루 나중 집행되는 차이인데도 이 사실을 망각하고 감옥에서 영원히 살겠다고 발버둥 치는 인생이 과연 우리를 지으신 하나님의 뜻과 부합될까?

화장지

이집트 왕을
인신매매하면은?

　이집트 왕은 개역성경에서 바로로 기록되어있다. 바로는 이스라엘 백성들을 선대하였던 선조 왕들과는 달리 이스라엘 백성들을 홀대하였다. 마치 노예처럼 여기며 국가의 토목공사에 강제로 노역을 시켰다. 또한 기하급수적으로 늘어나는 이스라엘 백성들을 두려워하여 사내아이가 태어나면 산파들에게 죽이라는 명령을 내렸다. 모세도 이 시대에 태어나서 죽을 뻔하였다. 다행히 갈대상자에 넣어져서 버려진 모세가 이집트 공주에게 발견되어 왕실에서 자랄 수 있는 행운을 누리게 된다. 모세는 유모로 가장한 친어머니의 교육을 받는다. 그녀는 모세가 히브리인임을 상기시킨다.

　이 모세라는 이름의 뜻은 물에서 건짐을 받은 자 즉 구원을 받은 자로서 이스라엘 백성들을 구원함으로써 예수그리스도를 통하여 전 인류를 구원하시려는 하나님의 계획을 상징하고 있다. 이스라엘 백성은 홍해를 통하여 물로 세례를 받고 광야를 거쳐서 가나안 땅에 정착하게 된다. 그런데 이 과정이 순조롭게 진행되는 것이 아니라 이방민족과 사탄의 세력들의 방해와 핍박이 있었다. 그 세력의 중심에 있는 인물이 바로 이집트 왕이다.

이집트 왕은 엄청난 국가공사에 관련된 노동력이 빠져나가는 손실을 막기 위하여 처음부터 채찍과 무력으로 다스린다. 그리고 모세와 이스라엘 백성의 이주를 허가하지 않는다. 그러자 하나님께서 바로에게 10가지의 재앙을 내린다. 바로는 9번째 재앙까지 버티다가 마지막 열 번째 재앙에서 이집트 왕의 장자를 포함하여 이집트의 모든 장자가 사망하자 바로는 손을 들고 이스라엘 백성을 보내준다. 그러나 마음이 변한 바로는 자신이 약속한 말을 어기고 군사들을 대동하여 추격한다. 그렇지만 바다가 갈라지는 홍해의 기적을 통하여 추격군은 물속에 수장된다. 반면에 이스라엘 백성들은 바로의 통치영역에서 벗어나 아브라함에게 약속하신 그 땅에 이주하게 된다.

신약 고린도전서 10장에는 이스라엘 백성이 홍해를 통과한 것은 우리 그리스도인들이 세례를 받는 것과 같은 의미를 지니고 있다고 언급되어있다. 사탄과 세상을 상징하는 이집트는 이제 더 이상 가고 싶어도 갈 수 없는 홍해 저편에 있는 땅인 것이다. 그곳에는 애굽 병사를 삼켜버린 바다가 거대한 경계선을 이루어 펼쳐져 있다.

이스라엘 백성은 젖과 꿀이 흐르는 가나안 땅으로 직행한 것이 아니라 사막과 전갈과 불뱀이 득실대는 광야에서 40여 년간의 생활을 하게 된다. 먹을 거라고는 만나와 메추라기밖에 없고 때로는 물마저 떨어지곤 했는데 이런 광야 생활에 이골이 난 백성들이 이집트에 있을 때를 그리워하며 현재 생활에 불평하자 하나님께서 불뱀을 보내셔서 물려 죽게 하시고 일부 살아남은 백성들은 모세가 든 뱀 모양 지팡이를 보게 하여 본 자는 죽음을 모면하는 행운을 누리게 된다.

이는 신약시대에 예수님에 해당하는 계시로 구원이 오직 예수님으로 부터만 가능함을 상징하는 사건이 되었다. 결과적으로 우리 자신들이 겪고 있는 핍박은 바로의 고집스런 방해공작과 핍박이 오히려 하나님께 가까이 가게 하는 촉매제가 되었으니 바로는 물론이고 우리를 괴롭게 하는 모든 사건과 사람과 사물에 대하여 우리는 감사할 수밖에 없다. 그래서 고난은 위장된 축복이란 말에 고개를 끄덕이게 된다.

바로구매

다음 세대에서
월드컵 우승을
할 수밖에 없는 이유는?

지금은 박항서라는 인물 때문에 대한민국과 베트남이 열광하고 있다. 운동선수가 잘해서 현지인들의 마음을 사로잡는 것과는 비교할 수 없을 정도로 영향력과 파괴력은 엄청나다. 작은 축구공이 얼마나 국민을 응집시키는 운동인지는 2002년에 대한민국 국민은 경험하였다.

우리는 박항서라는 인물에 주목할 필요가 있다. 그는 창원시청 감독 자리까지 내려간 인정받지 못하는 감독으로 팬들의 뇌리에서 사라져갔을 때 베트남으로 눈을 돌려 베트남 축구 대표팀 감독으로 부임하게 된다. 감독의 평균수명이 8개월이며 외국감독의 무덤이라고 하는 베트남에서 경이적인 기록을 세웠다. 그 결과 호치민 다음으로 국부처럼 대우를 받고 있는 박항서 감독은 종교가 기독교라는 점에 주의해야 한다.

그의 부인 역시 신실한 그리스도인이고 권사 직분을 수행하고 있다고 한다. 박항서 감독이 베트남행을 결정할 때 적극적으로 지지했던 분이 바로 아내이신 최상아 권사라고 했다. 현재 하노이 한인교회를 섬기며 박항서 감독이 하나님의 마음에 합한 결정을 하도록 기도로 돕고 있다고 한다. 박항서 감독이 물론 베트남 축구를 동남아시아에서 최고의 수준으로 끌어올린 공로도 크지만 그가 보여준 섬기는 리더십이 더욱 빛이 난다.

박항서 감독이 성경 속의 인물 중에서 요셉과 비슷한 삶이라는 것을 발견하게 된다. 요셉은 창세기 37장에 등장한다. 아브라함의 아들인 이삭 그리고 그 이삭의 아들인 야곱이 그가 결혼하기를 원했던 라헬이 낳은 아들이 바로 요셉이다. 야곱은 라헬과의 결혼을 위해 외삼촌 집에서 14년을 일하여서 소원을 이룬다. 그리고 열두 아들 중에서 라헬이 낳은 요셉을 총애한다. 그러자 요셉은 형들로부터 시기와 질투의 대상이 된다. 어느 날 형들은 서로 모의하여 요셉을 이집트로 왕래하는 노예상에게 노예로 팔아넘기고 아버지인 야곱에게는 짐승에 물려 죽은 것 같다고 거짓말한다. 수양을 잡아서 피를 묻힌 옷을 요셉의 피묻은 옷이라고 하고 보여준다. 망연자실한 야곱은 슬퍼하지만 아들들의 말을 믿을 수밖에 없게 되었다.

이집트로 끌려온 요셉은 왕의 경호대장의 노예로 팔려 간다. 그리고 요셉의 총명함과 성실함을 본 경호대장은 요셉에게 집안 살림을 맡기게 된다. 이후 요셉은 경호대장의 아내를 범하려고 했다는 억울한 누명을 쓰게 되어 감옥에 갇히게 되었지만 하나님께서 함께하셨다. 즉 감옥에서도 그의 인품과 자질이 빛이 나서 간수장의 절대적인 신임을 받게 된다. 어느 날 감옥에 들어오게 된 고위관리의 꿈을 해석해 준 요셉은 그 관리의 추천으로 이집트 왕의 꿈을 해석해 주어서 일약 이집트의 권력서열 이인자가 된다.

박 감독의 생애도 이집트인 베트남까지 가서 호치민 다음으로 존경

통곡 속에 숨은 유머

받는 상황이 흡사하다. 베트남을 하나로 묶어서 그들에게 애국심과 자존감을 불어넣어준 박 감독의 공로가 재앙으로부터 이집트를 구한 요셉의 생애와 유사한 느낌이 든다. 그리고 박 감독은 지금까지 볼 수 없었던 섬기는 리더십을 보여준다. 마닐라에서 베트남 하노이로 돌아오는 비행기 안에서 부상당한 선수를 비즈니스석에 태우고 자신은 이코노미석을 타고 갔다. 이러한 사실 역시 예수님께서 제자들을 사랑하셔서 발을 씻어주신 모습을 상기시킨다.

축구에서 좋은 결과가 나오자 각종 포상금이 전달되었지만 박 감독은 일부를 축구기금이나 불우이웃돕기에 써달라고 돌려주었다. 그 결과 베트남 국민으로부터 칭송받고 있다. 또한 그는 한국에서 찾아온 후배 축구인들에게 인기란 연기와 같은 것이라 어느 날 몰려왔다가 사라지는 것이라는 명언을 남기며 인기를 좇지 말고 의미 있는 삶을 살기를 바라는 조언을 해주었다. 안개처럼 사라지는 세상의 박수의 찰나적인 속성을 파악한 박 감독은 기독교 세계관과 인생관이 얼마나 성숙되어 있는지를 보여 주었다.

박항서 감독은 비주류파 출신으로 한국에서 더 이상 희망이 보이지 않아도 실망과 좌절을 하지 않았다. 그는 베트남에서 빛과 소금이 되어 진정한 예수님의 제자임을 증명하며 살아가고 있다.

차세대이니까

쌀창고 문을 잠근 뒤에
부자가 된 사람은?

요셉은 이집트 왕의 꿈을 해석해 줌으로써 일약 이집트의 총리가 된다. 꿈의 내용은 곧 기근이 닥쳐올 것이니 대비를 하라는 경고의 메시지였다. 그래서 요셉은 각 지역의 곡식창고에 풍년에 수확한 쌀을 보관하게 하여 7년 흉년에 대비하게 하였다.

요셉은 어떤 의미에서 국가적으로 매점매석한 행위라고 볼 수 있지만 그 당시 상황에서 매석하여서 돈을 버는데 초점이 있는 것이 아니라 백성들이 기근으로 인하여 수확이 줄어들었을 때 기아로 인한 사망을 막기 위한 최선의 길이라고 보아야 한다. 그리고 이 모든 기획과 연출은 하나님께서 계획하시고 추진하신 것이다.

즉 기아로 인하여 가나안 땅에 있던 야곱의 가족을 애굽으로 불러들여서 400여 년간 종살이하게 한 후에 가나안 땅으로 인도하시겠다는 계획이 이미 예언되어 있었던 사건인 것이다(창 15:13). 즉 이스라엘 백성을 구원하시겠다는 의도는 예수 그리스도를 통하여 온 인류를 구원하시겠다는 모형이 된 것이다.

또 하나 조심해야 할 부분이 바로 형통과 복이다. 우린 흔히 세상 사람들이 좋아하는 복을 여기에 적용시켜 요셉이 총리가 된 것을 세상에서 힘을 가지고 출세한 것으로 오해해서는 안 된다. 왜냐하면 성경은 요셉이 감옥 속에 있었을 때에 형통하였다고 하였다. 성경은 우리가 총리가 되고 부자가 되거나 학위를 받는 데 관심이 없고 오직 하나님의 사람이 되어서 그분의 통치권 안에 들어가서 그분께서 원하시는 모습으로 살아가느냐에 관심이 있기 때문이다.

박항서 감독의 경우도 물론 호치민 다음가는 존경과 대우를 받는 것이 박 감독과 요셉의 공통점이 있다. 하지만 그것보다는 베트남 백성들을 긍휼하게 여기고 인기를 연기처럼 여기는 겸손함 때문에 예를 든 것이다. 만약에 세상의 부귀영화를 누리는 것에 초점을 맞추면 기독교의 진정한 복음을 왜곡하는 것이다.

그와 더불어서 예수님께서 좁은 문으로 들어가라고 하신 말씀을 잘 기억해야 한다. 축구공은 사람을 열광시키고 거기에 애국심이 더해지면 총칼 없는 전쟁이 된다. 그리고 과도한 이적료와 연봉은 하루를 충실하게 살아가는 소시민들에게 위화감을 주는 동시에 축구선수를 돈의 노예가 되게 할 수가 있다. 사람을 상품으로 여기는 자본주의의 탈선은 프로축구나 대표팀 경기를 우상화하여 하나님과 멀어지게 할 소지가 많기 때문에 깨어있어야 한다.

물론 하나님께서는 우리에게 귀한 재능과 오락을 즐길 수 있게 하는 즐거움과 여유를 주셨다. 우린 신앙이 종교의 금욕주의로 가는 것도 또 하나의 사탄의 노림수임을 간파하여 절제되고 지혜로운 신앙을 가져야 할 것이다.

벼락부자

죽은 소에 마스크를
씌우지 않는 이유는?

소를 대표하는 뜻은 히브리어 알파벳 알렙(א)이다. 여기서 주의해야 할 부분은 바로 일반적인 의미의 소는 소르(שור)로 표시한다. 레위기 17 장 3절서 "이스라엘 집의 모든 사람이 소나 어린 양이나 염소를 진영 안이나 진영 밖에서 잡던지"에서 소는 소르로 쓰여지고 있다. 그러나 알렙과 관련된 소는 길들여지다 혹은 따라 배우다라는 본질적인 뜻을 가진다. 소는 인간을 상징하고 하나님의 주권 아래 복종하는 의미를 가진다. 이스라엘 민족이 목축업이 주산업인 까닭에 주로 소, 양, 염소 들과 같은 가축이 성경에 많이 등장한다. 소는 그 집의 자산이며 가보 였다. 목축업에서는 우유를 제공하고 농업에서는 논밭을 개간하는 데 사용되었다.

히브리어 알파벳 중에서 가장 처음으로 등장하는 알렙은 하나님께 서 우리 인간에게 순종하는 삶이 어떠한 것인지를 인간과 소의 비유를 통하여 알려준다. 인간은 하나님께서 고삐로 끌고 가시는 삶이 얼마나 복된 것인지 인식하고 고삐를 풀고 스스로 걸어가는 삶이 얼마나 고달 픈지를 경험하게 된다.

그리고 히브리어는 모든 말이 동사에서 출발하기 때문에 동사의 기본형과 파생어를 파악해야 한다. 알렙 역시 알라프라는 동사에서 파생된 말로 배우다라는 의미를 가진다. 즉 알렙은 주인과 함께 일하고 거주하면서 변모해가는 소의 모습을 그리고 있으며 헌신된 영적 제사를 드리는 참신자의 신실함을 묘사하고 있다. 그래서 열왕기상 3:4에는 "이에 왕이 제사하러 기브온으로 가니 거기는 산당이 큼이라 솔로몬이 그 제단에 일천번제를 드렸더니"라고 일천이란 단어를 사용했다. 일천의 히브리어는 알라프에서 유래한 엘레프(#1,a)를 쓰고 있다.

또한 여기서 일천번제를 드렸다고 하기보다는 소를 제사로 드렸다고 보아야 할 것이다. 소가 1천 마리 내지 일천번제는 상식적으로 어마어마한 양의 소가 잡혀나간다는 해석은 현실성이 떨어진다. 1000이란 수는 소와 밀접한 관계가 있다. 즉 상징적으로 자신이 하나님의 통치권 안에서 길들여지기를 목적으로 하는 번제를 드렸다는 뜻이다.

솔로몬이 하나님께 드리는 소는 자신이 주인이 되어 하나님의 뜻에 반하는 삶이 아닌 진정으로 그분의 가르치심과 명령에 고개를 숙이고 들어가 자신을 드리는 결단을 의미하는 것이다.

성경에서 우리를 향하신 하나님께서 지으신 목적은 바로 우리가 하나님의 손길 안에서 빚어지는 것이다. 즉 모난 부분은 깎이고 접힌 부분은 펴고 모자라는 부분은 보강하는 과정을 거쳐서 진정으로 하나님을 닮은 사람으로 변화하기를 바라신다. 여기서 등장하는 소가 그런 역할을 하는 동물로 상징되고 있다. 그런 면에서 우리 조상들은 벼슬이 없었던 사람을 학생(學生)이라고 묘비에 의미심장하게 새겼다. 자신의 모자람을 알고 늘 배우고 힘쓰는 삶을 사는 사람이 바로 평민이었다.

의지할 권력과 재력이 없는 민초들의 배경과 시대를 그린 지혜로운 표현이다.

이런 점에서 성경 속의 인물들은 하나님 앞에서 모두가 평등한 권리를 가진다는 사상을 가지고 있다. 고아와 과부를 측은하게 여기시는 주님의 마음을 본받아 살아가는 성도들에게 알파벳 알렙은 깊은 인상을 남기고 있다.

그런데 이런 소를 성경은 원하지만 인간은 힘의 상징인 소를 신으로 여겨서 숭상하는 죄를 범한다. 모세가 하나님 말씀을 받으러 시내산으로 갔을 때 이스라엘 백성들은 아론을 부추겨서 소의 신상을 만들어 섬기는 악행을 범한다. 지금도 인도 같은 힌두 문화권에서는 소를 신성하게 여기는 행위를 하고 있다.

모세가 보이지 아니하자 바로 아론에게 그들을 인도한 신을 만들어 달라고 한다. 홍해의 기적을 목도한 그들이 신을 소의 형상으로 바꾸어서 섬기는 모습은 현대에 와서 황금을 우상으로 섬기는 모습과 별반 차이가 없다.

산소마스크

고린도전서

하나님의 뜻을 따라 그리스도 예수의 사도로
부르심을 받은 바울과 형제 소스데네는
고린도에 있는 하나님의 교회 곧 그리스도 예수 안에서
거룩하여지고 성도라 부르심을 받은 자들과 또 각처에서
우리의 주 곧 그들과 우리의 주 되신 예수 그리스도의 이름을 부르는
모든 자들에게 하나님 우리 아버지와 주 예수 그리스도로부터
은혜와 평강이 있기를 원하노라

(고전 1:1–1:3)

평균 연령이 낮은 나라는?

　사도 바울을 가장 힘들게 했던 교회가 고린도교회이다. 고린도전서에서 가장 먼저 언급되는 문제가 바로 분열 혹은 분파이다. 바울파, 아볼로파, 베드로파로 나뉘어져 누구에게 세례를 받았고 지도를 받았냐로 서로 나뉘어져 서로 반목하고 질시했던 것이다.

　사람이 모이는 곳에는 늘 이런 분열이 존재한다. 지리적, 사상적 차이뿐 아니라 연령, 소유의 정도의 차이에 따라서 사람은 여러 편으로 나누어지기를 좋아한다. 심지어 기독교 교단마저도 신학적인 배경은 물론이고 인간적 갈등 때문에 나눠지기도 한다. 가정에서는 연령의 차이에 의한 세대 간의 차이와 갈등이 심각하다. 그리하여 기성세대와 자녀 세대 간의 다른 점이 가족 간의 친밀감과 유대감에 방해요소로 작용하고 있다. 본인은 이 연령 차이에서 오는 갈등을 극복하고자 『와르르 아재개그』를 집필하였다. 이러한 갈등과 분열을 해결하기 위하여 서로 하나가 되자고 외치며 애를 써보지만 나뉘는 것은 쉽다. 하지만 합치는 것은 역엔트로피 에너지가 필요하기 때문에 훨씬 힘들고 때로는 불가능하다.
　이렇게 분열되는 근본적인 원인이 조명되지 않는 한 문제는 쉽게 해결되지 않는다. 그 원인은 바로 인간 자신이 자신의 눈으로 보는 세계를 판단하고 자신의 기호에 따라 살기 때문이다. 즉 보이지 않는 하나님의 세계를 인정하고 절대자의 눈으로 세상을 바라다보는 대신 자기의 눈으로 보고 판단하기 때문이다.

물리적 세계에서도 당장 천문학적 지식이 없으면 해가 동에서 떠서 서로 지기 때문에 해가 움직인다고 주장한다. 이래서 반대 주장을 하는 사람을 미친 사람 취급할 것이다. 해가 저렇게 움직이고 있는데 땅이 움직인다고 주장한다면 자동적으로 눈으로 경험하는 사람들로부터 말도 되지 않는 소리라는 비난을 각오해야 한다.

한국에서 길을 물어보면 "이리 쭉 가서 왼쪽으로 돌아서 신호등을 건너세요." 하는 말을 자주 듣는다. 그때 왼쪽이란 말을 자신을 기준으로 왼쪽이지 건너편에서 보면 오른쪽이 된다. 여기서 좌파 우파가 나뉘게 된다. 그런 면에서 중국은 절대 좌표에 가까운 용어를 사용하기에 오해의 소지를 미리 차단한다. 길을 가르쳐줄 때 왼쪽 오른쪽이 아니라 동서남북의 방위좌표를 쓰고 있기 때문이다.

보이지 않은 하나님의 세계를 인정하지 않으면 인간은 보이는 그대로 사물을 판단하고 기준을 정하기 때문에 거기에는 시각의 차이와 충돌이 자연적으로 발생할 수밖에 없다. 이런 차이와 충돌을 이기기 위해서 인간은 성을 쌓는다. 최초의 성이 바로 창세기 4장에서 가인이 쌓은 에녹성이다. 성을 쌓는 이유는 이런 충돌에서 살아남기 위해서 자신을 보호하기 위함이다. 성은 보호 기능도 있지만 그 안에서 힘을 길러서 기회가 되면 공격을 하겠다는 의지도 포함되어 있다.

바로 이 성이 사람으로 둘러싸이면 분파가 되는 것이다. 성안에서는 서로 뜻과 생각이 일치하여 평화가 있을지 모르나 성 밖에는 늘 경계와 투쟁과 분쟁이 존재하는 것이다. 기독교 배경이 없는 동양 문화권은 낯선 사람들에게 잔인할 정도로 차갑게 대한다. 에녹성이 높고 두텁기 때문이다. 운전 중 상대방 차와 부딪쳐서 서로 차에서 내렸을 때 한국과 중국 사람들 반응이 어떤지 살펴보라 강한 적개심으로 얼굴부터 찌그러져 있다. 그런데 그럴 때 상대방에게 어디서 많이 본 사람 같다고 하면 금방 얼굴이 달라진다. 혹시 에녹성 안에 있는 사람일지도 모른다는 느낌 때문이다. 그러나 에녹성 바깥사람이라고 판단되면 바로 반말, 욕설, 멱살로 이어지는 드라마를 연출한다.

그러므로 보이지 않은 하나님을 인식하고 그분의 눈으로 세상을 바라보지 않는 한 이러한 에녹성이 존재하기에 세상은 결코 하나가 되지 않는다. 그리고 그런 눈을 가지게 되는 것은 십자가 외에는 방법이 없다. 그래서 예수님이 오신 것이다. 십자가에서 예수님과 나 자신이 같이 죽고 부활하지 않는 한 우린 이런 분열과 갈등을 피할 수 없다.

그럼 왜 십자가로 거듭난 교회 안에 이런 분열이 계속되는 것일까? 바로 복음을 제대로 깨닫지 못한 육적인 교인들은 여전히 세상적인 눈으로 교회를 바라보기 때문에 그 갈등이 교회 안에 연장되어 나타난다. 고린도교회가 바로 그런 교회였고 오늘날 대다수의 교회가 이 문제로 몸살을 앓고 있다.

그러나 더 무서운 것은 예수님께서 다시 오시기 전까지 이런 의로운 눈으로 세상을 살리려고 하는 성도들을 방해하는 세력이다. 바로 사탄은 거대한 분열세력으로 하나님 나라를 핍박으로 위협하거나 달콤한 유혹으로 분열을 조장하기 때문에 교회는 이중고통을 겪고 있다.

교회가 왜 그렇게 시끄럽고 문제가 많은가를 그 실체를 알게 되면 무엇을 위해서 기도해야 할지 방향을 잡게 될 것이다. 그리고 좀 더 긍휼한 마음으로 교인을 이해하고 교회를 사랑하게 될 것이다. 예수님께서 머리되심이 눈에 보이는 교회는 이런 문제를 지혜롭게 극복할 것이다.

영국

통곡 속에 숨은 **유머**

엄마를 닮아감을
세 글자로 하면은?

　교회가 분열되고 당짓기를 하는 이유는 사도 바울을 고린도전서 3장에서 육신에 속한 자이기 때문이라고 한다. 여기서 놀라운 것은 그들은 영에 속한 자라고 생각하고 있는데 바울은 강한 어조로 하나님의 자녀로서 부끄러운 모습을 하고 있다고 했다. 고린도교회 교인들은 신령한 은사와 풍부한 지혜와 지식을 가진 자신들이야말로 가장 신령하고 구별된 신앙인라고 여기고 있었던 것이다. 그런데 바울은 젖을 먹고 있는 유치한 신앙이라고 엄중한 어조로 꾸짖는다.

　오늘날 현대교회도 유사한 점이 많다. 예배와 헌금, 새벽기도, 철야기도, 구역예배 등 교회생활을 열심히 하면 영에 속한 신자로 생각하기 쉽다. 특별히 남의 손가락질 받을만한 도덕적인 잘못을 범한 적이 없고 술도 안 마시고 담배를 안 피운다면 교회에서 가장 모범이 되는 신자의 자리에 오르게 된다. 그러나 그런 열심과 열정이 있는 신자의 대부분이 당짓기를 하고 시기하고 남의 험담을 잘하고 있다면 그는 육신에 속한 자라는 것이 바로 바울의 주장이다.

　그 이유는 우리가 복음을 이해하는데 있어서 성경이 가장 중요하다는 것에는 관심이 없고 우리 생각에 중요하다고 생각하는 것에 초점을 맞추어서 신앙생활을 하기 때문이다. 성경은 훨씬 영적인 것과 하나님의 성품적인 것을 앞세운다. 그러나 우리는 눈에 보이는 실적을 먼저 중요하다고 여기기 때문에 교회에 끊임없는 문제가 발생한다.

초신자들이 교회에 먼저 들어오면 어린아이와 같은 것은 당연하다. 이기적이고 세상적이기 때문에 육신적인 행동은 너무도 자연스럽게 나타난다. 그런데 그들이 목표하고 닮기를 원하는 오래된 신자의 모습이 영적이며 성품적인 면에서 자신들과 별반 차이가 없음을 알게 된다. 그리고 "별거 아니네, 부지런히 활동만 열심히 하면 집사와 장로가 되는구나."라는 판단을 하게 된다.

모두가 육적인 신자들이 교회 활동과 행사와 종교적인 의식만 왕성하지만 그 가운데 화평, 화목, 용서, 인내, 사랑은 없는 집단이 되어 버린다. 심지어 영적인 유익과 교회에 덕을 세우라고 하나님께서 주신 성령의 은사마저도 서로 차별하고 구분하여 새로운 당짓기를 한다.

그러므로 목회자가 성경말씀을 통해서 신자들의 우선순위와 하나님께서 원하는 우선순위 사이에 엄청난 차이가 있음을 명백하게 드러내야 한다. 인간은 끊임없이 선행을 통해서 신을 만족시키려는 종교적 본능을 가지고 있기 때문에 교회에 와서 그 본능에 따라서 생각하고 행동하려고 한다. 그렇지만 하나님께서는 인간이 철저하게 무능하고 부패했다는 진실을 먼저 보고 얼마나 소망이 없는 벌레라는 사실을 직시하게 된다(로마서 1장). 그러나 인간은 계속해서 자신의 가능성에 기대를 걸고 좀 더 나은 모습으로 어떤 종교적 결과물을 하나님께 보여 줌으로써 자신의 부패함을 정당화하려고 한다.

통곡 속에 숨은 유머

사도 바울이 왜 고린도전서에서 제일 먼저 당짓는 것을 먼저 언급하는지를 우리는 알아야 한다. 즉 에녹성을 쌓고 그 바깥에 있는 사람들에 대하여 험담하고 약점을 들추어내는 것이 얼마나 큰 죄인지를 심각하게 말씀으로 선포되어야 한다. 그러나 인간은 바리새인들의 기도처럼 십일조 내고 금식을 자랑하고 세리의 잘못을 들추어서 감사기도까지 하는 모습으로 살고 싶어 한다. 교회에서는 이런 생각과 행동이 얼마나 악하고 추한 것인가를 복음에 비추어 계속해서 예레미아 선지자처럼 말씀 선포가 있어야 한다.

두 번째로는 바울은 신자들이 자라야만 이런 문제가 해결된다고 한다. 그런데 자신은 심고 아볼로는 물을 주었고 자라게 하는 것은 하나님이라고 했다(고전 3장). 인간은 하나님을 멀리하면 반드시 무엇을 하나 손에 쥐어야 마음에 만족이 있다. 특별히 사랑이란 단어로 사람들은 관계를 맺으며 자신의 허무와 불안감과 소외감을 해결하려고 한다. 신기하게도 사람들은 하나님보다는 하나님을 전하는 바울과 아볼로에게 마음을 빼앗기는 집요한 우상숭배적 유전인자를 가지고 있다. 교회 목회자에게 잘 대하고 잘 해주면 마치 내가 하나님과 친한 것 같은 착각을 일으키는 환상을 가지고 있다. 그러나 인간은 하나님과 가까이 가려고 하지 않는다. 이것이 인간이 가지고 있는 완악함이다.

그래서 하나님이 인간이 붙잡고 있는 우상을 놓게 하여 분리시켜 철저한 고독 속으로 밀어 넣는다. 마치 이스라엘 백성들이 광야에 경험하듯이 인간은 고독한 가운데서 진정한 자기와 하나님을 발견되기 때문이다. 그러려면 우상으로 분리되어야 한다.

대표적인 분리현상이 바로 남자가 군대에 가는 것이다. 남자가 군대 갈 때 제일 힘들어하는 사람은 결코 여자친구가 아니다. 어머니이다. 자신의 일부가 떨어져 나간 느낌은 바로 모성애가 가지는 본능적 반응이기 때문이다.

그러나 이런 분리를 통해서 어머니는 군대 간 다른 아들에 대하여 하늘로부터 오는 관심과 측은한 마음이 생기게 되면서 모성애가 참사랑이 아니었음을 어렴풋이 알게 된다. 반대로 아들 역시 어머니나 사회로부터 분리됨을 통하여 자신을 돌아보고 일방적으로 받았던 사랑에 대한 고마움과 고귀함을 알게 되어 진정한 사랑에 눈을 뜨게 된다.

그렇기 때문에 우린 먼저 사물과 사람으로부터 독립선언을 해야 한다. 내가 그 어떤 것으로부터 독립을 하지 못하면 우린 기생충처럼 사람에 의지하여 영양분을 빼앗아와야만 살 수 있는 악취 나는 인생을 살게 된다. 독립선언은 고독과 슬픔과 고통을 동반한다. 그러나 그 독립선언 후에 하나님 아래로 들어가는 영광스런 길이 있기 때문에 결국에는 영원한 복을 누리게 된다.

이런 복을 누리는 자들이 있는 교회에서는 당짓기와 험담은 매우 생소하고 거북한 행동일 것이다. 왜냐하면 그곳이 바로 천국의 지점이기 때문이다.

모처럼

통곡 속에 숨은 **유머**

성형할 때
마취가 필요 없는 코는?

　고린도전서 4장의 초반부는 바울의 사도권에 대한 불만스런 그룹이 있었음을 암시하는 구절로 시작한다. 그리고 함께 하나님의 비밀을 맡은 자는 충성을 다하며 오직 최후의 판단은 하나님만 하실 것이라고 한다. 사도 바울이 여기서 이 말을 쓰고 있는 것은 고린도교회 안에서 교인들끼리 서로 판단하고 수군수군하고 험담하는 일이 많았기 때문이다. 거기에 사울 바울 자신도 포함되어 있었다. 체구도 왜소하고 말도 어눌하고 사람들 앞에서 떠는 모습을 보이며 지병으로 인한 연약한 육체를 가진 바울이었다. 그의 겉모습이 너무 초라했기에 반대파 교인들은 도저히 그를 하나님께서 부르신 사도라 할 수가 없었다. 그러나 바울은 사람을 기쁘게 하려고 하지 않고 하나님을 기쁘게 하는데 자신의 인생을 걸었다. 그래서 사람들의 판단으로부터 자유로울 수가 있었다.

　여기서 바울이 사용한 비밀이란 말의 의미는 하나님께서 창조하신 피조세계와 역사를 움직여 나가시는 솜씨와 우리 인간이 인식하고 이해하는 수준과의 차이가 너무나 크다는 뜻이다. 그 결과 인간은 무지와 오해에 의한 그릇된 평가나 판단에 지배받고 살 수밖에 없게 되었다.

방학을 이용하여 우연하게 15년 전에 SBS에서 방영된 미스터Q라는 특별기획드라마를 보았다. 주인공은 김민종과 김희선이었다. 김희선은 성형외과가 선정한 자연미를 가진 최고의 여인으로 선정된 바가 있었다. 그리고 자신이 직접 성형외과 의사가 되는 연기도 하였다. 미스터Q는 직장에서 일어나는 여러 가지 갈등과 암투와 사랑과 동료애와 경쟁을 다룬 작품이지만 특별히 관심을 가진 부분은 김민종과 김희선과의 연속되는 오해와 갈등의 전개였다. 김민종을 좋아하는 직장상사 송윤아의 시기와 의도적인 접근으로 인하여 김희선은 김민종과 가까워지려고 하다가 다시 돌아서는 사건을 반복적으로 경험하게 된다.

그러나 김민종의 재치와 관심으로 마음을 바꾼 김희선은 "다시는 오해 같은 것은 하지 않겠다"라고 약속한다. 그래서 그들의 사귐이 영원할 것 같았다. 그러나 그 약속보다 더 강한 오해를 불러일으키는 사건들이 일어나 김희선은 마음을 완전히 바꾸어 부산지사로 내려가 버린다. 김희선은 김민종에게 "왜 그렇게 당신은 비밀이 그렇게 많냐?"고 묻는다. 김민종의 비밀은 회사의 운명에 관련된 것이었고 또한 알려지면 김희선의 자존심을 다치게 하는 것이기 때문에 끝내 이야기하지 않는다.

그는 어떤 사건이 일어났을 때 변명과 해명으로 자신을 증명하려고 하지 않았고 오직 진실과 세월이 그것을 밝혀 줄 것이라는 확신에 찬 행동을 한다. 김민종은 김희선과의 오해뿐 아니라 회사를 위해서 뛰어난 순발력으로 문제를 해결했지만 다른 직원으로부터 오해받는 일이 생겨도 변명하지 않고 조용히 해결해 나간다. 이를 지켜본 김민종의 머리 좋은 담당과장은 "당신은 참 멋있는 사람이야"라고 하며 김민종의 어깨를 툭 치고 지나간다. 감동에 차서 걸어가는 과장의 얼굴이 부각되는 순간 나의 코끝이 찡했다.

통곡 속에 숨은 유머

복음은 이 세상 사람들에게 가장 비밀스런 것이다. 우린 얼마나 불신자들로부터 오해와 미움과 조소를 받고 살고 있는가? 얼마나 바보라는 소리를 듣고 살고 있는가를 스스로 물어야 한다. 오히려 내가 바보가 아니라는 것을 증명하기 위해서 얼마나 많은 시간과 정력을 자신의 근육을 키우는 데 사용했는가? 그리고 사람들로부터 얼마나 갈채를 받기 원했던가? 복음으로 오해받지 않고 세상을 산다는 것은 막 세탁한 흰 와이셔츠를 입고 굴뚝에 들어가 나온 후에 그 와이셔츠에 하얀색이 그대로 있기를 바라는 것과 같다.

교회 일을 하다 보면 세상보다 더 많은 오해와 판단이 오가는 경우가 많다. "그 직책을 맡은 동기가 의심스럽다"는 둥 "도무지 자격도 없는 사람이 맡은 것 같다"라는 등등 그런 말을 들었을 때 우리는 당장 때려치우고 싶은 마음이 든다. 교회일이 무슨 돈을 버는 일도 아니고 세상이 알아주지도 않는데 아무도 할 사람이 없어서 내가 해 주었더니 오히려 오해와 비난만 돌아오기 때문이다. 그러나 우린 또다시 복음의 비밀에 대하여 나 자신이 깊이 소화하고 즐거워해야 한다. 바울은 그 비밀의 장엄함과 풍성함을 알기에 사람들의 평가를 넘어갈 수 있었다.

이처럼 그 역사를 주관하시는 하나님 진리의 차원이 상상할 수 없을 정도로 크다는 것을 알면 사람들의 입방아와 오해로부터 자유로워질 것이다. 그래서 김민종의 어깨를 두드렸던 과장처럼 하나님께서 최후의 날이 왔을 때 우리의 어깨를 두드리시며 "넌 참 멋있어"라는 말을 듣는 그 감격의 순간이 오기를 간절히 기다리는 삶이 되기를 소망해 본다.

잠자코

고령토를
살 수 있는 돈은?

고린도전서 4장 6절에서 "형제들아 내가 너희를 위하여 이 일에 아볼로를 가지고 본을 보였으니 이는 너희로 기록된 말씀 밖에 넘어가지 말라 한 것을 우리에게 배워 서로 대적하여 교만한 마음을 먹지 말게 하려 함이라"라고 되어있다. 대적하여 교만한 마음을 먹으면 판단하게 되고 더 심하면 정죄를 하게 된다. 정죄를 하게 되는 이유는 다음절에 나와 있다. 바로 하나님께 받은 것을 마치 자신이 원래부터 가지고 있다고 생각하기 때문이라는 것이다.

인간의 죄는 하나님 이름으로 등기되어 있는 이 세상 모든 사물을 자신의 이름으로 등기하려는 소유욕에서 출발한다. 예수님께서는 결코 부자를 꾸지람하지 않으셨다. 구원을 얻으려면 젊은 부자에게 너의 소유를 다 팔라고 하신 것도 너의 등기부 등본을 하나님 소유로 바꾸라는 뜻이었는데 젊은 부자는 갈등하면서 거부했던 것이다(마가 10장).

이런 소유는 물질적인 것뿐 아니라 우리 내면에 뿌리 깊게 자리 잡고 있는 이웃과의 관계 속에서도 나타난다. 우린 너무 쉽게 "왜 저 사람은 술 하나도 제대로 끊지 못하고 술만 마시면 짐승이 되지"라는 말이나

통곡 속에 숨은 유머

"왜 저 자매는 돈을 빌리면 제때 갚지 않고 늘 독촉해야 갚는 못된 습관이 있지"라는 등등의 정죄 섞인 말을 쉽게 내뱉는다. 이런 행동을 하는 근본적인 이유는 바로 나의 도덕성과 건전한 습관 역시 나의 것이라고 착각하기 때문이다. 그래서 그것을 소유하지 못한 열등한 사람을 찾아가서 고치라고 충고 내지 꾸지람을 한다. 그러나 쉽게 고쳐지지 않는다. 왜냐하면 하나님께서 아직 문을 열지 않으신 섭리가 있을 수 있기 때문이다.

소유가 주는 패악은 바로 소유하고 있다고 여기는 한 진정한 사랑을 할 수가 없다는 것이다. 소유정신이 우리를 우월감이나 열등감을 내몰아서 교만해지든지 아니면 비굴해지는 두 가지 선택을 할 수밖에 없기 때문이다.

자녀를 심하게 꾸짖는 행동 속에도 우리의 소유욕이 포함되어 있으면 필요 이상의 매를 가하게 된다. 즉 다른 사람들 앞에서 못난 자식이 나의 얼굴에 먹칠했다는 심한 모멸감이 바로 소유욕, 즉 나와 자식을 하나로 보는 일체감에서 나오는 것이다. 그래서 훈육의 도를 넘어서 정죄와 배신감에 찬 체벌을 가하게 된다.

소유의 특징은 부정적인 것에 대하여 관대한 경향이 있다. 즉 어떤 남편이 바람을 피워서 그 집안이 이혼 지경에 이르렀다고 아내가 이야기하면 바람피운 경력이 있는 남자들은 "뭐 그 정도 가지고 이혼을 해"라고 한다. 즉 이혼에 강조점을 두기보다는 그 정도에 힘을 주어 말한다. 그것은 자신의 부정적 행동에 대하여는 형평성을 잃는 모순에 빠지는 태도를 보인다. 그 결과 공평한 기준이 사라지게 되고 자신이 유리한 대로 선택하고 결정한다. 이런 원리는 회사에도 적용되어 회사를 자신의 소유로 생각하는 사람들은 개인 횡령이나 착복은 물론이고 회사를 자신의 욕망을 채우는 수단으로 삼아서 자식에게 물려주어 많은 사람들에게 피해를 준다.

부정적인 것에 관대한 이유는 우리는 자신의 얼굴을 볼 수 있는 눈이 없기 때문이다. 거울을 보아야 얼굴에 묻었는지 알 수 있다. 이처럼 우린 오늘 말씀처럼 자신을 비추어보고 정죄의 죄가 얼마나 큰 것인지 알아야 한다.

어느 교회 목사님이 불륜의 문제로 물러났다는 소식은 접했지만 목사님이 교인이나 다른 교회 목사님을 정죄하여 물러났다는 이야기는 들은 적이 없다. 그러나 바울은 분쟁과 당짓기 정죄에 관한 문제를 고린도전서 처음에 두고 있다. 그러므로 우리가 얼마나 죄에 대하여 인간적으로 이해하고 사고하고 판단하고 있는지를 깊이 되새겨 보아야 한다.

성경을 보면 볼수록 우리의 무지함이 더 많이 드러난다. 기록한 말씀 밖으로 넘지 않는 삶이 무엇인지 제대로 알아야 할 것 같다. 이렇게 사는 것은 결코 바울과 아볼로만 가능했던 것만이 아닌 우리 모두에게 해당하는 것이기 때문이다.

고령화

통곡 속에 숨은 **유머**

거사 날이 결정되었는데
내가 꼼작하지 못한 이유는?

고린도전서 4장 8절에는 함께 왕 노릇 하기 위해서라는 말이 나온다. 고린도교인들은 영적이나 물질적으로 이미 안정감과 부요함을 누리고 있었다. 그리고 많은 은사와 상업과 무역으로 인한 물질적 풍요와 함께 기독교를 믿는 것이 사회적으로 대우받고 숭상받는 왕 노릇 하는 것으로 여기고 있었다. 그래서 그들은 교회 밖과 안에서 모두 어깨에 힘을 주고 살고 있었다.

그러나 바울은 그것은 거짓된 왕 노릇이며 자신과 함께 진정한 왕 노릇 하기를 원했다. 만약 바울의 삶이 찢기고 매 맞고 조롱받는 삶을 살고 있다면 자신이 가르쳤던 고린도교인의 삶 역시 다를 바 없어야 한다는 것이 바울의 논리이다. 그래서 바울은 그들의 거짓된 부요함을 질타하고 있다. 그러면서 진정한 왕 노릇 하는 삶의 모습을 증거하고 있다. 바로 더불어 같이 사는 삶이다. 바울은 '함께'라는 단어에 힘을 주어 말하고 있다.

인간은 원래 자신이 신이 되기를 원하기 때문에 다른 사람과 함께 잘되는 것을 결코 좋아하지 않는다. 특별히 한국인의 특징은 반도라는 지역의 특수성 때문에 모두가 우두머리 되기를 좋아하는 경향이 강하다. 그래서 모여서 어떤 일을 같이 하기가 대단히 어렵다. 일 자체보다는 사람을 좋아함과 싫어함이 상대적으로 서구에 비해서 강해서 협력하여 일하기가 매우 힘들다.

그러나 서구인들은 개인주의인데도 불구하고 일을 하는 데 있어서 사적인 감정은 접고 공동의 목표를 이루는 데는 적극적이다. '우리'라는 단어를 자주 쓰는 동양문화와 '나'라는 단어를 자주 쓰는 서양문화인데도 협력이 동양 쪽이 잘되지 않아서 같이 일하기 어려운 점은 참으로 아이러니할 수밖에 없다.

그러나 인간은 힘을 합칠 때가 있는데 바로 자기보다 강한 적이 나타났을 때이다. 본능적으로 어제의 적이었던 사람들도 더 강한 적이 나타나면 서로 협력하고 일시적으로 친해진다. 그러므로 에녹성의 크기는 시간과 장소에 따라서 수시로 변한다. 즉 가장 가까운 배우자끼리도 두 사람만 있을 때는 에녹성은 극도로 작아져서 에녹성 안에 오직 자신만 존재한다. 부부싸움의 근본적인 원인은 바로 각각의 에녹성에서 혼자 머물면서 배우자를 대하기 때문이다. 특별히 자신이 자란 가정이 공격을 받을 때는 에녹성은 갑자기 과거로 돌아간다. 그리고 에녹성을 친정집으로 넓혀서 남편을 에녹성에서 몰아내며 시댁을 공격한다. 이제는 부부싸움이 아니라 가문싸움으로 에녹성의 크기는 확장된다. 그러나 다른 사람들이 자신의 남편 험담을 하면 남편은 나의 에녹 성으로 들어오고 험담하는 자를 에녹성 밖에 위치시켜 공격한다.

그러므로 예수님의 십자가를 모르는 모든 사람들은 이처럼 에녹성의 크기를 조절해 가면서 배척과 협력을 교묘하게 하며 살아간다. 그리고 에녹성의 크기와 두께가 문화, 국가, 개인별로 차이가 있다. 특별히 동양문화에서는 너무 나이를 따져서 사귀기 때문에 친구의 폭이 좁은 경향이 있다. 나이뿐 아니라 지역, 출신학교, 수입 정도, 지위 등등으로 구분하고 나면 진정 몇 사람 남지 않는 범위 내의 사람을 만나서 교제하고 대화하기 때문에 자연히 사고의 폭이 좁고 포용력이 적다.

이 모습은 음식을 놓고 대화하는 과정에서도 그대로 나타난다. 동양권 문화는 주로 앉아서 교제하기 때문에 일단 어느 자리에 앉으면 그 모임에서 대화할 사람은 바로 옆이나 마주 보는 서너 사람으로 제한된다. 그리고 끝까지 그 사람들과 이야기하고 그 모임을 끝낸다. 그러나 서양에서 의자에서 식사한 후에 주로 서서 대화하기 때문에 많은 사람들을 만나서 교제할 수 있는 기회가 주어진다. 우린 동양문화가 얼마나 에녹성이 철저하게 좁고 높은지를 인식하고 개선의 여지가 없는지 생각해 볼 필요가 있다.

이런 에녹성에 환멸을 느낀 인간은 또 다른 극단을 취한다. 바로 수도원식 삶이다. 아예 에녹성을 줄이고 넓히는 기회를 차단하여 죄를 짓지 않겠다는 태도이다. 그래서 혼자만의 명상과 독서와 가벼운 노동으로 삶을 메워간다. 물론 수도원 자체의 공동모임은 있지만 어디까지나 극단의 정점에 있는 모임인지라 세상의 고통과 아픔은 멀리한 채 고고한 학과 같은 삶을 같이 살아보겠다는 도피적인 모임이란 약점을 피하기 어렵다. 인간 모두에게 이런 수도원적인 도피성 유혹이 있다. 인간관계와 세속의 분주한 삶에서 벗어나고 싶어 하는 본능적인 유혹이다. 여행도 이런 본능을 찰나적으로 풀어주는 통로이기에 오늘날 여행산업은 호황을 누릴 수밖에 없다.

그러나 함께하는 삶은 바로 십자가에 의해서만 가능하다. 그것은 동적으로 움직이는 에녹성을 십자가로만 걷어 낼 때만 이룰 수 있다. 이스라엘 백성들은 예수님을 자신들의 에녹성에 가두려고 했다. 그래서 하나님께서 그 에녹성을 부수시고 이스라엘 백성을 온 천하에 흩어놓으셨다. 예수님께서 왜 오셨는지를 역사를 통하여 보여주고 계신다.

오늘도 우린 사람을 만날 때마다 에녹성의 크기 조정을 하고 있지는 않은지 살펴야 한다. 한 명, 두 명, 다섯 명 열 명씩 다르게 만날 때마다 그 안에서 그려지는 에녹성을 예수님의 십자가로 지우고 진정 그들을 십자가로 인도하고 예수님께 같이 나아가도록 애쓰고 있는지 물어야 한다. 그 시금석은 바로 내가 상대를 경쟁상대로 여기지 않고 상대방의 좋은 일에 진심으로 박수 치고 기뻐하고 슬픔에 같이 울 수 있는 긍휼한 마음이 있느냐는 것이다. 만약 그렇지 않다면 고린도교인처럼 거짓 왕 노릇을 하고 있으며 마음에 참 평안을 누리지 못하고 있는 것이다.

파킨슨병에 걸린 이후에 한 손으로 옷을 갈아입는 것이 얼마나 힘든지를 매일매일 아프게 경험하고 있다. 굳어서 힘을 제대로 못 쓰는 왼손이라도 조금 지탱해 주면 오른손이 하는 일이 훨씬 수월하다. "두세 사람이 내 이름으로 모인 곳에 네가 그들 중에 있느니라(마 18:20)."라고 하신 주님의 말씀이 오늘도 심령에 아프게 와 닿는다.

날잡고 있어서

통곡 속에 숨은 **유머**

아름다운 전쟁을
좋아하지 않는 이유는?

고린도교회 교인들은 배부르고 부요하다고 사도 바울은 지적하고 있다(고전 4:8). 즉 구원을 이루었고 자신들은 영적으로 갖출 것은 다 갖추었기 때문에 더 이상 필요한 것은 없다고 여기고 있었다. 은사와 지식과 물질이 넘치고 있는 그들은 심령이 가난하지 않았다.

천국은 시간을 기다려서 나중에 오는 것이 아니라 이미 시작되었다고 예수님께서 말씀하셨다(마태 11장). 그래서 세상과 천국은 지금 서로 겹쳐있는 상태에 있다. 불신자들은 전혀 천국을 감지하지 못한 채 세상을 살고 있지만 신자들은 보이지 않는 세계와 보이는 세계에서 살고 있다. 그런데 두 세계는 너무나 통치방식이 다르게 때문에 충돌할 수밖에 없고 언젠가는 이 세상의 통치가 끝나는 날이 오게 된다. 그 날이 오기까지 서로 다른 두 세계를 사는 성도의 삶이 결코 편안하거나 태평할 수 없다고 성경은 말하고 있다(마 10:34-38). 만약 그렇지 않다면 한 세상을 포기했거나 타협을 했기 때문이지 결코 성도의 삶은 이 세상에서 늘 형통할 수가 없다.

일제 강점기 시대에 조선 땅에서 편안하게 살았던 사람은 일본 앞잡이를 했던 조선사람밖에 없었다. 이들은 조선사람이면서도 일본의 통치에 항복하고 일본말을 즐겨 쓰고 일본사람의 복장과 행동을 하면서 자신의 부귀영화를 누렸다. 반대로 독립군은 일본이 통치하는 땅에 살았지만 그 통치에 따르지 않고 해방될 날을 기다리며 배고픔과 추위와 감시의 눈을 피해 다니며 조선의 독립을 위해서 온갖 고초를 다 겪어야 했다. 일본의 통치방식과 합병에 동의하지 않은 순간부터 그들의 삶은 고달프고 고통스러워질 수밖에 없었다.

이 땅의 삶 역시 마찬가지로 두 나라가 서로 충돌하는 긴장 속에 살 수밖에 없다. 만약 고린도교인들처럼 삶이 편안하고 부족함이 없다면 천국통치를 포기한, 바로 일본 앞잡이와 같은 삶과 유사한 것이다. 고통과 위험을 없게 하고 만사형통하게 해 달라고 기도하는 행위 역시 일본의 통치하에서 좀 더 편안한 삶을 추구하면서 조선의 독립을 위해서 이미 시작된 회복운동에 전혀 관심이 없는 요구가 될 수 있기에 신중해야 한다. 물론 조선 땅 자체는 여전히 조선사람의 땅이다. 문제는 일제가 통치한다는 것이며 조선사람은 일본의 다스림에서 독립하기를 원하는 것이다. 이 말은 세상을 교회 밖이라는 공간으로 이해해서는 안 된다는 뜻이다.

그러나 우리의 일터는 하나님께서 창조하신 피조물이지만 사탄의 통치방식인 정글법칙이 적용되고 있다. 여기에 우린 십자가의 양보와 사랑법칙과 같은 천국의 통치방식을 들고 나아가는 것이다. 두 세력은 상호배척 관계에 있기 때문에 늘 충돌과 어긋남이 있을 수밖에 없다. 그래서 성도의 삶은 고달프고 전쟁의 연속이다.

그런데 예수를 믿으면 세상의 문제가 사라지고 매일 고통 없는 승리의 삶을 사는 것이라고 한다면 바로 그것은 거짓복음이며 갈리디아서에는 그것은 저주스런 행위가 될 것이라고 했다. 심령이 가난하며 화평하고 온유하고 의에 주리고 목 마른 자의 삶은 결코 세상적인 안락과는 거리가 먼 고통스럽고 아픔을 요구하는 삶이다. 거룩한 전쟁 역시 전쟁은 전쟁이다. 전쟁 중에 어디 안락함이 있을 수 있다는 말인가. 전쟁을 소설가와 시인들은 때로는 미화하기도 하지만 아름다운 전쟁은 존재하지 않는다.

보이는 세계에서는 성도의 삶은 그렇게 환란과 투쟁과 고통과 괴로움이 더하는 삶이다. 그래서 세상의 지혜는 십자가를 미련한 것이라고 조롱한다(고전 1:18). 마치 일제 앞잡이들의 가족들이 독립군 가족을 조롱했듯이. 그러나 성도의 삶은 이것이 끝이 아니다. 다른 세계가 있기 때문이다. 보이지 않는 내면의 세계에서 흘러나오는 한없는 평안과 안식과 기쁨을 성도들은 누리고 있는 것이다. 하늘로부터 오는 따스한 온기와 은은한 위로와 단단하게 붙잡아 주는 그 강한 팔로 인하여 성도는 새 힘으로 다음 발걸음 힘차게 내딛는다. 이것이 바로 복음의 반전이다.

그러나 하나님께서 세상의 미련한 것을 택하사 지혜있는 자를 부끄럽게 하려 하시고 세상의 약한 것들을 택하사 강한 것들을 부끄럽게 하려 하시며(고전 1: 22) 이런 거듭되는 반전 속에서 우린 하나님의 통치방식에 조금씩 수긍하며 그것이 참 진리임을 자각하게 된다. 그럴수록 우린 하나님에 대한 경외심이 사모함으로 승화되어 좀 더 자주 길게 무릎을 꿇게 된다. 그리고 마라나타라는 말이 더욱 실감나게 된다.

미워

걸핏하면 못하겠다고
나자빠지는 신앙은?

고린도전서 6장에는 그리스도인 사이에 갈등과 이해관계가 심각해져서 법정싸움에 간 사실을 두고 사도 바울은 역시 있어서는 안 될 일로 부끄럽고 어리석은 행동이라고 지적하고 있다. 교회 안에 일어난 일을 세상으로 들고 나가 그들에 판결을 맡긴다는 것 자체가 난센스라는 것이다. 왜냐하면 하나님의 나라와 세상의 기준은 다르기 때문이다. 물론 사도 바울은 세상의 법정이 필요 없다는 식의 논리는 아니다. 다만 세상은 질서유지 차원에서 법이 필요하지만 하나님의 법은 우리의 복과 생명의 근원이 되기 때문에 세상의 법을 적용하는 것은 마치 유치원의 규칙을 수도사들이 사는 수도원의 규칙에 적용하는 것과 유사한 것이다. 이것이 교회 문제는 절대로 법정에 가서는 안 되는 근본적인 이유이다.

그러나 여기서 더 중요한 것은 왜 교회가 그런 갈등과 분쟁이 생기며 그럴 경우 어떻게 해결하느냐가 우리의 관심이다. 먼저 교회에 대한 잘못된 인식 중에 하나가 교회가 어떤 일을 하기 위한 집단으로 생각하는 경향이다. 즉 하나님의 일을 하기 위해서 서로 열심을 다하는 것으로 이해한다. 그래서 교회가 사회에서 능력이 있는 사람들을 환영하고 우대하는 이유도 바로 여기에 있다. 돈이 있는 사람이 오면 그 돈으로 많은 일을 할 수 있고 권력이 있는 사람이 오면 세상적으로 어려운 문제를 쉽게 해결하고 유명한 사람이 오면 전도의 홍보 효과가 크다고 본능적으로 여기기 때문에 능력이 있는 자들은 교회에서 중요한 자리를 쉽게 단기간에 차지한다. 그리고 그들은 현재에 교회 안에 있는 불합리하고 비효율적인 분야에 손을 대고 사회에서 하던 방식인 구조조정을 교회에 적용하기 시작한다. 그러면 이런 개혁파들은 적극적으로 임하지만 반대파는 못하겠다고 저항하며 나자빠질 수 있다.

이 정도 되면 교회는 벌써 분열의 조짐을 보이기 시작하고 목회자가 어느 편의 손을 들어주던지 상관없이 교인들이 어디에 줄을 서야 할지 고민하기 시작하고 잡음이 생기게 된다. 현대교회는 오늘도 이런 생각에 기초를 두고 접근하는 신자들이 있는 한 항상 불화의 불씨를 가질 수밖에 없다. 그래서 건축하다가 교회가 갈라지고 목사님과 장로님과의 갈등, 목회자나 장로님의 잘못된 처신이나 비리로 인하여 어떻게 처리를 하느냐에 따라서 교회가 둘로 갈라져서 법정 공방까지 가는 경우를 우린 흔히 보아왔다.

교회의 근본적인 목적이 바로 성도의 거룩한 훈련장소라는 것을 망각하면 누가 옳은가를 두고 싸우게 된다. 본인의 부끄러운 경험을 소개하고자 한다. 미국 유학시절 신앙생활을 한 지 6개월도 채 안 되는 시점에서 본인 다녔던 대학의 교수님 중에 신유의 은사가 있다고 알려지신 분이 연구년 차 미국에 오셨다. 마침 그때 본 교회에 자매님 중에 한 분이 심한 류마티스를 겪으며 잘 걷지도 못하고 있었고 그동안 우리 교우들이 자매님 병이 낫기를 위해서 계속 기도해오고 있었다. 자연스럽게 그 장로님께 시간을 내어서 한번 기도를 해달라고 부탁드렸고 그 분께서도 흔쾌히 허락하셨다. 그런데 그 소문을 들은 많은 교회의 교우들과 몇 명 집사님까지 그날 류마티스가 있는 자매님 집에 모여들었다. 우리는 눈물로 그 자매님의 병이 낫기를 기도했고 장로님께서도 열심히 기도해 주셨다. 그런데 기도회 중간에 갑자기 문이 열리고 목사님과 수석집사님이 아주 화가 난 모습으로 나타나셨다. 수석집사님은 장로님을 향해서 엄한 어조로 교회의 질서를 어지럽게 하는 집회를 하신다고 항의하셨다. 난 너무 황당한 얼굴로 지켜보았고 기도회는 완전히 엉망이 되어버렸다. 그때 나는 완전히 시험에 들었다.

평소 존경해 왔던 수석집사님의 항의가 나에게는 자신들의 종교영역 침입이라는 동물적 영역보전 행위로 비추어졌기 때문이다. 순수한 마음으로 병이 낫도록 기도하고 있는데 어떻게 교회 지도자들이 와서 이렇게 행패를 부릴 수 있다는 말이냐 라는 생각이 들었다. 이런 교회를 왜 나가야 하는지 회의가 들기 시작했고 교회를 옮겨야겠다는 생각을 가지고 주일날 예배에 나갔다. 목사님은 평소와 다름없이 대하여 주셨고 예배가 끝나자 장로님께 항의하셨던 그 수석집사님이 부르시더니 기도실에 가서 손을 잡고 기도를 시작하셨다. 하나님께 화해와 평강의 영을 불어넣어 달라는 기도였다. 기도가 끝나자 나 역시 악한 감정이 사라지고 그 집사님을 편하게 대할 수 있는 마음이 생겼다.

교회가 어떤 곳인지를 잘 몰랐던 나는 인간적인 어려움이 있는 지체는 무조건 도와야 한다는 의협심으로 그 기도회를 시작했고 교회 안에 영적인 질서와 교회를 통하여 이루고자 하는 하나님의 근본 이유를 몰랐기에 오해했던 것이다. 다행스럽게 훌륭한 믿음의 선배들의 본이 되는 행동으로 빗나가지 않고 그 교회를 계속 다닐 수 있었던 것에 감사한다.

교회는 이렇게 새로 들어오는 신자들이 세상에서 익숙한 방법을 가지고 교회에 써먹으려고 하는 시도가 늘 있기 마련이다. 그때 참아주고 기다려주고 이해해주는 성숙한 신자가 없으면 교회는 반드시 불화와 갈등을 일으키게 된다. 아무리 내가 옳아도 그것을 당장 목소리 높여서 외치지 않고 조용히 기도하는 성도가 바로 예수님의 사랑을 실천하는 신자인 것이다. 그 당시에 그 선배집사님은 나의 행동이 잘못되었다고 나에게는 한마디도 하지 않으셨다. 스스로 나중에 깨닫기를 기다리신 것이다.

나의 행동이 교회에 어떤 영향을 주는지 교회가 어떤 곳인지 알게 되었을 때 부끄러운 마음이 들었고 잘못을 깨닫게 되었다. 만약 그때 내가 잘못했다고 강한 어조로 이야기했더라면 난 그 교회를 떠났을 것이다. 왜냐하면 내 수준에서는 그 집사님 행동을 이해할 수도 없었기 때문이다. 성숙한 신앙은 거룩한 인내로 증명하는 것이다. 그래서 오래 참음은 분쟁과 불화를 막는 최상의 무기인 것이다.

옳고 그름을 따져서 교회가 갈라지는 것보다는 오히려 내가 아무리 옳아도 가슴에 묻으며 기도하는 사람이 바로 십자가를 지는 하나님이 원하시는 마음에 합한 자이다. 왜 다윗을 하나님께서 그렇게 좋아하셨겠는가? 사울의 행동이 아무리 틀리고 자신이 옳아도 하나님께서 기름 부으신 종을 자신이 나서서 자신의 옳음을 증명하려고 하지 않은 그 오래 참는 모습을 하나님께서 좋아하시는 것이다.

바로 교회에서 일을 잘하는 사람이 우대받는 세상적인 기준을 멀리 하고 옳고 그름의 자를 당장 끄집어내어 그 길이를 재려고 하는 조급한 모습은 사라져야 한다. 그리고 어린 신자들의 변화를 기다려주며 기도해주는 인내가 있는 교회가 되기를 기도할 것이다. 왜냐하면 교회를 통하여 이런 사람이 되는 것이 바로 교회를 세운 목적이기 때문이다. 그리고 그런 원리는 교회뿐 아니라 우리 가정에서 배우자나 자녀들에게 그리고 이웃과의 사이에도 절실하게 필요한 것이다.

모태신앙

자기 죄를
잘 인정하는 사람은?

　고린도전서 6장 7절에서 사도 바울은 교인을 세상법정으로 고소하는 것보다 차라리 불의를 당하거나 속는 것이 낫다고 권유하고 있다. 재판에서 누가 보아도 이길 정도로 상대방이 잘못했더라도 포기하고 손해를 보라는 것이다. 예를 들어서 차용증서까지 쓰면서 돈을 빌려 간 상대가 돈을 갚지 않더라도 법정에 가지 말고 불이익을 당하라고 한다. 참으로 현대인의 상식으로는 이해하기 어려운 태도이다.

　사도 바울의 주장은 우린 이미 천국백성이 되었고 천국백성은 천국의 원리와 기준에 의해서 살기 때문에 그럴 수밖에 없다는 것이다. 즉 상대의 허물과 부족함과 악행을 우리 손으로 해결하는 것이 아니라 하나님의 손에 맡기는 것이다. 그 근거는 바로 우리 역시 용서받을 수 없는 악행의 앞잡이였기 때문이다. 은혜를 아는 자는 용서와 양보가 자연스러울 수밖에 없다. 그런데 왜 현대교회에서는 이런 사도 바울의 권고가 낯설고 어색하게 들리는 것일까?

　그것은 바로 우리가 이 세대를 본받고 있기 때문이다. 바울은 로마서 12장 1절에서 이 세대를 본받지 말고 우리의 몸을 거룩한 산제사로 드리라고 했다. 현대인들은 그들 자신이 전통과 제도의 굴레에서 벗어난 자유인이라고 생각한다. 대가족제도와 농경산업의 붕괴와 새로운 도시문화 속에서 현대인들은 자신이 하고 싶은 일을 태어날 때부터 관계된 권위자로부터 벗어나 마음대로 할 수 있다고 생각한다. 마치 집 나간 아이가 부모의 간섭을 벗어나 하고 싶은 일을 할 수 있다는 자유 같은 것이다.

그러나 현대인은 자유롭지 못하다. 그 결정적인 증거가 바로 유행이란 것이다. 현대인들은 그들이 혹시나 유행의 울타리로부터 벗어나 있지 않나 싶어서 전전긍긍하며 살아간다. 그리고 자신이 그 울타리 밖에 있다고 느끼면 불행하다고 여긴다. 유행은 물론 대중의 인기도의 의해서 결정되기 때문에 대중이 힘을 가진 것 같지만 대중은 아무런 정보나 유행을 만들어 낼 힘이 없다. 그들은 다만 몰려다니는 고기떼처럼 목적 없는 떼 이동을 할 뿐이다.

정보나 유행을 만들어내는 곳은 오늘날 바로 방송이나 인터넷 매체 신문 같은 미디어 기관이나 영화제작사 정도로 소수의 집단이다. 그런데 바로 이런 미디어가 바로 돈을 제공하는 광고주에 의해 프로그램이 결정되기 때문에 프로그램은 늘 대중의 동물적 본성을 자극하는 곳으로 갈 수밖에 없다. 그래서 현대인들은 옛날보다 더 사납고 급하고 탐욕적이고 돈을 사랑하고 경쟁적이며 우울하고 돌발적이고 포악해졌다. 영화만 해도 그 잔인한 정도가 과거에 비해 얼마나 심해졌는가는 비교해 보면 금방 알 수 있다.

그리고 이 세상은 끝없이 우리의 탐욕을 자극하고 거기서 낙오되면 이상한 눈으로 멸시한다. 휴대폰만 해도 6개월 단위로 새로운 모델이

통곡 속에 숨은 **유머**

나와서 사람들을 새 것으로 바꾸기를 유혹한다. 원래 휴대폰이란 통신 수단 기능만 있었지만 그 이후 카메라, 녹음기, 라디오, TV, 인터넷 기능이 추가되면서 전자제품 중에서 가장 수명이 짧은 기기로 둔갑해서 우리 호주머니를 울렸다. 단말기 제조회사와 통신사는 판매를 위해서 할부를 미끼삼고 유행이란 무기를 앞세워 엄청난 수익을 올렸다.

2002년에 산 핸드폰을 몇 년 전에 새것으로 바꾸었다. 가까운 분이 집에 있던 안 쓰는 핸드폰을 그냥 주셨다. 내가 하도 오래된 것을 쓰고 있는 것이 안타까웠던 모양이다. 그 핸드폰에는 옛날 것과 비교가 안 될 정도로 많은 기능이 추가되어 있었다. 옛날 핸드폰에 들어있는 전화번호 60개를 옮기려고 서비스센터에 갔다. 그런데 구석기 시대에 쓰던 모델이라 데이터를 옮길 수 없다고 했다. 유일한 방법은 그냥 직접 입력하는 방법밖에 없다고 했다. 이 인터넷 시대에 이미 전자문서화가 된 자료를 손으로 옮겨야 하다니! 이런 식으로 이 세대는 유행에 뒤떨어진 사람들을 무시하고 푸대접하고 서비스에서 제외시킨다. 나 자신이 아무리 그런 것에 가치를 두지 않는다고 하더라도 이 세대는 우리를 이런 식으로 핍박하고 있다.

온 세상이 더욱더 물질이 우상이 되어가고 있는 가운데 교인들은 세상에서 그 유행 속에서 소외되지 않기 위해서 몸부림치고 있다. 학원에 보내지 않으면 낙오될 것 같은 두려움이나, 물건을 샀는데 다른 친구가 더 싸게 샀다는 소식에 낙심하게 된다. 때로는 모두가 얼굴을 고치는데 나만 그냥 있다는 불안감이 엄습한다. 그래서 교인들은 좁은 문보다는 사람이 많은 넓은 길과 넓은 문에 몰려가고 있다.

싸움에서 맞고 들어온 아들에게 왜 너도 같이 때려주지 못하고 맞고 있느냐고 꾸짖는 자녀교육을 하고 있는 한, 오늘 고린도전서에서 사도 바울이 차라리 불의를 당하고 라는 말은 어색할 수밖에 없다. 이 세대는 누가 먼저 빨리 경제적으로 목적지에 도착하느냐에 혈안이 되어 있기 때문에 지고 양보하고 불의를 당하는 천국 시민의 삶에는 관심이 없는 것은 당연하다. 스스로에게 묻는다. 난 지금 삶의 모든 영역에서 사람이 적은 곳에 있는가? 아니면 많은 곳에 있는가?

시인

오랫동안 같이 있어도
끝없이 탐구해야 할 사람은?

　고린도전서 7장 10절에서 16절까지는 현재 결혼한 상태에 있는 교인들에게 주는 바울의 권고이다. 이 부분 역시 성경의 다른 부분과 충돌되는 것처럼 보이기 때문에 숲을 보면서 나무를 보는 시각이 필요하다. 성경은 과연 이혼을 허락하는가라는 질문을 하게 된다. 이 질문은 오늘을 살아가는 현대교회에 너무 절실하고 현실적인 질문이 되고 있다. 이혼이 아주 희귀한 사건으로 여기던 과거와 달리 이혼은 우리와 아주 가까운 사람들 사이에 일어나고 있는 보편적 현상이 되고 있기 때문이다. 이 세상은 물론이고 교회 안에서 이혼한 교인들의 수가 늘어나고 있는 현상을 우리가 목도하고 있기 때문에 결코 고린도교회만의 문제는 아닌 것이다.

　예수님께서는 마태복음 19장에서 부부는 한몸이니 나뉠 수 없다는 대원칙을 말씀하셨다. 즉 하나님께서 짝지어주신 것을 인간이 나눌 수 없다는 것이다. 이 말씀에 의하면 성경은 이혼을 허락하지 않는다. 결혼이란 원래 서로 돕는 배필이며 가장 아름다운 사랑이 꽃피우는 터전으로 만들어졌지만 인간은 타락 후에 자신의 일을 덜어주는 무보수 동업인으로 생각하고 결혼에 임한다. 즉 남자들은 밥하고 빨래하고 청소하는 일을 하지 않게 되어 허드렛일로부터 해방될 것이라는 기대를 가지고 출발하고 여자는 망치질과 무거운 물건 드는 일, 고장 난 것을 고치는 것에서 자유로울 것이라는 희망을 가지며 결혼생활을 시작한다. 즉 모두가 수고하고 짐 지는 일을 상대방이 덜어 줄 것이라는 이기적인 생각으로 동업을 시작한다. 그래서 동업 첫날부터 기싸움이 시작된다. 동업자 간에 누가 더 높은가라는 힘겨루기가 시작된다. 어느 부부는 첫날밤에 장롱에 있는 요와 이불을 서로 상대방이 깔아야 된다고 주장하면서 첫날밤을 하얗게 보냈다고 한다. 왜냐하면 그날 지게 되면 평생 이불과 요를 자신이 깔아야 하기 때문이었다.

그러나 결혼은 짐을 덜기는커녕 오히려 더 짐이 늘어난다. 단칸방 좁은 집에 남편의 코 고는 소리에 귀가 예민한 아내는 잠 못 이루기도 한다. 또한 아내의 시집에 대한 무관심 때문에 남편은 시댁으로부터 잔소리를 들어야 한다. 게다가 아기가 태어나면 그때부터는 짐이 기하급수적으로 늘어난다. 우유 먹이고 기저귀 갈고 우는 애를 달래는 것은 물론이고 아기가 아파서 병원을 들락거려야 하고 밤낮이 바뀌어 밤새도록 우는 아이 때문에 회사의 업무시간에 졸음이 쏟아진다. 이 정도 되면 이제 서로 말 한마디가 화약의 심지가 되어 분노가 폭발되는 것이 결혼이다. 그래서 사람들은 결혼은 해도 후회하고 안 해도 후회한다는 말을 하게 된다.

결혼에 대한 잘못된 환상을 가지고 출발한 부부가 이혼하는 것은 너무 자연스러울 수밖에 없다. 이전에는 제도와 경제적인 굴레가 이혼을 어렵게 했지만 지금은 여성이 경제적으로 독립하고 호주가 될 수 있는 마당에 자신과 맞지 않는다고 생각하면 과감하게 이혼하는 것이 요즈음 추세이다.

통곡 속에 숨은 유머

성경은 아내와 남편이 어떤 이익을 위해서 만난 동업자가 아니고 한 몸이라고 한다. 즉 자기 자신과 같은 존재라는 것이다. 자동차에 바퀴가 4개가 있는 것처럼 나의 앞바퀴와 배우자의 뒷바퀴가 서로 높이와 돌아가는 속도가 다를 때 서로가 조정하여 균형을 맞출 때까지 계속 양보하는 과정이 부부의 삶인 것이다. 하나님께서는 바퀴 한 개로 자동차가 될 수 없으므로 배우자의 바퀴까지 주셔서 신앙의 여정을 달리게 하는 것이다.

때로는 펑크 난 타이어로 주행이 방해받기도 하지만 그래도 바퀴를 수리해야 차가 출발할 수 있다. 마찬가지로 부부는 자동차와 같이 혼연일체가 되어야 달릴 수가 있다. 자신이 높아질수록 자동차는 균형을 잃어서 뒤뚱거리게 됨을 알면 우린 배우자의 부족함을 자신의 것으로 여기며 감당하는 성경적인 이해와 실천이 있어야 한다. 이것은 아내에게 공경한 말을 쓰면서 첩을 두었던 남편과 시부모를 극진히 섬겼던 열녀상인 이조시대의 부부관과는 다른 것이다. 왜냐하면 성경적인 부부관은 결코 자신을 불태워 유교적 사상을 실천하는 유아독존적 인간적 승리가 아닌 부부가 한몸이 되어서 하나님의 거룩한 자녀로 같이 성장하는 순례의 길을 표방하고 있기 때문이다.

그러나 성경은 또한 이혼을 완전히 금한다고 이야기하지 않는다. 즉 상대방이 음행의 죄를 지었을 때는 이혼을 허용하고 있다. 즉 11절에 만일 갈라섰으면 그대로 지낼 것이며 라는 표현은 분명히 이혼을 할 수 있다는 것을 시사하고 있다. 우리는 그동안 너무 흑백논리에 익숙해 있기 때문에 성경의 이해에 있어서도 입체적이지 못하고 상호배타적인 사고로 판단하고 이해하고 적용하는 경향이 있다.

역사를 이해하는 데도 마찬가지다. 두문불출이란 말이 있다. 이 말은 고려시대 말기 고려에 충정을 바쳤던 신하들이 이성계가 세운 조선의 조정에 들어가지 아니하고 개성의 성거산에 두문동이라고 하는 마을에 72명의 신하가 살았던 이야기에서 나왔다. 두문불출은 조선의 회유정책에 굴하지 않고 버티다가 불에 타죽은 13명의 충신을 두고 하는 고사성어이다. 그래서 사람들은 만고의 충신으로 여기며 그리워하기도 한다. 그러나 도탄에 빠진 백성을 방치한 고려조정에 충절을 지키는 것이 과연 진정한 충신인가라는 것은 간단하지 않은 질문이다.

즉 충절에 대한 깊은 이해 없이 무조건적으로 예를 지키는 것은 바로 율법의 배경을 이해하지 못하고 안식일을 지키려고 했던 바리새인들과 유사한 점이 많다. 이혼도 마찬가지이다. 왜 이혼을 하는지 동기가 더 중요하다는 것이다. 간음한 배우자와 이혼을 허용하는 것도 간음이 바로 하나님께서 짝지어준 배우자를 거부하고 배척하는 불순종한 행위이기 때문이다. 그럼에도 불구하고 성경은 이혼 후에 다른 사람과 결합하지 말라고 한다.

이 원리를 살펴보면 현재의 배우자가 설령 불륜을 저질러도 이혼은 할 수 있지만 다른 사람과 결혼을 금하는 것은 바로 어떤 이유든지 자신이 현재 좋아하는 다른 이성과 결합을 위해서 이혼하는 것은 안된다는 것이다. 그래서 비록 배우자의 불륜으로 이혼했다고 하더라도 혼자 지내라는 것이다. 그리고 다시 결합하기를 원한다고 했다. 상대방이 회개하고 돌아와서가 아니고 자신이 그 상대방을 감당할 수 있는 수준이 되면 결합하라고 하는 것이다. 즉 바로 하나님께서 맺어준 짝은 서로 헤어질 수 없다는 근본 원칙을 고수하게 되는 것이다. 그러므로 현대의 이혼은 대부분 현재 배우자보다 더 좋은 사람이 나타나서 생긴 비성경

통곡 속에 숨은 **유어**

적인 이혼인 것이다. 그러나 그런 이유가 아닌 신앙의 핍박, 불륜, 기타 특수한 사정에 의한 이혼은 있을 수가 있다는 것이다. 바로 14절–16절에 나오는 불신자 배우자의 경우에 불신자가 헤어지기 원하면 헤어질 수 있다는 것을 성경은 허용하고 있다. 그런데 여기서도 불신자가 먼저 요구하는 경우이다.

그러므로 우린 이혼을 할 수 있는가 없는가에 초점을 맞출 것이 아니라 오히려 결혼과 이혼에 대하여 임하는 우리의 자세가 어떤가를 물어야 한다. 물론 고린도교회에서는 불신자였다가 한쪽이 믿는 자녀인 경우에 해당하지만 오늘날은 오히려 믿는 자녀가 불신자 집안과 결혼함으로써 생기는 경우가 더 많다.

여기서 우린 전도를 목적으로 불신자와 결혼할 수 있다고 하는 변명을 삼가야 한다. 하나님께서 자비로우셔서 악한 의도를 선으로 바꾸어서 구원을 이루어 가시지만, 그것을 역이용하는 행동은 불순종이며 참람한 태도이다. 믿지 않는 부유한 자손 집과 믿는 가난하고 궁색한 집 중에 택하라고 하면 우린 어디를 택할까? 말할 필요 없이 현대교인들은 첫 번째를 택한다. 그러나 이러한 선택은 불필요한 핍박과 고통을 받을 가능성이 크다는 사실을 명심해야 할 것이다. 그리고 누려야 할 하나님의 사랑과 은혜의 풍성함과 영원한 평강과 샘솟는 감사를 누리지 못하고 살아온 어리석은 대가임을 분명히 알아야 한다.

하나님의 진리는 창세기부터 요한계시록까지 출생에서 결혼까지 일관성 있게 흘러나온다. 우린 우리의 못난 선택을 협력하여 은혜로 해결해 주시는 하나님께 감사해야 한다. 그러나 믿음의 선택을 했을 때 동반되는 놀라운 하나님의 영적 축복을 누리고 사는 기회를 놓쳐서도 안 된다.

즉 이혼을 해야 되느냐 마느냐에 너무 초점을 맞추지 말아야 한다. 그러면 우린 교회 안의 이혼한 형제자매를 판단과 정죄의 눈으로 바라보기 때문이다. 오히려 우리는 하나님께서 주시는 풍성함을 누리려는 영적인 축복에 더 많은 관심을 가진 사람을 찾아야 한다. 우린 이런 사람을 많이 만날 수 있도록 기도해야 한다. 얼룩진 삶을 간증으로 극화시키는 돈키호테적인 사람보다는 하루하루 오래 참고 온유하며 자랑치 않고 불의를 기뻐하지 않고 믿고 참는 사람을 가까이해야 한다. 주님을 바라보고 자신의 배우자에게 존경과 사랑받는 사람이 그리운 이 시대에 우린 살고 있다.

배우자

길이가 긴 음식은?

　고린도전서 8장 8절에는 식물은 우리를 하나님 앞에 세우지 못하니 먹지 아니하여도 부족함이 없고 먹어도 풍성함이 없으리라는 말씀이 적혀있다. 음식이 우리를 건강하게 하여 하나님을 더욱더 섬기며 사랑하는 곳에 쓰이는 것이지 음식 자체로는 우리가 더 거룩해지거나 영적으로 깊어지지 않는다. 그래서 음식을 많이 먹고 금식하고 하는 것 역시 결혼, 독신, 할례, 무할례와 마찬가지로 본질적인 것이 아니다.

　이 세상이 전부라고 여기게 되면 먹고 마시는 문제는 중요한 문제가 된다. 한국 사회는 청년실업 문제가 심각한 수준에 이르렀고 1955년과 1964 사이에 출생한 베이비붐 세대가 은퇴를 시작함으로써 노후준비가 되지 않아 먹고 사는 문제가 결코 남의 일이 아닌 자신의 문제로 다가오고 있다. 보이지 않는 하나님을 인식하지 못하면 우린 이 땅의 길흉화복에 의해서 끌려가는 삶을 살게 된다. 교회 안에서 간증 역시 기도했더니 돈이 쏟아져서 사업이 번성했고 남편이 초고속 승진을 했다는 것과 죽을 병에서 회복되었다는 것이 단골메뉴로 등장한다. 그러나 대학시험에 실패하고 자녀가 집을 나간 사건은 오히려 이상한 눈빛으로 쳐다본다. 기도가 약해서 그런 것 아닌가? 라는 식으로 해석해버린다. 이름만 들어도 아는 대형교회에서 청년부 지도교사로 있는 어느 기업인의 사업이 망했다. 그러자 그 교회 부목사가 사업이 망한 채 어찌 지도교사를 계속할 수 있겠냐고 사임을 하라고 명령을 내렸다는 슬픈 소식을 직접 그 지도교사로부터 직접 들었다.

우린 끊임없이 이 세상의 복이 하늘의 복으로 여기는 음식에 눈이 멀어있다. 그래서 음식을 먹어야 할지 말아야 할지에 관한 것들로 마음과 시간을 빼앗게 된다. 그리고 먹고 사는 문제가 나를 위협할 때 우린 앞이 캄캄해진다. 즉 흑암 속으로 들어가게 되면서 빛을 잃어버린다. 그러나 성경은 무엇을 먹을까 마실까를 걱정하지 말고 실제로 그것이 이루어지는지 생각해보고 실천하라고 한다. 극단적으로 아무것도 공급되지 않아 굶어 죽는다면 바로 영광스런 순교인 것이다.

그런데 나의 주위에는 지금까지 아무도 굶어서 순교한 교인은 없다. 그런데도 먹고 사는 것을 위해서 기도하는 내용은 기도제목에 빠지지 않는다. 물론 주기도문에 일용할 양식을 주시옵고라고 기도가 들어있다. 그러나 하늘의 뜻이 땅에 이루어지는 것 다음에 나온다. 즉 우리가 기도하지 않으면 공급해 주시지 않겠다는 의미가 아닌 모든 것이 하나님으로부터는 온 것이라는 걸 고백하는 차원에 기도인 것이다.

고아의 아버지인 조지 뮬러는 확실하게 이 말씀을 믿고 실천한 믿음과 사랑의 사람이었다. 즉 자신과 고아들의 배를 채우기 위해서 음식을 달라고 기도한 것이 아니라 이 세상의 주인과 지배자가 보이지 않는 하나님이심을 진정으로 믿고 하나님의 거룩함과 영원함에 몸을 의탁하는 기도 안에 일용한 양식이 포함되어 있기 때문에 응답될 수밖에 없었다.

통곡 속에 숨은 **유머**

그러므로 이 세상에 눈을 고정하고 있는 한 우리는 계속해서 자신 욕심과 만족을 위해 일시적으로 필요한 존재로 하나님을 대접할 수밖에 없고 그것은 진정한 하나님에 대한 사랑이 아닌 자신의 종교적 최면에 불과하다.

우린 하나님께서 죄에서 십자가를 통하여 구원하여 주시고 속박으로부터 풀어주셔서 자유의 몸이 되었다. 그러나 그런 자유의 몸이라고 해서 내 마음대로 행동하라는 의미는 아니다. 심지어 사랑을 베풀 때도 내가 편한 시간과 조건과 기준을 들이대며 도와주는 것은 사랑이 아닌 것이다. 바로 선한 사마리아 사람의 예화 속에서 예수님께서 이웃이 누구냐고 묻는 질문에 대하여 이웃은 바로 내가 정하는 것이 아니고 도움을 받는 측에 이웃이라고 생각하는 사람이 진정한 이웃이라는 것이다(눅 10:29-37).

인간은 얼마나 악한지 도움을 주면서도 자신의 이익과 이름을 알리기 유리한 쪽으로 행동한다. 정치인들이 선거철만 되면 앞치마 두르고 식판 나르고 목장갑을 끼고 연탄 나르는 일을 한다. 그러나 정작 도움받는 이웃은 자신이 정치적으로 이용되고 있다는 것을 알기에 정치인을 이웃으로 생각하지 않는다. TV 방송에 나와야 수재의연금이 많이 모이는 것이나 체면상 내는 조의금과 부조금 모두가 바로 도움받는 자에게는 별 감동이 없는 가식적 자선행위인 것이다. 그래서 예수님께서는 왼손이 하는 일을 오른손이 모르게 하라고 하신 것이다.

영원한 나라를 망각하고 이 땅이 전부인 것처럼 살아가는 한 결코 영적으로 깊은 사랑을 할 수가 없다. 즉 십자가를 지는 삶은 불가능하다. 우린 체면과 가식과 안면의 탈을 쓰고 아는 사람에게는 미소를 보내고 낯선 이방인에게는 쌀쌀하게 대하는 외식이 없는지 통회하며 무릎을 꿇어야 할 것이다. 바로 이웃사랑에서 이웃을 정하는 사람이 내가 아니라 상대방임을 알아야 진정한 사랑을 할 수 있음을 묵상을 통하여 깨달아야 한다. 오늘도 삶 속에서 만나는 낯선 사람을 어떻게 대하고 있는지를 거울에 비추어 보면 바로 이웃사랑과 하나님 사랑을 얼마나 엉터리로 하고 있었는지를 뼈아프게 통감하게 될 것이다.

기내식

통곡 속에 숨은 **유머**

나는 달린다를
두 글자로 하면은?

고린도전서 9장 마지막 절에는 구원이 취소될 것 같은 투의 구절이 나온다. "내가 내 몸을 쳐 복종하게 함은 내가 남에게 전파한 후에 자신이 도리어 버림을 당할까 두려워함이로다"라고 마지막을 장식하고 있다. 복음을 실컷 전했는데 정작 자기는 구원을 받지 못하는 것 같은 느낌을 주는 구절이다. 그러나 이 구절은 구원에 관한 내용보다는 자신이 전하는 복음의 질적인 부분에 자신이 못 미칠까 봐 두려워하는 바울의 고백이다.

복음을 전해야 한다는 열정에 대한 부담을 가진 바울은 복음을 전하는 과정에서 자신도 하나님의 인격에 부합되는 모습을 가지지 않으면 그것은 저주받은 것과 마찬가지라는 것이다. 전도나 복음전파에서 흔히 범하는 실수 중에 하나는 복음의 내용만 전하면 된다는 생각하에 전파하는 사람이 고자세를 취하거나 자신만이 진리를 안다는 생각에 상대방에게 무례하게 전하거나 행동하는 경우가 있다. 사찰에 돌을 던지거나 땅밟기를 해서 물의를 일으키는 행동은 모두가 진리를 안다는 확신 때문에 전달방식에 있어서도 십자가의 방법인 부드럽고 온화한 태도를 취해야 함을 외면한 행동이다. 그리고 사람을 그저 복음전달의 수단으로 삼는 행동은 그야말로 복음의 방해꾼이 되면서 성과주의에 집착하는 복음전도가 되어 버린다.

실제로 본인이 미국 유학시절 처음 교회를 나갔을 때 소형 중고 냉장고를 교회로부터 선물 받았다. 그러나 하품했다는 죄를 공개석상에서 추궁받게 되자 나는 교회에 대한 미련을 접고 교회를 나가지 않았다. 그러자 교회에서 그 냉장고를 내놓으라고 연락이 왔다. 교인들에게 환멸을 느끼게 하는 대접을 받은 후에 교회에 대하여 등을 돌릴 수밖에 없었다. 바로 오늘 사도 바울이 말한 자신을 돌아보아 버림받지 않도록 하라는 경고의 메시지가 적용되는 사례이다.

사도 바울은 우리의 신앙을 마라톤에 비유하며 우린 계속 달려야 하는 마라톤 선수라고 한다. 개인적으로 본인을 가르치는 직업을 즐기고 교실에 들어가기만 하면 알 수 없는 기운이 몸 안에서 생긴다. 연극배우처럼 가르치는 순간에는 예술가가 되는 것 같다. 그렇게 좋아하는 직업이지만 한 가지 늘 조심스럽고 우려스러운 점이 바로 내가 말한 대로 실천을 하느냐라는 갈등이다. 학생들에게 필요한 말, 좋은 말을 하지만 정작 자신이 그렇지 못하면서 그런 말을 하고 있다는 생각에 스스로 이중인격자라는 자책감을 가지게 된다.

학생들에게 사랑해야 한다고 말하지만 마음에 들지 않는 학생을 내가 사랑하고 있는지를 물으면 자신이 없다. 지도학생들 중에는 나와의 친분관계를 이용하여 학교규정을 어기면서 자신의 요구를 관철하려고 하는 학생이 있었다. 그것도 학교가 실수로 허용한 사례를 들어 그 약점을 꼬투리 잡아서 12학점밖에 들을 수 없는데도 더 듣게 해달라고 요구했다. 학과에서 제대로 확인이 되지 않아서 지난 학기에 한 명이 학사경고인데도 불구하고 12학점 이상을 들은 사례를 들고 와서 자신도 들어야 한다고 했다. 당당하게 요구하는 학생에게 나는 실수를 정당화하면 안 된다고 설명했다. 그러나 불공평하다고 따지면서 들어주어야 한다고 막무가내로 우겼다. 그런 요구는 남자로서 약점을 잡고 늘어지는 비겁한 행동이라고 하자 그 학생은 다시 안 볼 듯이 문을 박차고 나가버렸고 졸업도 하지 않고 학교를 떠나 버렸다.

그동안 인생과 진리에 대하여 최선을 다해서 설명했지만 결국 선배로부터 전해 들은 안상홍 이단이론이 그렇게 이해가 잘되고 이치에 맞는 말이 없다고 하며 이단집단에서 세례까지 받고 나를 찾아온 학생이었다. 이단에 대하여 자료도 주고 열심히 설명해 주었지만 그는 결국 돌아오지 않고 매정하게 떠나버렸다. 이 학생뿐 아니라 자신의 잘못은 전혀 인정치 않고 대드는 학생들에게 사랑으로 대하였는지 자신이 없었다. 그럴 때마다 선생이란 직업에 두려움과 고통을 느꼈다.

선생이란 직업은 오늘 사도 바울이 말한 자신도 계속 뛰어야 한다는 사실을 망각하게 만드는 최면제와 같은 역할을 한다. 늘 학생의 문제와 단점과 개선점을 쳐다보며 살면서 정작 자기 자신도 전하는 진리에 걸맞은 모습을 가져야 함을 잊게 만드는 아편 같은 중독성이 있음을 느끼게 된다.

불신자 사업가들도 자신의 이익을 위해서 고개를 숙이는데 하물며 나 역시 하나님의 진리와 생명이 나로 인하여 걸림돌이 되지 않고 온유와 겸손과 따뜻함으로 전해져야 함이 당연한데도 때로는 그러하지 못함에 한탄한다. 선수로서 계속 달리며 자신의 들보를 빼는 연습은 망각한 채 늘 학생들의 문제만 보며 충고하고 꾸지람하는 현재의 직업적 불리함을 어느 순간 깨닫게 되면서 성경에 왜 선생이 되지 말라(야 3:1)고 경고하는지를 두렵고 떨림으로 받아들이게 된다.

세상에서 좋은 직업이라고 하는 검사, 판사, 교수와 같은 직업이 얼마나 십자가의 도를 이해하고 실천하기 어려운 직업인지 알면 나중에 심판대에 설 때 어떤 평가를 받을지 두렵다. 권력과 지식이 자신의 손에 주어져 있을 때 그것을 정의라는 이름으로 사랑 없이 찌르는 직업을 가진 자들이 이들이다. 정작 자신의 몸에는 바늘을 들이대지 않는 삶의 결과는 무엇인지 성경은 엄하게 꾸짖고 있다(로 2:21-22).

진정으로 깨어 있지 않고 마라톤의 경주자로서의 삶을 회피한다면 복음에 걸맞은 풍성한 하나님의 품격을 누리지 못하는 낙오자가 되어 성경 말씀처럼 버림받는 자가 될 것이다.

저런

비명을 지를 때
사용하는 언어는?

    고린도전서 10장 후반부 27절에 차려 놓은 고기는 묻지 말고 먹어라 라고 바울은 권면하고 있다. 그 당시 상황은 대부분의 고기는 신전에 제사로 바쳐진 것이기 때문에 유대인들은 고기를 살 때 확인하여 신전에 바쳐진 것이라면 절대로 사지 않았다. 그런데 바울은 파격적으로 묻지 말고 먹으라고 했다. 이는 근본적으로 우상제물에 관한 문제가 아닌 바로 인간의 내면의 부패로 인한 하나님을 거역하는 인간의 완고함이다.

    십계명과 율법은 우리 인간에 유익한 길이였기도 하지만 하나님에 대한 순종의 시금석이기도 하였다. 다른 민족은 상상할 수 없는 기적과 인도하심과 돌보심을 경험한 이스라엘 백성이지만 그들은 가나안에 들어가자마자 가나인 민족들의 풍습과 습관에 물들었다. 그리고 물질적으로 풍요해지자 그것을 지키기 위해서 왕을 달라고 간청한다. 이방민족의 침략으로 자신의 소유물에 위협을 느끼고 보이지 않는 하나님보다는 보이는 힘을 가진 왕을 달라고 간구했다. 그러나 그 왕은 다윗을 비롯한 일부 선한 왕을 제외하고는 백성을 보호하기보다는 전쟁패배로 이방민족으로부터 수탈을 당하게 함은 물론이고 백성들의 재산을 강제로 빼앗아가는 만행을 저지른다. 아합과 이세벨의 합작으로 나봇의 포도원을 빼앗고 주인을 죽이는 사건은 바로 이스라엘 백성들이 자신의 안전을 왕에게 의지한 대가가 어떠한 것인지를 단면적으로 보여 주는 사건이다(왕상 21장).

즉 십자가의 대속과 죽음과 부활과 성령의 강림으로 인하여 하나님의 영의 우리와 함께하지 않으면 우린 아무런 선한 율법도 이기적 욕망을 성취하는 도구에 불과하다고 성경은 증거하고 있다. 하나님께서 온 인류를 얼마나 사랑하시는지에는 관심이 없고 오직 자신들이 선민이라는 이기적 민족주의에 사로잡혀 배타적 행동을 한 모습은 요나서에 기록되어있다. 이방민족이 회개하는 것이 싫어서 하나님 명령을 수행해야 할 선지자 요나가 딴 길로 간 사건은 우리 인간이 선한 하나님의 의도를 얼마나 이기적 도구로 쓰고 있는지를 극명하게 보여주고 있다.

인간의 이기적 행동은 상대방을 만나는 순간부터 시작된다. 나에게 도움을 줄 수 있는 사람인가 아니면 나에게 피해를 입힐 사람인가에 따라서 태도가 달라진다. 그리고 대화 가운데 자신하고 상관이 없는 이야기를 하면 생각은 이미 다른 곳에 가 있게 된다. 더욱더 심한 경우는 수백 명을 운동장에 세워두고 운동을 가르치는 선생이 학생들과 마주 보고 있으면서 왼쪽으로 고개를 돌리라고 하면서 자신은 학생들 편에서 보면 오른쪽으로 고개를 돌리고 있다. 심지어 조교를 몇 명 세워두고 시범 보일 때도 학생들과 마주 보게 하여 반대 방향으로 몸을 돌리게 한다. 학생들을 생각하는 선생이라면 조교들을 학생들과 같은 방향으로 보게 한 뒤에 시범을 보일 것이다. 그러나 인간은 이기적이며 자기중심적 생각으로 때로는 수백 명을 앞에 세워두고도 자기중심으로 설명하고 따라오라고 한다. 수백 명의 사람은 순간 자신의 방향과 다르게 행동하는 조교나 선생 때문에 헷갈리고 당황하게 된다. 인간은 환경만 다를 뿐 이런 유사한 모습으로 살아가는 존재들인 것이다.

이런 이기적 인간을 하나님의 사람으로 바꾸는 유일한 길이 바로 십자가를 통한 죽음과 부활이다. 여기에는 자신의 특별함과 우월감을 드러내는 율법주의적 행동에서 벗어나 진리 안에서 누리는 자유가 있다. 바로 바울이 고기를 먹을 수 있다는 주장도 바로 이런 자유에서 흘러나온 것이다. 즉 죄를 피하려는 비움이 아닌 진리로 생명을 넣은 채움인 것이다. 그래서 하나님께서는 예레미야 31장 33절에 나의 법을 그들의 속에 두며 그 마음에 기록하여 나는 그들의 하나님이 되고 그들은 나의 백성이 되리라고 말씀하셨다. 하나님과 마음이 하나가 된 자만이 이런 자유를 누리는 것이다.

그러나 자유는 내가 하고 싶은 대로 다 하는 것이 아니라고 성경은 증언한다. 즉 진정한 자유란 남의 유익을 위해서 나의 권리와 주도권을 포기하고 상대방이 가장 최선의 길을 찾도록 도와주는 것이다.

프랑스는 시민혁명을 필두로 왕정이 망하고 공화정이 들어서서 오늘에 이르는 동안 격변과 단절을 겪으며 자유를 누리고 있다. 그러나 영국과 달리 혁명을 통한 과격한 행동으로 수많은 사람의 피를 흘리게 하였다. 그리고 프랑스의 치안문제와 도를 넘는 파업 등은 남을 배려하지 않는 무제한의 자유라는 인상을 지울 수 없었다. 본인이 평생 처음이자 마지막으로 소매치기당했던 도시가 프랑스 파리였다. 그렇게 경찰이 많이 있는데 여전히 외국인을 협박하고 돈을 교묘하게 뜯어내는 도시는 파리와 로마가 아닌가 싶다. 자유라는 이름 아래 무법천지가 되어

가고 있는 인상을 받았다. 지하철 노조 파업으로 시민의 발이 오래 묶이는 등 과격한 집단행동의 시조는 아마도 파리가 아닌가 싶다. 그걸 본받아 한국의 지하철 노조도 파업하며 시민의 발을 볼모로 삼기도 하고 있다.

우린 때로는 공간적, 시간적, 신체적 제한 때문에 자유가 억압당하는 경험을 한다. 군대를 싫어하는 이유도 자기가 가고 싶은 곳에 마음대로 갈 수 없기 때문이다. 역시 신체가 불편해도 마음대로 움직이기 힘들어서 원하는 일을 못하는 속박을 느끼게 된다. 필요한 것을 사려고 해도 살 수 있는 돈이 없으면 역시 자유가 구속되는 것 같다. 그래서 때로는 교회 안에서 이런 자유를 누리지 못하는 사람에게 신체적 자유가 있는 사람이 충고하기도 한다. "기도가 부족한 것 아니야? 40일 금식기도를 한번 해봐 쏴 해결될 거야."라고 쉽게 권하기도 한다. 결국 신앙심이 부족해서 신체적 자유를 누리지 못한다고 여기는 것이다.

그러나 사도 바울은 신체적 자유가 가장 참혹하게 제한받는 감옥에서 내게 능력 주신 자 안에게 모든 일을 할 수 있다고 고백한다(빌 4:13). 감옥 안에서 이 세상에서 가장 자유로운 선포를 하는 바울을 보면 결코 신체적 자유가 진정한 자유가 아님을 알 수 있다. 오히려 신체적 자유를 누리며 충고하는 신자가 신체적 자유를 제한 받고 있는 신자를 통해서 하나님의 메시지를 받아야 할지도 모른다. 감옥에 갇힌 바울에게 면회 온 빌립보 교인들이 바울을 통해서 자신이 누리는 신체적 자유가 과연 얼마나 복음전파에 도움이 되었는지를 반추해보는 역사가 있었을 것이다.

통곡 속에 숨은 **유머**

진정한 자유는 이웃을 위해서 자신의 신체적 자유를 포기하면서 생기는 사랑에 근거하는 영적인 것이다. 오늘도 이런 신체적 자유를 좀 더 많이 달라고 하나님께 기도하고 있지 않는가? 아니 좀 더 교묘하게 하나님의 일을 하기 위해서 신체적 자유를 달라고 하고 있지 않는가?

그러나 이 세상에 충격을 주는 것은 결코 신체적 자유가 아닌 영적인 자유이다. 그런 자유를 누리고 있을 때 불신자 이웃이 충격을 받고 우리가 믿는 하나님이 도대체 어떤 분이신지 호기심을 가지게 된다.

죽음 앞에 의연하며 건강에 목을 매지 않으며 당당하게 이웃을 위하여 살아가는 신자를 목격할 때 불신자들은 내적 비명을 지르게 된다. 이런 자유를 좀 더 많이 확보하고 누리기를 예수님께서 지금도 우리를 위해서 중보하고 계신다. 왜냐하면 이것이 바로 그 나라와 의를 구하는 일이기 때문이다.

악어

인기관리를
세 글자로 하면은?

　화려한 조명을 받으며 관중의 환호소리를 들으면 사람은 공중에 새처럼 날아오르는 느낌이 든다고 어느 인기 연예인이 이야기한 적이 있다. 대중의 인기를 먹고 사는 정치가나 연예인들은 모두 이런 갈채에 자신의 생명을 걸고 살아가는 사람들이다. 그래서 유달리 연예인 중에 자살을 하는 사람이 많은 이유도 치솟는 인기가 하루아침에 땅에 떨어져 내동댕이쳐졌을 때의 좌절감과 공허감을 극복하지 못하기 때문이다. 인간은 끝없이 다른 사람으로부터 박수를 받고 싶어 하는 욕망과 기대에 목이 말라 있다. 사람들의 눈과 귀를 끌고 싶어 하는 강한 욕구는 자기중심적인 인간을 끝을 모르는 나락으로 몰고 간다.

　이것은 연예인뿐 아니라 사람이 모이는 어떤 곳이든 존재하는 삶의 단면이다. 학생은 공부를 뛰어나게 잘하고 싶어 하기도 하고 남다른 재주를 가지고 보여주고 싶어 한다. 남학생은 운동을 남들보다 잘하든지 여학생은 미모가 남보다 뛰어나든지 해서 다른 사람들의 눈에 띄고 싶어 하는 숨은 욕구가 있다. 교수들은 논문을 많이 써서 남들과 차별화하고 싶어 한다. 한국의 모 대학 교수는 남들보다 평균 30배 이상의 논문을 써서 논문왕으로 이름을 알리더니 이듬해 암으로 세상을 떠나 세상에 충격을 안겨주었다.

    교회 안에서도 특별히 눈에 띄는 재주를 가진 사람들은 예배나 다른 행사 때 나와서 자신의 달란트를 보여준다. 악기를 다루거나 가창력이 뛰어날 경우에는 더욱더 그런 기회가 많다. 그럴 때마다 바라보는 사람들은 부러운 눈과 자신의 위치를 대비시켜가며 한숨이 나오기도 한다. 왜 나는 저런 재주 하나 없어서 늘 박수만 쳐야 하는가 라고 푸념하는 신자도 있다.

    그러나 오늘 고린도전서 12장 말씀에는 가장 눈에 띄지 않는 지체가 가장 소중하다고 세상의 원리를 뒤집는다(고전 12:22-24). 돌아온 탕자에게 아버지께서 소도 잡고 반지까지 끼워 주자 큰아들이 토라진다. 그때 아버지께서 너는 나의 모든 것을 소유하지 않았느냐고 반문하신다.

    간증과 무대를 휘어잡는 지체는 약하기 때문에 아버지께서 치장해 주셨다고 하시는 것이다. 즉 아무것도 주시지 않은 것처럼 보이는 지체는 가장 아름답기 때문에 더 이상 치장을 할 필요가 없다는 것이 성경이 하고 싶은 말이다. 결코 위로의 말이 아니라 하나님의 깊은 뜻이 있는 진리의 말씀인 것이다. 연약한 지체가 아프거나 탈이 나면 온몸이 상하게 된다. 그러므로 연약한 지체가 넘어지지 않도록 필요한 것을 공급해 주는 것은 너무도 당연한 것이다.

    그런 면에서 객석에서 박수를 치는 교우가 무대에서 박수를 받는 신자보다 훨씬 신앙적으로 강한 지체들인 것이다. 물론 무대에서 하나님의 영광을 찬양해야 하고 많은 분들이 그렇게 하고 있다. 그러나 우리 신앙은 입체적이다. 다른 각도에서 보면 연약한 지체를 위해서 열심히 사람들 속에서 묻혀서 박수를 쳐주는 행위가 바로 그 박수를 먹고 사는 지체를 격려하기 때문에 그것이 바로 하나님의 영광이 되는 것이다.

이것이 바로 이웃사랑이 왜 하나님 사랑으로 이어지는지를 은밀하게 보여주는 모습이다. 다른 이의 이야기를 열심히 들어주고 이웃이 그린 그림을 열심히 보아주고 성가대나 찬양팀이 부르는 곡을 열심히 들어주는 행위가 얼마나 하나님이 기뻐하시는 행동인지를 성경은 증거한다. 우린 다수 속에 묻혀 잊혀진 존재라 할지라도 괘념치 않는 이유는 바로 하나님 한 분으로 부족함이 없고 하나님이 제일 기뻐하시는 모습으로 살고 있기 때문이다.

오늘도 우린 가정에서 매일 반복되는 가사일이나 직장이나 교회에서 전혀 드러나지 않는 모습으로 살아가고 있다면 바로 거기에 하나님의 영광이 같이한다는 사실을 잊어서는 안 된다. 왜냐하면 박수를 쳐주는 일 역시 바로 십자가의 길이고 그것이 가정이나 교회를 한 몸으로 이루게 하는데 결정적인 역할을 하기 때문이다. 그리고 그것이 가장 귀한 사랑의 은사이다.

스타일

이기고 싶을 때
가지고 가는 악기는?

고린도전서 14장 7-19절 말씀은 방언에 대한 고린도교인의 오해에 대하여 사도 바울은 방언이 교회 안에 행하여질 때의 현상을 악기에 비유하고 있다. 즉 악기가 화음과 노래에 맞추어 소리를 내지 않으면 그냥 소음과 같듯이 방언도 상대방이 알아듣지 못하면 발성연습과 같은 무의미한 소리에 불과하다는 뜻이다. 이것은 결국 상대방뿐만 아니라 자신조차 내용을 알 수 없기 때문에 자신의 신앙성장을 저해할 수 있다는 가능성을 시사하고 있다. 즉 14절에서 내가 방언으로 기도하면 영이 기도하지만 내 마음은 열매 맺지 못한다고 바울은 적고 있다.

언어란 원래 한 종류의 언어만 있었는데 창세기 11장에서 인간이 서로 소통하면서 하나님께 대적하는 바벨탑을 쌓는 바람에 하나님께서 언어를 혼란케 하셔서 바벨탑을 쌓지 못하게 하신 내용이 나온다. 언뜻 보면 인간의 교만과 도전에 대한 하나님의 심판같이 보이지만 사실은 인간을 스스로 파멸로 가는 길에 브레이크를 거시고 하나님께 돌아가게 하시려는 사랑의 채찍과 같은 조치였다. 그 이후 인간은 뿔뿔이 흩어지고 지역마다 민족마다 각각 고유의 언어가 생겨서 언어의 장벽, 문화의 장벽, 인종의 장벽이 생긴 것이다. 그리고 힘이 센 국가나 민족이 약한 국가나 민족을 침략하고 정복해서 자신들 식민지로 만들고 그들의 언어를 사용하게 하였다. 오늘날 영어가 가장 인기 있는 이유는 식민지 개척에 가장 앞선 영국의 깃발 아래 대영제국이 건설되면서 생긴 것이다. 그래서 이제는 언어마저도 경쟁 가운데서 인기도가 결정되고 있고 차후 그 영향력에 따라서 사라져버릴 언어도 수두룩하게 될 것이다.

창세기 11장에서 소통불능은 하나님의 징벌이시지만 방언은 하나님이 주신 귀한 선물이다. 즉 거두어 가신 언어를 통한 인류에 대한 징벌을 방언을 통해서 회복시켜 주신 것이다. 그런 면에서 방언은 귀한 은사이며 개인의 영적인 유익을 주는 하나님의 선물이다.

그런데 방언은 이렇듯이 하나님의 직접적인 간섭이 가장 실감나게 들어 있기 때문에 사람들은 오히려 방언에 대한 가치를 지나치게 높이 여기게 된다. 고린도교인 역시 가장 하나님의 임재와 존재를 실감나게 보여주시는 것이 방언이라고 여기고 이 은사가 가장 높은 순위에 올라가야 한다고 믿고 있었다. 이것은 인간이 가치와 기준을 스스로 정하지 못하는 단적인 예가 된 것이다. 마치 바벨탑을 건설하는 인간이 가치와 기준을 자신들을 높이고 드러내는 데 사용했듯이 고린도교인들 방언이야말로 다른 교인들과 가장 구별된 은사임을 돋보이게 하는데 가장 두드러진 은사로 해석하고 있었다.

그러나 바울은 하나님께서 주신 기준 즉 사랑이란 기초를 가지고 가치와 기준을 정해야 한다고 주장한다. 즉 방언이란 표적에 매달리고 있으면 자신은 영으로 기도하고 하나님과 함께하는 체험을 할 수 있지만 하나님이 무엇을 원하시고 어떤 분이신지에 대하여 아는데 아무런 도움이 되지 않기 때문이다. 결국은 그 은사가 어린아이처럼 자신이 가진 구별된 자랑거리로 전락한다는 것이다. 그래서 바울은 방언의 은사를 받은 자는 통역의 은사를 구하여야 하고 예언을 더 사모하라고 하는 것이다. 그러나 바울은 방언의 은사를 폄하하거나 다른 은사보다 순위로 치면 하등하다는 뜻은 아니다.

하나님께서 주신 은사는 꼭 같이 귀중하고 모두들 사모해야 한다고 한다. 특별히 방언의 은사는 신학적인 해석의 차이로 인하여 논란의 대상이 되어 오고 있지만 많은 그리스도 신자들이 방언을 사모하고 실제로 하고 있다. 그리고 이를 중요한 신앙과 믿음의 기준으로 여기는 교파가 있다. 그리고 그 교파는 뜨거움과 열심과 역동성이 있다. 우린 결코 이런 흐름을 이단시해서는 안 되고 하나님께서 허락하신 한 지체로 인정하고 같이 하나님나라 확장을 위해서 같이 협력해야 한다.

다만 이런 성령운동이 가지는 가장 큰 약점이 바로 성경의 내용 즉 하나님의 마음을 읽고 순종하며 조금이라도 성경이 하고자 하는 말씀 즉 주야로 묵상하는 복 있는 풍성한 삶에 대한 경험을 무조건적인 복종과 자아와 인격을 상실한 초월적 몰입으로 혼돈해서는 안 된다. 하나님은 우리가 정신 똑바로 차리고 맑은 마음의 상태에서 자발적으로 하나님의 뜻을 이루어가는 헌신을 원하시기 때문이다.

그래서 성경묵상은 너무도 중요한 신앙성장의 필수적인 훈련이다. 물론 성경마저도 아전인수 격으로 자신에게 유리하게 해석하거나 자신의 필요에만 맞는 구절만 골라서 읽어버리는 경우가 있을 수 있다. 그래서 훌륭한 목회자를 만나서 건전한 신학의 기초 아래서 다듬어진 성경묵상을 해야 한다.

본인의 경험으로는 이런 성령운동교단에 계시는 분들 중에서 일부는 정말로 성경을 좋아하고 깊이 있게 묵상하시는 분이 계신다. 이런 분들과는 오히려 성경 중심으로 신앙생활하시는 분들과는 많은 교감이 있는 대화를 나눌 수 있을 것이다. 보수신학이 이단에 대한 경계의 울타리가 너무 높은 경우에는 편협해질 수 있는 가능성을 늘 인식하고 핵심진리에서 서로 다르지 않은 한 계속 서로의 생각과 경험을 나누는 분위기가 조성되어야 할 것이다. 이 원리는 사회참여를 주장하는 자유주의 경향의 흐름에 대하여 꼭 같이 적용되어 열린 마음으로 바라보아야 한다. 거기에도 성경을 뜨겁게 사랑하고 진리를 찾으려는 신자가 있다는 것을 명심해야 한다. 본인은 오랫동안 본의 아니게 초교파적인 성격이 되어 버린 유학생교회와 현재 몸담고 있는 곳을 통하여 이런 분들을 직접 체험했기 때문에 다른 점을 틀린 것으로 인식하는 폐쇄적 신학을 경계한다.

한국에서 아직도 신학자나 목회자로 큰 인물이 나오지 않는 것도 시야가 좁고 다름을 너무 인정하지 않은 풍토 때문인 것 같다. 일부 보수 신학교 교수님들 가운데는 성경 외에 볼 책이 무엇이 있느냐고 극단적으로 가르치고 있다. 이런 교수님 밑에서 배운 신학생이 어찌 세상의 고통과 시름과 문제를 알 수 있을까? 존 스토트 목사님은 한 손에는 성경을 한 손에는 신문을 들고 설교해야 한다고 하셨다. 성경은 결코 세상을 외면하여 따로 존재하지 않는다. 복음의 풍성함을 신학 속에 가두는 우는 범하지 말아야 할 것이다.

승승장구

통곡 속에 숨은 **유머**

죽음의 수를
다 더하면?

    고린도전서와 후서는 바울의 서신서 가운데 가장 많은 장수를 차지하고 있다. 무려 29장이나 되는 분량을 할애하면서 고린도교회에게 보낸 편지이다. 가장 큰 이유는 고린도교회가 가장 문제가 많았던 교회였기 때문에 각각의 문제에 대한 지적을 할 수밖에 없었다. 태생적으로 뜨내기들이 모인 교회이니 자연적인 질서와 권위는 이미 무시되기 시작한 교회여서 거의 모든 종류의 죄악을 다 담고 있는 교회였던 것이다. 그래서 그런 문제의 나열로 서신서가 자연스럽게 분량이 늘어날 수밖에 없었다.

    여기서 말할 본문은 15장이다. 15장은 고린도교회의 문제점이 아닌 바로 부활에 대한 진리를 전하고 있다. 한글 성경은 형제들아로 시작하지만 원어성경은 알게 하노니라는 말로 시작한다. 이 말은 창세기부터 하나님께서 우리에게 드러내시고자 하시는 그 장엄한 구원의 오케스트라를 너희들에게 알려주고 싶어 하시는 하나님의 마음을 담은 말이다. 즉 엄청난 하나님의 스케일과 정교함과 불가사의한 솜씨인 그리스도의 죽음과 부활에 초점을 맞추지 않고 너희들은 지금 어디에다 눈을 고정하고 있느냐고 약간의 경각적인 의도를 담은 문장으로 시작한다. 그리고 그 말이 얼마나 하고 싶고 무게와 깊이의 도가 컸으면 58개의 절에 해당하는 긴 내용으로 부활에 관한 불을 토하고 있다.

즉 어린아이들아 지금 누구의 장난감이 더 큰가를 따질 때가 아니라 너희가 어떠한 존재인지를 알고 있느냐고 묻고 있다. 그래서 2절에서 그들의 구원을 현재진행형으로 묘사하고 있다. 구원의 근거는 바로 부활이라는 것이다. 그리고 그 부활은 어떤 사람이 혼자 지옥이나 천국 갔다가 돌아온 이야기 아닌 십자가에게 잔인하게 죽임당하여 모두가 죽음을 확인하였고 끝났다고 죽음에 항복한 이후에 일어난, 인류가 상상할 수 없는 기적이다. 그 십자가에 못 박힌 몸에 우리도 같이 있었고 같이 죽었다고 성경은 선포하고 있다는 것을 알기를 원한다는 것이다. 그리고 과학적으로 설명할 수 없는 몸의 부활이 제3일에 일어났고 그것을 목도한 사람이 500명이 넘는다는 것이다.

우린 우연히 던져진 공간 안에서 관념적이나 철학적인 사상에 의한 이해가 아닌 역사와 시간 속에서 실제로 일어난 사건을 믿음을 통해서 받아들인다. 도덕이나 다른 종교에서 추구하는 좀 더 선한 인간이 되기 위한 수도의 과정이 아닌 십자가에서 죽고 살아난 실제적인 사실에 우린 운명을 거는 것이다. 그래서 역사가 끝나는 시점에 우리도 예수님처럼 부활한다는 것에 전부를 맡기는 것이다.

그래서 죽음이 두렵지 않은 것이다. 왜냐하면 죽음이 아니라 자고 있기 때문이다. 깨어나면 바로 우린 잠들기 전에 같이 있었던 믿음의 식구들과 함께 있을 것이기 때문이다. 그러므로 장례식에서 소천하신 분에게 우린 울면서 잘 가시라고 하면 안 된다. 믿음의 얼굴로 내일 아침에 다시 만나자고 해야 한다. 죽음이 두렵지 않으려면 우린 끊임없이 시간적 신앙에 익숙하려고 애써야 한다. 즉 매 순간 결정과 판단의 근

통곡 속에 숨은 유머

거가 영원한 세계에 가장 적합한 행동이 무엇인지를 물어야 한다.

노장사상은 이 땅이 전부라고 이야기하고 죽으면 자연으로 돌아간다고 한다. 그리고 불교는 윤회사상으로 역시 열반의 세계의 들어가기 전까지는 계속 이 땅에 남아있다고 한다. 즉 공간이 고정되어 있어서 아무리 시간이 지나도 이 땅은 봄 여름 가을 겨울이 영원히 계속될 것으로 이해하고 믿는다. 그러므로 살아있는 동안 공간에 대한 집착이 맹렬할 수밖에 없다. 물론 철학적으로 자연의 순리를 따르라고 하지만 성경은 자연은 인류의 죄악으로 엉겅퀴와 가시로 덮혀있다고 한다. 해일, 지진, 태풍 등이 쉬지 않고 일어나고 있고 정글에서는 맹수가 연약한 짐승을 사냥하고 있다. 그러므로 자연으로부터 인간을 찾으려고 하는 시도는 성경과 완전히 반대되는 접근이다.

결과적으로 이 공간에서 답을 찾으려는 온갖 인간의 시도는 헛되고 헛된 시도가 되는 것이다. 전도서는 이런 구름 잡는 인간의 노력과 애씀을 적나라하게 고발한다. 성경은 이 공간이 시간적으로 시작과 끝이 있기 때문에 보이는 공간으로 답을 찾으려고 해서는 안 된다고 한다. 느부갓네살왕의 위협에도 굴하지 않고 풀무불에 들어간 다니엘의 세 친구 사드락, 메삭, 아벳느고가 이런 고백을 한다. 풀무불에서 구하여 주지 않으신다고 하더라도 왕의 금신상에 절하지 않겠다고…. 아무리 공간이 뜨겁고 고통스럽다 할지라도 시간 속에 존재하시는 하나님으로 인하여 죽음이 무릎 꿇는 모습을 영원에 투사하여 보았기 때문이다. 출발한 기차가 영원히 달리지 않고 종착역에 멈추듯이 십자가와 부활은 바로 그 연장선상에 이루어진 역사적 사건으로 이해되는 매우 논리적이며 현실적인 진리인 것이다. 그래서 우리의 신앙은 결코 비합리적이거나 맹목적인 것이 아닌 초과학적인 것이다. 결코 마약을 먹고 정신이 마비된 상태에서 믿는 것이 아니다.

　바울은 이 위대한 부활이 담긴 복음의 진수에 자신이 녹아들어 있으면서 경험한 그 놀라운 축복을 나누고 싶었다. 그래서 공간의 확장과 쟁취 경쟁과 자랑에 온 자신을 쏟고 있는 고린도교인들에게 안타까운 마음으로 형제들아 이 부활이 얼마나 대단한 것이 알고 있느냐고 묻고 있다. 그리고 그 물음은 오늘 우리에게도 꼭 같이 숙제로 남아 있다. 부활은 시간적 신앙의 중심이며 영원으로 가는 전주곡이다.

2(Die)

치과의사가
제일 반기는 사람은?

    고린도전서 15장 35절부터 마지막까지 사도 바울은 부활의 클라이막스를 연주하고 있다. 부활이 없다고 하는 자들을 씨 뿌림에 비유하여 부활이 씨의 죽음과 그 열매로 이루어지는 하나님의 법칙임을 계몽시킨다. 그리고 아담의 몸을 받은 땅에 속한 자가 그리스도로 인하여 하늘에 속한 자로 변화한 모습을 그린다. 나팔소리는 부활의 정점을 알리는 신호탄으로 우리가 그렇게 소망하는 그 날에 일어날 환희의 순간을 알리는 소리인 것이다.

    부활에 대한 벅참은 이 사망에 대한 자신의 인식과 경험이 얼마나 깊고 큰가에 달려있다. 우린 지금까지 이 사망 즉 죽음에 대한 접촉을 하였고 또 하고 있다. 사망이란 큰 죽음 이전에 우리 모두는 작은 죽음을 일상에서 경험한다. 왜냐하면 이런 작은 죽음은 우리가 초대하지 않았는데도 자기 발로 우리를 찾아오기 때문이다.

    먼저 삶 속에서 원하던 일이 이루어지지 않는 경험은 우리를 좌절이라는 작은 죽음으로 몰아간다. 어린 시절의 대부분은 학교에서 보내기 때문에 학교에서 우린 많은 작은 죽음을 맞이한다. 시험을 망치기도 하고 원하는 학교에 진학하기를 실패하는 일과 친구들과 잘 어울리지 못해서 왕따를 당하거나 친구들 사이에 별로 보여 줄 것이 없는 너무 평범한 자신 등등. 이 모든 것이 학창시절 작은 죽음으로 몰아넣어 땅의 사람으로 고통을 안고 살아오게 하였다.

그러나 그것이 끝이 아니다. 어렵게 진학한 대학에서 자신의 적성과 맞지 않고 적응을 잘 못해서 과를 바꾸거나 다른 학교로 옮겨야 하는 작은 죽음이 찾아오기도 한다. 겨우 졸업했는데 이번에는 청년실업이란 죽음이 또 찾아와서 자신을 괴롭힌다. 막상 어렵게 들어간 직장에서도 숨 쉴 시간이 부족할 정도로 많은 일과 자신과 잘 맞지 않은 상사의 괴롭힘 역시 작은 죽음으로 자신을 짓누른다.

아이를 낳고 기르면서 찾아오는 작은 죽음의 충격은 가장 크다. 밤 12시에 열이 40도로 올라가는 바람에 어쩔 줄 모르고 병원응급실에 달려가야 한다. 자신과 비슷한 고통을 학교에서 겪고 있는 아이를 보면 두 배로 고통스럽다. 자신에게 찾아온 작은 죽음에는 눈물을 보이지 않지만 아이에 다가온 작은 죽음에는 남자도 눈물을 흘린다. 오늘 설교하신 우리 공동체의 교수님의 눈물 역시 자녀로 인한 눈물이다. 나의 육신이 살아 있는 한 우린 자녀에게 다가오는 작은 죽음에 고통스러워한다.

그리고 중년이 찾아오면 이제 육신의 사망을 전조하는 육체적 작은 죽음인 질병이 찾아온다. 눈이 침침해지며 가까운 곳이 보이지 않게 되어 돋보기를 써야 한다. 그리고 치아도 흔들거리며 딱딱한 음식은 씹기가 힘들어진다. 치아가 정상이 아니면 노년 건강에 빨간불이 들어온 것과 마찬가지이다. 음식을 제대로 씹을 수 없어서 영양이 부실해져 건강을 유지하기가 힘들어진다. 한편 물건을 잘못 들어서 허리가 삐걱거리게 되면 움직이는 동작에 작은 죽음이 찾아온다. 앉았다 일어섰다 하는 것이 거의 중노동처럼 힘든 상태가 된다. 잠은 깊이 들지 않고 여러 번 깨어 화장실은 수도 없이 들락날락하기도 한다. 당뇨나 고혈압은 흔하게 찾아와서 자신을 긴장시킨다. 그리고 중병에 걸리면 모든 활동이 멈추거나 줄어들면서 작은 죽음이 큰 죽음을 미리 알려주는 척후병이 된다.

이처럼 우린 아담의 형상을 입었기 때문에 이런 작은 죽음들을 맞이할 수밖에 없는 상황에 놓이게 되었다. 땅에 속한 사람들은 이런 작은 죽음을 죽음으로 여기지 않고 불행한 시간으로 여기고 수단과 방법을 가리지 않고 피하거나 해결하려고 몸부림치다가 큰 죽음을 맞이하여 세상을 떠난다.

그러나 하늘에 속한 사람은 이런 작은 죽음 속에서 하나님의 손길을 느끼며 작은 부활을 맛보고 살아간다. 시간 속에서 잠시 숨어계신 것 같은 하나님을 아버지라고 절규할 때도 있지만 지나가고 보면 모두가 자신에게 가장 좋은 무대를 주셨다고 고백한다. 시편 77편은 이 과정을 가장 심도 있게 그리고 있다. 초반부에 "하나님은 은혜를 베푸시는 것을 잊으셨는가? 긍휼을 막으셨는가?"라고 그 답답함을 토로한다. 작은 죽음의 고통이 진하게 느껴지는 구절이다. 그러나 작은 부활이 그를 찾아와서 "여호와의 옛적기사를 기억하여 그 행하신 일을 진술하리라. 주의 모든 일을 묵상하며 주의 행사를 깊이 생각하리이다"라고 고백한다.

우리가 다시 오실 부활의 예수님에 대한 감격의 크기는 바로 이런 작은 죽음과 작은 부활이 반복되어 가는 가운데서 결정된다. 즉 작은 죽음을 통하여 자신의 자아가 얼마나 죽느냐라는 정도에 비례하여 부활의 능력의 강도가 결정된다.

바울은 수많은 작은 죽음과 작은 부활을 경험한 뒤에 고린도전서 15장 후반부에서 다음과 같이 고백한다. "사망아 너의 이기는 것이 어디 있느냐 사망아 너의 쏘는 것이 어디 있느냐"라고 선언한다.

오늘도 난 감당할 수 없을 것 같은 작은 죽음에 직면해 있다. 나 자신의 건강은 물론이고 온 가족에게 닥쳐오는 이런 작은 죽음이 초청하지도 않았는데도 찾아왔다. 그러나 지나간 작은 부활을 기억하면서 다시 올 작은 부활과 참 부활을 벅차게 기다리며 할렐루야를 외친다.

이상한 사람

통곡 속에 숨은 **유머**

무장한 신하가
지나가면은?

  고린도전서 16장 5절에서 12절 사이에는 사도 바울이 고린도교회에 방문하여 머물고 싶은 계획을 가지고 있지만 에베소교회에 많은 열매들이 열리고 있어서 마무리가 되어야 갈 수 있다고 했다. 그리고 자신을 대신하여 방문한 젊은 디모데가 두려운 마음을 먹지 않게 따듯하게 맞이하여 주기를 바란다고 하였다. 또한 바울의 동역자 아볼로는 고린도교인의 기대와 달리 방문하지 않겠다는 뜻을 밝혔지만 언젠가 가게 될 것이라고 위로하고 있다.

  사람이 마음으로 자기의 길을 계획할지라도, 그의 걸음을 인도하시는 이는 여호와시니라(잠 16:9)!의 말씀처럼 사도 바울의 생애는 미래가 어떻게 전개될지 알 수 없는 삶의 연속이었다. 그래서 신앙이 깊어지면 깊어질수록 자신의 꿈과 계획과 설계가 줄어들게 되어 있다.

  어느 젊은 과기대 교수가 몇 년까지 이곳에 봉사하고 이후 몇 년은 무엇을 하고 등등 향후 20년 인생계획을 확신에 차게 말하는 것을 들은 적이 있다. 하나님의 주권 안에 있는 사람은 인간의 계획에 큰 비중을 두지 않는다. 오히려 현재의 하루하루가 더 소중하다. 한국교회는 비전이라는 묘한 말을 사용하여 마치 그것이 하나님의 계획인 것처럼 포장하여 많은 프로젝트를 진행해 왔다. 그리고 그런 프로젝트가 통하면 다른 교회에서 너도나도 앵무새처럼 흉내 내는 일이 허다하였고 교인들의 내적인 성숙보다는 전시용으로 진행된 프로젝트에 전념시켜 자신의 신앙이 마치 구름 위에 올라간 것처럼 착각하게 만들었다.

그러나 오늘 사도 바울은 디모데와 아볼로의 예를 들으면서 교회가 들어야 할 따끔한 교훈을 말하고 있다. 즉 교회가 얼마나 디모데와 같은 젊은 영적지도자들을 소중하게 대하며 잘 양육될 수 있도록 도움을 주고 있는가를 묻고 있다.

한국교회는 유교사상의 영향을 받아서 담임목사에 대한 예우는 거의 제왕 수준의 대접을 하지만 그 외 전임사역자는 형편없는 대우와 처우를 하는 곳이 허다하다. 전도사를 뽑을 때 운전을 할 수 있는가 없는가를 먼저 본다는 것은 디모데와 같은 영적인 지도자로 키우겠다는 의도보다는 프로젝트를 수행하는 노동인력으로 사용하겠다는 의도가 앞서있다.

그리고 사도 바울은 자신은 그렇게도 인기가 없고 아볼로에 대하여서는 열광적인 지지를 하는 고린도교회를 방문해 주기를 진심으로 아볼로에게 요청하고 있다. 우린 사도 바울이 이 말을 하면서 행동은 그렇게 하지만 마음은 얼마나 쓸개즙을 마시는 심정으로 이야기했을까라는 의혹이 있을 수 있으나 바울은 언행뿐만 아니라 마음까지 꼭 같이 행동하는 언행심이 일치한 사람이다. 바울은 빌립보서 2장 3절에서 겸손한 마음으로 각각 자기보다 남을 낮게 여기고 라고 단호하게 말했다. 우린 언행심이 일치 않은 상태에 있는 자신의 모습에 통곡하고 기도해야 한다. 이것을 당연하다고 여기는 것은 하나님께 불순종하는 것이다.

언행심이 일치하지 않는 경우가 구약성경 민수기 22장에 나온다. 이스라엘 백성이 가나안으로 가기 전에 모압 땅을 지나간다는 소문을 들은 모압왕 발락은 선지자 발람에게 이스라엘 백성을 저주해서 자신들이 전쟁에서 승리할 수 있도록 요청한다. 발람의 말과 행동은 단호했다. 하나님께서 허락하지 않으면 절대로 가지 않겠다고 선포한다. 그리고 그의 말대로 하나님께 직접 물어보고 지시하시는 대로 행동한다. 우린 발람이 대단한 신앙을 소유한 사람으로 여길 수 있다. 그는 자기가 원하면 하나님과 직접 대화할 수 있는 이른바 직통계시를 받을 수 있는 능력의 사람이기 때문이다. 그러나 민수기 22장 22절에서 그의 영적인 무지함이 들통 난다. 즉 나귀도 볼 수 있는 천사를 발람은 보지 못하고 나귀를 때리는 어리석은 행동을 하게 된다.

언뜻 보면 발람은 문제가 없는데 오히려 하나님께서 변덕을 부리신 것 같은 장면이 나와서 혼란스럽다. 발람이 발락이 보낸 신하들의 요청으로 저주하러 가야 하는지 하나님께 첫 번째 물었을 때는 하나님께서 분명하게 저주하러 가지 말라고 말씀하셨다. 그러나 발락이 더 많은 선물과 높은 사람을 보내어 저주해달라고 부탁할 때 발람은 하나님께 또 다시 어떻게 할 것인가를 묻는다. 이때 하나님께서는 가기는 가되 시키는 대로 해야 한다고 가는 것을 허락하신다. 그런데 그 말을 듣고 발람이 다음 날 갈 준비를 하자 하나님께서 분노하셨다.

표면적으로는 발람은 하나님께서 시키시는 대로 순종적 신앙인처럼 보이고 오히려 하나님이 이해가 되지 않은 행동을 하시는 것처럼 보인다. 그러나 여기서 바로 언행심이 일치하지 않는 발람을 이미 하나님은 파악하셨던 것이다. 즉 발람의 행동은 그의 마음과 일치하지 않았던 것이다. 하나님을 대언하는 선지자는 하나님의 마음에 합해야 한다. 하나님께서 택하신 백성을 저주하라는 요청과 함께 많은 재물이 들어오자 그는 이미 마음은 저주하고 싶은 상태에 있었던 것이다. 이 마음을 하나님께서는 보셨기 때문에 발람을 시험해 보신 것이다. 아나나 다를까 그는 이미 저주하는 마음으로 굳어져 있었던 것이다.

이와는 반대로 모세에게 하나님께서는 이 불순종의 백성을 완전히 쓸어버리고 다시 시작하겠다고 하시자 모세는 자신의 생명책에서 자신을 지워도 좋으시니 백성들에게 긍휼을 베푸실 것을 간청한다. 이것이 바로 하나님께서 듣고 싶으신 것인데 반대로 이야기하시며 모세의 심증을 떠보신다. 모세는 언행심이 일치한 사람이었다.

아볼로는 자란 배경과 그가 가진 학문적 탁월성과 설득력 유창한 말솜씨로 고린도교인들의 마음을 사로잡았다. 그런 영적 동역자를 마음속 깊이 인정하고 같이 동역하기란 쉽지 않다. 교회에 관련된 일뿐 아니라 어디를 가든지 나보다 더 잘하는 사람은 늘 존재한다. 학창시절에는 공부로 등급을 매길 때도 그러했고 운동을 해도 잘하는 친구가 늘 있었다. 여학생인 경우는 나보다 더 예쁜 아이는 늘 있었다. 그리고 사회에 발을 딛고 보니 공부보다는 인간관계를 잘하는 동료가 승진을 빨리하는 것을 보았는데 여기서도 나보다 잘하는 동료가 있었다. 일을 능수능란하게 처리하는 동료뿐 아니라 심지어 취미 생활을 하려고 낚시터에 가보아도 나보다 낚시를 잘하는 사람이 있다. 우린 도처에 깔려 있는 이런 사람을 본능적으로 질투하고 열등감을 느낀다. 그리스도인이라고 할지라고 아직 우리의 몸이 부활하지 않았기 때문에 반사적으로 마음속에 이 사람을 깎아내리고 싶은 마음이 든다.

그러나 사도 바울은 자신보다 뛰어난 점이 있는 아볼로를 마음속에서 낮게 여기고 그의 능력이 하나님 나라의 확장에 사용되는 것을 기뻐했다. 말과 행동뿐 아니라 마음속에서 그렇게 가능한 것은 바로 로마서 7장에 그 답이 나와 있다. 그 마음속에 숨에 있는 하나님을 대적하는 죄악 된 마음에 좌절하고 하나님께 매달렸던 것이다.

그 역시 그런 마음을 가지고 있었지만 오랜 세월을 거치면서 성령께서 자신의 마음을 다스리는 하늘에 붙잡힌 사람이 된 후에 언행심이 일치한 사람이 된 것이다. 결코 하루아침에 이런 경지에 이를 수 없다. 넘어지고 좌절과 실패의 연속 속에서 우린 사도 바울의 이런 고백을 하게 된다. "그러면 무엇이뇨 외모로 하나 참으로 하나 무슨 방도로 하던지 전파되는 것은 그리스도니 이로써 내가 기뻐하고 또한 기뻐하리라 (빌 1:18)."

이런 사람으로 성도를 키우는 데 초점을 맞추지 않고 프로젝트에 몸을 담고 있는 것이 신앙이라고 가르치는 교회는 또 다른 현대판 고린도 교회인 것이다. 우리의 기도제목은 어떤 것일까? 바로 내 주위에 있는 수많은 아볼로의 재능을 같이 기뻐하지 못하고 왜 나에게는 그런 재능을 주시지 않을까 라고 불평하고 있지 않은가? 그렇다면 이것이 나의 기도제목이 되기를 소망한다. 주여 불쌍히 여겨 주시옵소서….

고무신

요나서

하나님께서 네가 화를 내는 것이
옳으냐고 물으셨다

(요나서 4:4)

물고기의 머리만 환영함을
네 글자로 하면은?

　신약은 하나님의 의도와 경륜과 세상을 향한 그분의 드러내심이 더 확장되고 심화된 내용이 포함되어 있어서 많은 영적인 유익을 준다. 구약은 메시아 오심과 오셔야 함의 당위성을 묵시적으로 담고 있는 신약의 뿌리이다. 그리고 우리가 일상의 삶을 살아가는데 어떻게 그것을 적용해야 할지는 구약에 수많은 실제적인 삶의 현장들이 나타나 있기 때문에 결코 구약성경을 외면할 수 없다. 예수님께서도 구약성경을 여러 번 인용하셨고 서신서 역시 구약을 수도 없이 언급하면서 단절된 역사를 가지는 것이 아닌 직선으로 연결된 역사 속에서 하나님나라의 임재를 선포하고 있다.

　요나서는 주일학교 설교나 성극에서 가장 많이 등장하는 인물 중에 한 사람으로 우리에게 매우 익숙한 인물이다. 하나님의 말씀을 거역하고 다른 길로 가다가 물고기 뱃속에 들어간 이야기는 마치 동화에 나오는 이야기처럼 멀고도 가깝게 들어온 선지자이다. 요나서 1장의 서두는 이제 주의 말씀이 아밋대의 아들 요나에게 임하여라고 시작한다. 즉 하나님과 선지자 요나 간의 신성한 교통함이 시작된다. 그런데 다른 선지서에서는 주로 백성들에게 전할 내용이 바로 직접 언급되지만 요나서는 요나에게 일어나 니느웨로 가서라는 말이 먼저 나온다. 그리고 그들의 사악함을 드러내라고 하신다. 여기서 우린 이 시간 순서를 놓쳐서는 안 된다. 요나서에서 니느웨란 말은 5번 나오지만 요나는 14번 나온다. 즉 요나서의 주인공은 요나인 것이다. 그래서 요나에게 일어나라고 하고 전하라고 하신 것이다.

그런데 정확한 이유는 성경에 기록되어 있지 않은 채 요나는 하나님 말씀에 불순종하여 니느웨 대신 다시스로 가는 배에 몸을 싣는다. 니느웨는 앗수르의 수도로 이스라엘 동쪽에 있는 도시이지만 다시스는 스페인에 있는 도시로 서쪽 위치하고 있었다. 그리고 니느웨는 육로로 가야하지만 다시스는 욥바에서 출발하여 바다를 건너야 가는 해상수로를 이용해야 갈 수 있는 곳이었다. 하나님께서 지시하신 곳과는 완전히 다른 극단적인 반대방향과 교통수단을 사용하고 있었다.

요나서를 요나에 초점을 맞추어야 하는 이유는 바로 요나가 배를 탄 뒤에부터 밝혀진다. 갑자기 강력한 폭풍이 불어와서 배가 뒤집힐 지경에 이르게 된다. 요나의 불순종으로 온 자연계가 요나의 행동에 저항하기 시작한 것이다. 하나님께서 창조하신 하늘과 땅은 하나님께 순종함으로 그 영광을 나타낸다. 그러나 아담과 하와의 불순종으로 땅에 가시나무와 엉겅퀴가 자라나게 된다. 이것이 인간의 불순종에 대한 자연계의 흔적이며 인간에 대한 저항인 것이다.

요나의 행동에 대한 자연계의 반응은 그것으로 끝나지 않고 제비를 뽑는데도 나타나서 물질계가 요나에게 대들고 있었다. 환경오염과 기상이변과 같은 인간의 직접적인 자원남용에 초점이 있는 것이 아니다. 모든 자연계가 하나님의 솜씨와 창조의 질서에 따라서 순종하여 하나님

통곡 속에 숨은 유머

의 영광을 드러내려고 하는데 오직 피조물 중에서 인간만이 완전히 반대로 가는 길을 택하여 하나님께 저항하고 있는 것을 고발하고 있다. 그 결과 자연계는 하나님의 마음을 담아 인간에게 반기를 들고 있었다.

그의 불순종에 자연계는 놀라고 가만히 있을 수 없어서 격렬한 반응을 하는데 요나는 배의 밑바닥에서 잠을 자고 있었다. 우린 얼마나 하나님과 상관이 없는 반대의 길을 걸어가면서도 영적으로 잠을 자고 있는지 깨닫지 못할 때가 너무 많다. 그래서 땅과 하늘은 때로는 잠자는 자를 깨우기 위해서 격렬한 반응을 하고 그것이 우리에게 원하지 않는 불행한 사건 사고로 다가오기도 하는 것이다. 질병, 고통과 실망 등으로 우리를 엄습하는 것이다.

예수님께서 표적을 보여 달라고 하는 바리새인들에게 왜 요나의 표적밖에 없다고 하셨을까? 요한복음 제2장에는 혼인잔치에 포도주가 떨어져서 한창 무르익은 분위기가 가라앉을 상황이었다. 그러자 예수님의 능력을 아는 모친 마리아가 예수님께 요청을 한다. 그런데 그때에 예수님께서 여자여 나와 무슨 상관이 있느냐고 오히려 되물으신다. 인간적으로 이해하기 쉽지 않은 반응이다.

그러나 예수님께서 내 때가 이르지 않으셨다고 하심으로 모든 기적이 자신의 뜻이 아닌 하나님의 시간표에 따라서 움직이신다는 것을 말씀하셨다. 그리고 마리아도 하인들에게 무엇이든지 예수님께서 하자고 하시는 대로 하라고 지시한다. 그리고 하인들 역시 예수님께서 시키시는 대로 돌 항아리 6개에 물을 채운다. 요나의 불순종과 극적인 대비를 이룬다. 마리아와 하인들의 순종의 결과로 물이 포도주로 변하게 된다. 바로 인간의 순종으로 인하여 자연계 역시 하나님의 영광을 드러내는 일에 기쁘게 동참하는 것이다. 즉 자연계가 인간의 순종에 기쁘게 반응한 결과가 바로 물이 포도주로 변한 것이다. 그것이 바로 하나님의 영광을 나타내시는 것이다.

그리고 바로 성전에서 장사하는 무리들의 판의 뒤엎으신다. 요나 속에 숨어 있는 각종 이기적 민족애와 증오감, 복수심을 완전히 걷어내지 않고는 이 피조세계가 패역과 죄악의 쓰레기장이 되었기 때문이다. 요나가 원인을 제공한 주범인 줄 안 선원들은 요나를 살리기 위해서 힘껏 배를 움직여 보지만 그 광풍을 잠재우지 못한다. 자연계의 진노는 인간의 힘으로 다스리지 못함은 바로 성전청소를 하실 수 있는 분은 예수님밖에 없다는 뜻이다.

오늘도 우리의 삶의 구석구석에 예수님을 초대하지 않고 자물쇠로 채워둔 곳간이 있으면 언젠가 요나의 광풍을 만나게 된다. 그래서 요한계시록 3장 20절에 볼찌어다 문밖에 두드리오니 문을 열라고 촉구하시는 것이다. 내 삶의 모든 영역에 예수님 없이 해 보겠다고 설쳐대는 것은 오늘 요나와 같이 탄 선원과 어떤 면에서 맥을 같이한다. 우리 인생에서 하나님의 존재를 잊고 얼마나 많은 시간과 정력을 낭비하고 두 손을 든 경험이 많이 있었는지 살펴보자.

그리고 요나처럼 완전히 하나님을 의식하고도 반대길로 갔다가 낭패당한 일이 우리 모두에게 있다. 나의 불순종으로 인하여 환경과 조건과 사람들이 저항하며 나를 바다 속으로 던져버린 경험 바로 그것이다. 요나 이야기 바로 나의 이야기인 것이다. 나의 불순종이 하늘과 땅을 고통스럽게 한다는 사실을 기억하라 라는 것이 요나서가 하고픈 이야기 중에 하나이다.

어두컴컴

통곡 속에 숨은 유머

하루에
네 끼를 먹는 사람은?

　요나서 1장에서 요나의 불순종은 또 다른 측면의 문제를 드러낸다. 즉 하나님의 형상을 닮은 인간으로서 해야 할 도리를 다 못하는 모습이 나타난다. 본인은 풍랑의 원인이 무엇인지 알고 있으면서 태연하게 잠을 자고 있고 선원들만 부산하게 움직이는 모습을 요나서는 그리고 있다. 사도행전 26장의 사도 바울의 모습과 대조를 이룬다. 거센 파도가 배를 삼킬 것 같은 비슷한 상황에서 요나는 잠을 청하고 있었지만 사도 바울은 선원들에게 동요하지 말고 안심하라고 하며 하나님의 말씀을 전한다. 그러나 요나는 불손종으로 인하여 하나님은 더 이상 요나가 아닌 파도와 제비뽑기로 자신을 드러내셨다. 이는 요나가 하나님으로부터 멀어지는 상태를 밑으로 밑으로라는 말로 표시하고 있다. 우리 자신 역시 그분과 멀어지면 교제가 끊어지고 계속해서 더 목마른 상태에 처하게 된다. 이럴 경우에는 사도 바울처럼 불신자에게 희망의 메시지를 전하기는커녕 요나처럼 상식과 도리에 어긋난 행동으로 지탄의 대상이 된다

　우리의 영적인 상태가 계속 하강 곡선을 그릴 때 나타나는 대표적인 현상이 바로 은폐하는 것이다. 요나 역시 선지자라는 자신의 신분을

망각한 채 욥바에서 다시스로 향하는 배를 타고 자신을 숨기고 있었다. 하나님을 떠나 불순종의 상태에 있으면 우린 이미 투명한 모습 대신 숨김과 위장과 속임을 이미 몸속에 내장된 채로 출발한다. 이것을 로마서 1장 29절에는 사기라는 죄로 설명되어 있다.

인류 최초로 살인을 한 가인은 하나님이 동생 아벨이 어디 있느냐고 물으셨을 때 자신의 죄를 은폐하기 위하여 모른다고 둘러댄다. 아브라함과 이삭은 자신의 아내를 누이라고 속여서 이방인들 앞에서 망신을 당한다. 야곱 역시 축복권을 얻어내기 위해서 아버지를 속이고 그의 외삼촌은 그 야곱을 속여서 첫날밤에 라헬 대신에 레아가 신방에 들어가게 한다. 사울 역시 자신을 위장하여 신접한 여인을 찾아가고 여로보암의 아내 역시 자신의 신분을 속이고 선지자를 찾아간다(왕상 14:1–15). 신약시대에 와서도 아나니아와 삽비라가 재산을 숨기고 거짓으로 아뢰자 그 자리에서 죽임을 당하는 사건이 발생한다.

이처럼 신구약을 걸치면서 하나님을 떠난 인간에게 가장 공통적으로 나타나는 죄악이 바로 기만이다. 인간이 하나님을 의식하지 않을 때 가장 먼저 나타나는 증세이다. 이는 자신의 신분과 업적이 높은 위치에 있을수록 자신의 죄악과 신분을 숨기려는 경향이 강하다. 사울과 여로보암의 아내는 신분을 숨겼고 다윗은 자신의 죄를 숨겼다. 공사판에 일하는 인부들이 서로 충돌이 생기면 대판 크게 싸우고 난 뒤에 술집에 가서 화해하고 서로 다시 친한 친구가 된다. 숨길 것이 많이 없는 사람들이기 때문이다. 그러나 교회 안에서 우리가 한가족처럼 지내지 못하는 이유가 바로 이런 숨김이 많기 때문이다. 그런 죄가 드러나면 대부분 관대하지 않기 때문이다.

통곡 속에 숨은 **유머**

물론 우리가 살고 있는 세상은 타락되어 있기 때문에 때로는 거짓을 진실인 것처럼 해야 할 경우가 있다. 암 선고를 받은 환자에게 괜찮다고 이야기한다. 불행한 일을 때와 장소를 가려서 이야기해야 하며 좌절 속에 있는 사람에게 좀 과장된 칭찬이 필요하다. 그러나 거의 대부분은 겉과 속이 같은 행동을 하지 않은 결과로 인하여 우린 나머지 인생을 은폐와 자기변명으로 시간과 재물을 낭비하면서 살게 된다. 회사에서 이중장부가 대표적인 위장 서류이다. 이중장부를 만들어 전 회사가 은폐비용을 나중에 치르게 된다. 그래서 연변과기대는 학생들에게 지독하게 고집스럽게 정직이 골수에 사무치도록 가르친다. 무감독시험에 우리 교수들이 사활을 거는 것도 바로 이런 인간의 기만적 본성을 직시한 결과이다.

　두 번째로는 우린 불신자를 바라볼 때 하나님도 모르는 불쌍한 인생이라는 측은한 마음을 넘어서 무지하고 어리석은 하급한 사람으로 은연중에 여기는 경우가 허다하다. 이스라엘 백성들이 이방인을 짐승 취급했듯이 비슷한 마음이 우리가 불신자를 바라볼 때 일어난다. 특별히 불신자 상사와 동료와 같은 일을 할 때 일을 잘못하면 하나님을 모르니까 저리 어리석은 행동을 하지라고 쉽게 깔보게 된다. 반대로 상사나 동료가 뛰어난 능력이 있으면 그래 보았자 넌 지옥이나 가는 존재가 아니냐라는 저주스런 생각으로 위안 삼기도 한다.

　그러나 원어성경 요나서는 1장 13절 놀랍게도 그럼에도 불구하고 라는 단어를 쓰면서 요나의 생명을 건지기 위해서 사력을 다하는 불신자 모습을 보여주고 있다. 하나님 형상을 닮은 인간에게 남은 책임감과 양심이 불신자에게도 존재하여 오히려 요나를 부끄럽게 하고 있다. 조심스런 예이지만 회사 일을 같이해야 하는 주일날 예배드려야 한다고 자신이 마치 순교자인 양 행세하며 공동으로 일을 같이해야 하는 일에 당당하게 빠지며 성경책 들고 교회 가는 것이 과연 좋은 신앙일까를 다른 각도에서 생각해 보아야 한다. 인간으로 기본적으로 지켜야 할 질서와 책임과 도리를 망각한 채 하나님의 자녀라는 특권으로 세상사를 면제받기 원하는 것은 바로 요나가 배 밑바닥에서 잠자고 있는 행동과 흡사하다.

우린 교리에서 독선적이고 편협하다는 이야기를 듣는 것은 당연하게 여긴다. 왜냐하면 아버지가 한 분밖에 없기 때문이다. 그들은 아버지(진리)가 여러 사람이 있다고 하니까 우린 절대로 동의할 수 없다. 그들은 자신의 도량과 깨달음을 위해서 산을 오른다. 그래서 길이 여러 개라고 한다. 그러나 우리는 산을 오르지 않는다. 바로 국경이 다른 나라로 건너가야 한다. 그러나 거기에는 그랜드캐니언보다 더 깊고 넓은 절벽이 기다리고 있다. 그 길을 건너는 방법은 유일하게 예수그리스도라는 다리밖에 없다. 그래서 예수님이 길이요 진리요 생명이며 그 외의 길은 없다고 믿는 것이다. 그리고 산을 오른 자의 정복감이나 성취감으로 세상을 내려다보는 것이 아니라 다리를 건너게 하여 주신 은혜에 감사하는 겸손한 마음으로 사는 것이다.

그러나 이런 교리적인 측면을 제외하고 삶과 행동에서 이기적이라고 손가락질을 당하는 것은 바로 종교를 앞세워 현실에서 이득을 보거나 고통에서 자기만 제외되려고 하는 종교적 특권의식에 의한 것이다. 불법 병역 면제나 위장 전입에 기독교 신자들이 다수로 포함되어 있는 현실은 이를 대변하고 있다. 때로는 전도라는 대의명분을 앞세워 가장 번잡한 길에서 길을 막고 있다든지 귀를 진동케 하는 확성기로 지나가는 행인들의 귀를 막게 하는 행동은 한 영혼에게 복음을 전하는 열정으로 비추어질 수 있다. 그러나 또 한편으로는 기독교에 대한 이미지에 대하여 기본도리마저 무시하는 종교라는 인상을 안겨주어 젊은이들이 교회로 향하는 발길을 돌리게 한다는 사실도 염두에 두어야 한다.

그래서 선한 사마리아인의 이야기를 통하여 예수님께서 우리 인간이 얼마나 하나님을 오해하고 있는지를 보여주고 계신다. 인간이 선을 행하고 하나님의 의를 나타내는 것은 바로 지금 보이는 장소에서 시작해야 함에도 불구하고 보다 고상하고 알아주는 거창한 일에 눈을 돌린다. 제사장과 레위인들 모두가 강도 만난 사람을 그냥 두고 지나간 이유도 바로 드러나는 예배행위나 종교적 표출에 더 우선순위를 두고 살고 있기 때문이다. 우린 나로부터 멀리 떨어져 있는 대상과 환경에 대한 막연한 기대감과 호기심으로 늘 현실에 주어진 공간과 사람들에게 무관심한 태도로 접근한다. 그리고 허드렛일을 할 때는 내가 이러고 일을 때가 아닌데 하는 생각이 든다. 그래서 쓰레기를 치울 때마다 좀 더 보람된 일이 없을까라고 뇌까린다. 우린 우리 자신을 잘 모르고 늘 외모만을 보고 접촉하는 사람들에게 좋은 인상을 주기 위해 애쓰지만 정작 가까운 가족, 친척, 직장동료들에게 섬김의 도를 다하고 있는지 물어야 한다. 그리고 그 대답은 자신이 아닌 그들로부터 참 이웃인가라는 답변이 나와야 한다고 예수님께서 선한 사마리아의 예를 들고 계신다.

이처럼 자신과 공간적으로 멀리 떨어진 환경과 사람에 대하여 더 많은 호감을 얻으려는 경향은 바로 영지주의적 사상에 영향을 받는 것이다. 즉 땅보다는 하늘에 있는 것을 더 거룩하고 귀한 것으로 여기려는 인간의 본성으로 인하여 계속해서 보이는 가까운 공간에 대한 멸시와 무감각을 가지게 되는 것이다. 그중에서 종교적인 의식과 행위가 가장 하늘에 가까운 것 같은 환상을 가지고 있기에 때로는 인간성 회복을 초월적인 것으로 덮어 버리려고 한다. 이런 생각에 대한 변화를 알리기 위해서 바리새인들 앞에서 예수님은 안식일에 병을 고치고 세리와 죄인들과 함께 식사를 같이하시는 파격적인 모습으로 그들의 그릇된 신앙관을 드러내신다. 구원은 신비로운 것이지만 그 속에는 우리가 진정한 인간성을 회복하는 것이 포함되어 있다.

요나서는 우리에게 묻고 있다. 겉과 속이 같은 모습으로 살고 있는가 그리고 그것이 가장 가까운 사람들로부터 Yes라는 답을 얻고 있는가를 요구하고 있다. 만약 그렇지 못하다면 우린 계속 배 밑 아래로 내려가고 있는 것이다. 요나처럼….

식사(4)한 사람

통곡 속에 숨은 **유머**

산모가
제일 좋아하는 자음은?

　요나서 묵상은 끝이 났지만 히브리원어가 다른 언어로 번역되면서 놓쳤던 부분을 들추어내어 원어성경에 대한 관심을 더 가져주기 바라는 마음에 그냥 지나갈 수 없어서 요나서의 옷자락을 다시 붙잡는다.

　히브리어와 한국어는 매우 유사한 점이 많다. 그래서 한국인이 배우기가 아주 좋은 언어임에도 불구하고 신학교에서 어렵게 가르치는지 헬라어보다 더 많은 신학생이 포기한다고 한다. 신학교에 정말로 언어의 전문가와 달란트가 있는 분들이 많이 가야 한다. 은혜뿐 아니라 언어학적 재능이 많은 분들이 신학교에 계셔야 신학생들의 원어실력이 성경을 원어로 볼 수 있는 수준에 도달하게 될 것이다. 흔히들 원어성경을 보는 것을 컬러TV에, 번역된 성경을 읽는 것을 흑백TV에 비유하지만 온전한 비유는 아닌 것 같다. 색깔 정보가 손실된 정도의 문제가 아니다. 특별히 히브리어 특징이 감정과 정서의 표현에서 탁월한데 시편을 원어로 읽는 것과 번역서로 읽는 것은 마치 연극을 직접 본 것과 보고 온 사람의 이야기를 들은 정도의 차이이다.
　그러므로 목회자가 원어성경을 놓고 묵상하지 않는 한 하나님의 많은 보화를 놓치고 숨어있는 생명이 전달되지 못한다. 물론 그렇다고 원어의 글자에 무슨 마력이나 힘이 있다는 이야기는 아니다. 성령께서 얼마든지 번역서를 통해서 역사하시고 은혜가 전달된다. 그러나 원어의 차원 속에서 전달되는 그 정도와 깊이는 비교가 안 된다. 본인은 합동신학교의 구약학 교수님이신 김성수 교수님의 창세기 강해를 직접 듣고 충격을 받은 바 있다. 오직 히브리원전을 읽으시며 하나님 말씀을 대언하는 메시지 속에 얼마나 놀라운 진리들이 나의 가슴을 파고드는지 지금도 새롭게 느껴진다. 이사야 강해를 하실 때는 마치 이사야 선지자가 내려오셔서 말씀을 전하는 것 같다는 소문도 들은 적이 있다. 한국교회는 모든 목회자들이 원어와 씨름하며 말씀을 전하려는 목회자들이 될 수 있도록 기도하기 바란다.

히브리어와 한국어의 유사한 점을 모두 나열하는 경우를 소개하는 기회가 아닌지라 대표적으로 흥미 있는 예를 하나 들면서 이해를 돕고자 한다. 히브리어는 원래 모음이 없이 사용되었고 자음 중에서 일부 모음과 가까운 것을 모음 대신 사용하였다. 그래서 성경 필사본 본문에는 원래 모음 부호가 없었다. 그러므로 유대인들은 단어만을 보고서 읽었으며 몇 가지 자음은 모음으로 쓰였다. 그런데 히브리어가 사어(死語)가 되면서 일상에서 쓰이지 않아 발음과 해석에 착오가 생기므로 유대인 학자들, 소위 맛소라(전통의 뜻) 학자들이 AD 7세기경 성경 본문의 정확한 발음과 해석을 목적으로 모음을 만들었으니 이를 맛소라 모음기호(Massoratic Vowels) 또는 외부 모음기호라 한다.

무슨 이야기인지 한국어를 예를 들어서 설명해 본다. 요즈음 젊은이들이 많이 쓰고 있는 자음게임이다. 자음만을 뽑아다가 무슨 뜻인지 추측하는 게임이다. 한번 무슨 말인지 추측해 보면 재미있다.

다음은 어느 웹사이트에서 네티즌 사이에서 문제를 내고 추측한 답변들이다.

ㅈㅇㄷ ㅁㅈㄷ ㅈㅈㅎ ㄴㄷㄱ ㅈㅇㄹㄷㄱ ㅁㅈㅇㅅ ㄱㄴ

ㄷㅇㄱㄷ ㄱㄷ ㅅㄱㄴㅅ ㅂㄴㄲ ㅈㄷ

1 맨 뒤는 '생각나서 보니까 좋다' 같은데 나머지를 모르겠네요.
2 좋은듯 멋진듯 잔잔한 농담과 제일루다가 멋진인상 그냥 돌아가
   던 그도 시간내서 보니까 좋다
3 놔두고 잡으려다가 못잡아서 가니 돌아가도 가다 생각나서 보니
   까 좋다
4 좋아도 못잡던 진지한 나답게 잡으려다가 못잡아서 그냥 돌아간
   다 근데 시간내서 보니까 좋다

이처럼 우리가 쓰고 있는 일상 언어를 추측하여 자음에다 모음을 붙여서 그 의미를 파악하는 게임이다. 이스라엘 백성들이 오랜 포로생활과 로마의 점령으로 전 세계로 뿔뿔이 흩어지면서 글과 말이 달라지기 시작했고 특별히 모음이 없는 글은 더 상태를 가속화시키게 된 것이다. 심지어 본토인 팔레스타인 지방조차도 히브리어가 생활언어로 사용되지 않아서 성경을 읽는 데 어려움을 겪게 된다. 이런 위기 속에서 바로 이 자음게임을 AD 7세기경에 모음기호를 만들어서 성경에다 그 기호를 삽입한 것이다. 유대전통학자들에서 만들어진 바로 맛소라 성경인

것이다. 히브리어와 한국어가 바로 모음을 아래로 써가는 사각구조이기 때문에 이런 게임이 가능했던 것이다.

물론 한국어가 훨씬 맞추기 어렵다. 그 이유는 한국어는 모음에 따라서 뜻이 달라지는 경우가 허다하지만 히브리어는 자음이 뜻을 결정하기 때문이다. 한글은 언어학상 가장 최근에 만들어진 글자이기 때문에 가장 과학적이고 정교한 문자이다. 세종대왕과 신하들이 히브리어 언어를 참조했다는 가능성이 제기되고 있다. 그리고 그 가능성은 점점 높아져가는 것 같다.

신학교에서는 한국어 특징을 잘 살려서 히브리어와의 공통점을 중심으로 가르치면 훨씬 많은 신학생들이 즐겁게 배울 것이다. 지금 히브리어는 대부분 서양 언어학자들에 의해서 분류되고 조직된 방법으로 가르치고 있다. 그러나 히브리어는 동양 언어이다. 헬라어를 배경으로 하고 있는 서구인들에게 매우 어려운 언어인 것이다. 히브리어는 시제가 없는 것이 또한 중국어와 비슷하다. 그래서 우린 좀 더 쉽게 접근할 수 있는 길이 있다. 그래서 신학교 내에는 이런 동양 언어학적인 측면에서 히브리어를 접근하는 연구가 이루어져서 많은 신학생들에게 전달되어야 할 것이다.

이런 측면에서 좀 더 많은 믿음의 식구들이 히브리어에 관심을 가져주면 좋겠다. 그것 역시 하나님을 사랑하는 또 하나의 증거가 아닐까?

ㅁ(미음)

통곡 속에 숨은 **유머**

알약 10개에 대한 돈을 지불하다를
네 글자로 하면은?

　이제 번역된 성경에서 놓쳐버린 의미를 원어성경 요나서에서 찾아보자. 가장 먼저 요나서 1장 4절에서 문장의 서두에 주어인 하나님이 나온다. 히브리어는 어순이 동사 주어 순서로 이루어진다. 그런데 여기서 주어가 먼저 나왔다는 것은 바로 이 일을 하나님께서 주관하고 계심을 강하게 저자는 이야기하고 싶은 것이다. 아브라함과 이삭과 야곱에게 나타나셨던 여호와 하나님이 니느웨로 가기를 거절하는 요나를 어떻게 다루실지 모든 앞으로 일어날 사건의 창시자로서 중심에 있음을 시사하고 있다.

　즉 하나님께서 주권적으로 요나를 다루시고 그로부터 자발적 항복을 받아낼 것을 이미 주어를 앞으로 놓으면서 요나서는 시작하고 있는 것이다. 요나를 변화시키셔서 니느웨가 회개할 것까지도 그분께는 복안을 가지고 계신 것이다. 우리 인생도 그분께서 좌표를 가지시고 이끌고 나가신다. 이 주어 속에 그분의 열심과 자신과 확신이 함께하심에 우린 감사한다. 온 우주를 지으신 분이 우리의 아버지가 되시고 스승이 되시고 친구가 되시기 때문이다. 결코 우리를 굴욕적으로 항복시키지 아니하시고 그분의 사랑에 녹아서 항복하여 돌아오게 하시는 분이시기에 우린 이 세상 어느 것과 비길 수 없는 그분의 지혜와 손길에 경탄하지 않을 수 없다. 그런 하나님이 시작하신다고 요나서 1장 4절은 힘을 주어 말하고 있다.

그리고 그 서곡이 그리스도 오심까지 일직선으로 달려간다. 바다를 먹물 삼아도 다 쓸 수 없는 사랑의 무게를 감지한 요나서 저자는 여호와를 문장 앞에 둠으로써 자신의 감격을 토로하고 있다. 우리가 먹고 마시고 염려하는 이유는 바로 하나님이 주인공이 되어서 문장 앞에 나오는 것이 아니라 하나님께서 하시는 일이나 우리에게 오는 혜택을 먼저 앞에 두기 때문에 발생하는 것이다. 그래서 A.W Tozer 목사님은 이 세대는 하나님에 대하여 알려고 하지만 하나님을 알려고 하지 않는다고 강하게 말씀하셨다. A.W Tozer 목사님이 쓰신 책은 늘 품에 두고두고 읽어야 할 책이다.

두 번째로는 2장 1절에 요나가 물고기 뱃속에서 하나님께 기도했다고 나오는 구절이다. 여기서 '기도했다'라는 동사 '팔랄'을 쓰고 있는데 중간태 강조형을 쓰고 있다. 중간태란 동작의 결과가 자신에게 영향을 미치는 것이다. 그리고 팔랄은 '깨트리다, 부시다'라는 의미를 가지고 있다. 마치 달걀껍질을 깨고 나와야 병아리란 생명으로 세상에 탄생하듯이 기도가 죄로 물들어 있는 고집과 교만의 껍질을 벗어 버려야 하나님께 상달되는 것이다. 그래서 하나님께서 시작하지만 자신이 변화하기 때문에 중간태를 쓰며 또한 강조형을 쓰고 있다. 기도는 그저 지나가는 행사나 습관인 것이 아닌 생명과 생명이 만나는 행위인 것이다. 그래서 신구약에 걸쳐서 기도는 능동태 보다는 이런 중간태형이 더 많이 나온다.

능동태는 주어가 모든 것을 시작하고 마친다는 의미에서 독립주체를 강조하고 수동태는 주어가 누구에 의해서 조종당하거나 영향을 받는 상태이지만 중간태는 누군가에 의해서 시작된 일을 자연스럽게 수용하는 것으로 관계가 형성되는 상태를 의미한다. 유진 피터슨 목사님은 하나님과 우리와 가장 이상적인 관계는 능동태처럼 우리가 하나님을 조작하지 않고 수동태처럼 하나님으로부터 조작당하지 않는 중간태 상태에 있는 것이라고 했다. 즉 하나님의 일에 참여하고 하나님과 관계를 형성할 때 바로 사랑의 관계로 대등한 인격체로 서로 교통하는 것이라고 했다. 그래서 구원은 능동태나 수동태에서 중간태로 변화하는 것이라고 말씀하셨다.

『묵상하는 목회자』에서 유진 피터슨 목사님은 이렇게 말한다. 에덴으로부터 멀리 떠날수록, 우리는 중간태를 사용하지 않게 되었고, 결국에는 전혀 사용하지 못할 정도로 위축되고 말았다. 우리는 자신의 숙명에 대한 책임을 지거나(능동태), 다른 이들로 하여금 책임을 지게하고 우리가 감당하기 힘든 거대한 힘 앞에서 동물적인 수동성 속으로 빠져든다(수동태).

그중에서도 기도야말로 가장 중간태적인 행위인 것이다. 자신이 시작한 것처럼 보이지만 요나처럼 물고기 뱃속에서 시작하게 되는 자신을 발견하고 다시 주어를 자신으로부터 하나님으로 바꾸는 기도를 하게 된다. 그러자 다시스로 향하던 발걸음을 멈추고 성전을 바라본다. 설령 주가 나를 버린다 할지라도 나는 주를 바라보리라 라고 고백하는 자신을 보게 된다. 내가 주어로 있을 때 보았던 세계는 무너지고 나는 바닥까지 내려간다. 거기서 주님이 주어인 줄 알고 그분이 나를 이 바닥까지 오게 하셨다는 것을 알게 되는 중간태에 놓이게 된다. 그리고 그 기도가 깊어지면 내가 하나님의 대리자가 되어서 하나님의 손길이 필요한 사람을 대신하여 간구한다. 이처럼 중간태로 사용되는 기도라는 원어는 우리에게 기도가 가지는 깊고 오묘한 이치를 품고 있으면서 열정적으로 임하게 한다.

그래서 신앙의 연륜이 깊어질수록 내가 시작하지 않은 행동 속에 기도로 의지하며 사는 법을 배운다는 것이다. 인간으로서 그리고 그리스도인으로서 가장 아름다운 관계를 누릴 때 우리는 하나님께 나는 능동태와 수동태의 상태 즉 중간태로 기도하게 된다. 그리고 성경 요나서는 그런 요나를 그리고 있다.

열정페이

통곡 속에 숨은 유머

가장 자연스런 콩은?

요나서 3장 10절에는 "하나님께서는 그들이 행한 것 곧 그 악한 길에서 돌이켜 떠난 것을 보시고 하나님이 뜻을 돌이키사 그들에게 내리라고 말씀하신 재앙을 내리지 아니하시니라"로 번역되어있다.

여기서 히브리어 슈브를 돌이켜로 번역했고 나함을 돌이키사로 번역하였다. 둘 다 한국어에서는 돌이키다라고 번역되어 있어서 원어의 뜻이 잘 전달되지 않고 있다. 슈브는 주로 인간이 자신의 행동에 대하여 과오을 인정하고 생각이나 행동을 뉘우치는 것을 말한다. 이 경우에는 대부분 과거의 행동보다 현재의 행동에 개선의 여지가 포함되어 있음을 말한다. 그래서 3장 8절에 강포에서 떠나는 행동이 바로 이 슈브로 연결된다. 즉 니느웨 사람들이 악에서 떠나 하나님께 돌아오는 행동은 바로 슈브인 것이다. 즉 과거의 행동보다 현재의 행동에 개선된 모습을 보여주고 있다. 인간이 회개하며 돌아오는 행동은 바로 이 슈브를 쓰고 주로 능동태를 쓰고 있다. 순전히 자신이 먼저 결단하고 돌아와야 하는 위치에 있다는 것이다.

그러나 하나님께서 돌이키셨다라는 말은 원어로 나함이란 동사를 쓰고 있다. 나함은 슈브와 달리 자신의 과거 행동의 수정에 대하여 과거의 행동이 현재 수정된 행동보다 도덕적이나 결과적으로 더 하등하지 않다. 그것은 하나님의 행동에는 결코 틀리거나 실수가 있을 수 없음을 내포하는 단어이다. 그래서 돌이키는 것은 바로 관계적인 측면에서 관용을 베푸시고 자비로우시기 때문에 뜻을 변경하신다는 의미이다. 그렇기 때문에 나합을 쓰면 중간태를 사용하고 있다. 즉 관계에 의한 하나님의 태도의 변화를 묘사하는 것이다.

대표적으로 이해가 잘 가지 않았던 구절이 바로 창세기 6장 6절이다. 인간의 죄악을 보시고 지으심을 후회하셨다고 적혀있다. 표면적으로 이해하면 그럼 하나님이 잘못하셨다는 것이 아닌가라고 의문을 제기할 수 있다. 그러나 바로 여기서도 우리가 지금 살펴보고 있는 말인 나합을 쓰고 중간태 형식을 쓰고 있다. 하나님 자신의 행동에는 전혀 잘못된 것이 없고 단지 인간의 죄악에 대한 하나님의 아프신 마음이 묘사되어 있다. 그래서 그들의 죄에 따라서 연단이나 징계를 하시려는 의도로 이런 방식을 쓰고 있는 것이다.

이런 하나님을 알고 믿고 따를 때 우린 진정한 자유를 누리게 된다. 이렇게 신실하시고 우리 자신을 위한 그분의 사랑이 외형적인 조건과 나의 현실 위치에 상관없이 늘 함께한다는 확신이 있으면 우린 복된 삶을 누리는 것이다.

제4장 4절에 "하나님께서 네가 화를 내는 것이 옳으냐고 물으셨다."에서 분노하다의 뜻을 가진 하라는 히브리어 불에 타는, 뜨거움이 내포된 어근에서 유래한 말이다. 그런데 하나님께서는 요나의 분노가 얼마나 어리석은지를 알려 주시기 위해서 사막의 열기를 품고 있는 동풍과 작열하는 태양을 교훈물로 사용하신다. 마찬가지로 4장 6절에 박넝쿨로 가리게 해서 괴로움을 면하게 하셨다는 동사는 원어로 나짤이다. 나짤은 그늘을 제공하다는 뜻과 구원하다라는 의미를 가지는 동사로

통곡 속에 숨은 유어

여기서 박넝쿨을 통하여 뜨거운 태양을 가리게 함으로써 고통으로부터 해방시키는 구원의 이중적인 의미를 지닌 단어이다.

즉 요나에게 일어나는 모든 자연현상이 그저 말을 듣지 않은 요나를 혼내는 정도가 아닌 하나님의 구원사역의 거대한 경륜이 섬세하고 정교한 계획에 의해서 이루어지고 있다는 것이다. 이런 정교한 구원역사를 하나님께서는 오늘도 많은 주위의 환경과 사물과 사람과 사건 속에서 이루어가고 계신다.

요나서는 그저 빙산의 일각에 불과하다. 우리가 영어를 배우는 열정의 1/10 정도의 정성만 들어가도 히브리어와 친해질 것이다. 그러면 자연스럽게 원어 성경을 보는 새로운 지평이 열릴 것이다.

천연두

베드로전서

예수를 너희가 보지 못하였으나 사랑하는도다
이제도 보지 못하나 믿고 말할 수 없는 영광스러운 즐거움으로 기뻐하니
믿음의 결국 곧 영혼의 구원을 받음이라

(베드로전서 1:9-10)

바람이 불면
축구하기가 힘든 이유는?

예수 그리스도의 사도 베드로는 본도, 갈라디아, 갑바도기아, 아시아와 비두니아에 흩어진 나그네, 곧 하나님 아버지의 미리 아심을 따라 성령이 거룩하게 하심으로 순종하고 예수 그리스도의 피뿌림을 얻기 위하여 택하심을 받은 자들에게 편지하노니 은혜와 평강이 너희에게 더욱 많을지어다(베드로전서 1:1-1:2).

베드로전서는 사도 베드로가 소아시아 지역에 있는 교회에 보내면서 택함을 받은 자에게 보낸다고 적고 있다. 원어에서는 수신자를 칭하는 단어로 택함을 받은 자가 가장 먼저 나온다. 서신서를 읽는 사람은 하나님께서 부르신 자라고 한다. 즉 성령에 의해서 인침을 받은 자만이 읽을 수 있고 이해할 수 있는 글이라는 뜻이다. 오늘날 성경이 베스트셀러라고 해서 일반서점에 넘치도록 진열되어 있고 또한 김용옥 교수 같은 불신자가 요한복음 해설집을 내고 있는 혼탁한 시기에 살고 있다. 성경은 예수그리스도의 피뿌림으로 하나님의 자녀가 된 자에게는 열려 있고 어떤 면에서 쉬운 책이지만 아직 애굽에 있는 자들에게는 닫혀있고 한없이 어렵고 이해가 가지 않는 책이다.

특별히 사도 베드로는 어부 출신의 제자이다. 그래서 진리에 대하여 적은 글은 단순하고 명료하다. 많은 신학자들이 때로는 과도하게 구분하고 학문적 신비적인 언어를 사용하여 오히려 정확한 뜻을 안개 속으로 밀어 넣는 듯한 느낌을 가지게 한다. 그래서 원뜻이 명료하게 드러나게 하기보다는 오히려 더 혼란스럽게 설명되어 있는 경우가 허다하다.

번역성경 역시 때로는 원문보다 더 모호하게 뜻을 전달할 경우가 있다. 원어성경에는 택함을 받은 자와 나그네 된 자는 서로 인접하여 나온다. 즉 택함을 받은 자는 이 땅에 나그네로 산다는 것을 베드로 사도는 분명하게 말하고 있다. 나그네 된 자들은 이 광야와 같은 세상에 희망을 걸지 않는다. 그렇다고 자신의 일과 처한 환경을 버리고 매일 사후세계의 천국을 기다린다는 뜻이 아니다. 그것은 피조물로부터 하나님으로 시선을 옮긴다는 뜻이다.

하나님을 떠난 자는 하나님이 하시는 일을 배척하고 대항한다. 왜냐하면 자연인은 마귀에게 붙잡혀 있기 때문에 피조물의 주인이신 하나님을 인정하고 싶지 않은 것이다. 그래서 그 결과 불경건과 불의한 삶을 산다. 하나님의 창조물을 자신이 소유하고 영원히 간직할 것처럼 살아간다. 그러나 세상은 이미 타락된 자들의 손에 넘어가서 회복을 기다리고 있다. 그런 면에서 피조물은 주인을 알고 기다리고 있는데 인간만이 유일하게 창조물이 자기의 소유인 양 행세하고 살아가고 있다. 그러나 실제로 그것은 환상에 불과하다. 죽음 때문에 한 치의 땅도 한 푼의 돈도 가지고 갈 수가 없다. 바로 썩어지고 오염되고 사라지는 것을 붙들고 살아가는 것이 바로 인간의 현주소이다.

여기에 성부 하나님의 계획하심과 성자 예수님의 순종과 피 흘림 그리고 성령님이 함께하심으로 환상과 착각에 빠져있는 사람들이 제정신을 차리는 것이 바로 구원인 것이다. 불신자는 기독교를 아편이라고 하지만 실제 불신자들은 눈뜬장님이며 무지한 고집쟁이다. 그리고 큰소리친다, 하나님이 있으면 보여 달라고. 이런 말을 들을 때마다 우린 답답함을 넘어서 주눅이 들 때가 있다. 좀 나타나셔서 믿게 하시면 될 텐데 왜 숨어 계신지 하고 의문을 가지기도 한다. 그러나 하나님은 안 계시는 것이 아니라 계시는데 못 보고 있을 뿐이다. 못 보는 것은 하나님을 제대로 알지 못하는 무지에서 오는 것이다. 예수님께서는 자신이 가셔야 보혜사 성령께서 오신다고 하셨고 더 큰 일을 하실 것이라고 하셨다.

우린 보이고 실험하고 증명되어야 믿는 세상에 살고 있다. 물론 존재하지도 않는 것을 믿는 것은 맹신이고 자기 최면이다. 그러나 보이는 것에 운명을 맡기고 사는 인생은 물거품과 같은 허무한 현실을 맞이하게 된다. 왜냐하면 그 인생은 신기루를 좇기 때문이다.

보이는 것에 몸을 의지했는데 역설적으로 그것이 바람처럼 사라지는 것이 이 피조세계의 진실이다. 그래서 인간은 세월의 무상함에 탄식하고 모든 피조물이 찰나적임에 괴로워한다. 수많은 시인과 선각자들이 인생무상과 세월의 허무함을 드러내고 사라져 갔다.

우리 크리스천 역시 보이지 않는 하나님의 성품을 닮으려고 애쓰지 않고 보이는 성과에 목을 매기 시작하면 바람에 날리는 겨와 같은 존재가 될 것이다. 매 순간 성령의 지배를 거부하고 육신의 습관대로 살아가게 되면 계시는 하나님을 보지 못한 채 사역과 예배나 심지어 기도와 같은 종교적 행위로 내면의 자아를 권위 아래 두기를 대신하려고 한다. 그러나 성경은 단호하게 심지어 기도마저도 불순종을 대신 할 수 없음을 증거하고 있다(여호수아 7장 10절).

사도 베드로는 은혜와 평강이 더욱 많을지어다 라고 하여 플레쉬노라는 단어를 쓰고 있다. 은혜와 평강이 구원받을 때 한 번으로 끝나는 것이 아니라 계속해서 채워져 나가는 과정으로 설명하고 있다. 곡식이 자라서 번성하는 것과 같이 살아가는 동안 지속적으로 은혜와 평강이 더해지는지는 삶이 바로 선택된 자요, 나그네의 삶이라는 것이다.

눈에 보이는 과학과 문명은 인간의 내면을 한 치도 바꾸지 못하고 오히려 더 거만한 무신론자들만 양성하였다. 그 결과 현대인은 더욱 호전적이며 배타적이며 무감각하며 조급해져 어느 곳이나 사람이 모인 곳은 사람으로 인한 긴장과 갈등으로 괴로워하게 되었다. 로마서 1장 말씀처럼 하나님께서 그대로 내버려둔 결과가 합당치 않은 일을 하게 된다(로 1:28). 이런 인간에게는 은혜 대신에 재해가 평강 대신에 동강 난 삶을 살게 되는 것이다. 오늘도 혹시 내가 움켜지고 놓지 않는 것이 있는가? 아니면 이 땅에서 영원히 살 것 같은 착각을 안겨주며 영원한 세상에 대하여 눈을 가리게 하는 것은 있는가? 그렇다면 우린 아직도 진정한 은혜와 평강을 누리지 못하고 살아가는 불행한 이중국적자인 것이다.

우린 한 번씩 나그네가 되는 경험을 하면서 사는 것이 아니라 나그네로 살아야 한다. 아무도 것도 소유하고 남길 것이 없다. 오직 사랑만을 제외하고….

바람이 차서

통곡 속에 숨은 **유머**

걸레질을 도와줌을
네 글자로 하면?

우리 주 예수 그리스도의 아버지 하나님을 찬송하리로다 그의 많으신 긍휼대로 예수 그리스도를 죽은 자 가운데서 부활하게 하심으로 말미암아 우리를 거듭나게 하사 산 소망이 있게 하시며 썩지 않고 더럽지 않고 쇠하지 아니하는 유업을 잇게 하시나니 곧 너희를 위하여 하늘에 간직하신 것이라(베드로전서 1장 3-4절).

나그네인 우리 그리스도인은 하늘에 간직한 유업을 받는다고 한다. 유업은 구약성경에서는 이스라엘 백성들이 가나안에서 분배받은 땅을 의미한다. 원칙적으로 유업은 상속의 의미를 포함하고 있기에 우선 육체적인 죽음이 있어야 다음 세대가 물려받을 수 있다.

에덴동산에서는 인간은 피조물의 이름까지 지어가면서 다스렸지만 피 묻은 우리의 손은 그것을 진정으로 소유하지 못했다. 하나님을 배제하고 스스로 다스려 보려는 이기심은 자신을 함정으로 밀어 넣어 어느 것도 하나님이 허락하지 않으면 소유할 수 없게 되었고 누군가의 죽음 이후에 유산을 소유해야 하는 지경에 이른다. 가나안 땅 역시 조상들은 광야에서 죄로 인하여 다 죽고 그의 자손들만이 소유하게 되었다. 마찬가지로 하늘의 유업 역시 그리스도의 피뿌림에 의해서 가능하게 된 것이다.

인간은 이 땅에서 자신의 소유를 확고하게 하기 위해서 땅의 소유주를 법적으로 등기한다. 그리고 난 후에 집의 소유주는 문패를 걸어서 자신이 임자임을 타인에게 알린다. 그러나 땅의 소유물은 늘 좀과 동록이 구멍을 내곤 한다. 최근에는 아파트와 개인주택을 지어도 문패를 붙이지 않는다. 아파트가 늘어나고 자신의 신상이 공개되면 범죄에 이용되는 연유로 한국에서는 문패가 사라져 가고 있다. 인간은 이처럼 자신의 소유가 유리함과 불리함에 따라서 공개와 은닉을 적절하게 조정하면서 자신의 내부를 최대한 감추며 살고 있다.

그러나 그가 이 땅에서 소유한 것은 역설적으로 썩음과 더럽혀짐과 사라짐의 3가지 특징을 가지고 있다. 아무리 젊고 발랄한 여인도 늙어가며 결국 땅 속에서 육신이 썩을 수밖에 없다. 또한 아무리 깨끗한 방도 걸레질을 않으면 며칠만 지나도 먼지가 자욱하게 쌓인다. 더구나 최고의 환호 속에서 세상을 떠들썩하게 했던 연예인의 인기도 세월 속에 묻혀버린다. 즉 어느 것 하나 제대로 영원하고 불멸하는 것이 없다. 이 모두가 하나님을 밀어내고 자신이 직접 소유하려고 한 죄의 흔적들이다.

쇠라는 물질은 빛이 들어오면 대부분 흡수하여 투과시키지 않는다. 그래서 쇠의 내부는 볼 수가 없다. 탐욕스럽게 빛을 흡수한 쇠는 몇 주만 지나도 녹이 슬고 결국 자신의 부식으로 인하여 분해된다. 타락된 인간의 모습을 그래도 반영하는 물질이다. 그러나 유리는 빛을 받으면 그대로 투과시킨다. 유리의 겉과 속은 모두가 볼 수 있다. 비밀과 거짓이 없이 자신의 전부를 자신 있게 보여준다. 더구나 자신을 찾아준 빛을 소유하지 않고 투과시켜 사람들에게 반대편을 그대로 보여주는 자선을 베푼다. 그리고 사람들에게 해가 되는 강풍과 추위를 막아주는 고마운 물질인 것이다. 물론 유리 역시 타락한 세상에 존재하기에 물과 습기가 차면 수명이 단축되지만 석영을 포함시키면 1억 년까지 갈 수 있다. 자연계도 하나님의 선함과 아름다움을 지니면 그 생명이 영원에 잇대어 있게 된다.

인간은 죄를 많이 지을수록 비밀로 감추려고 한다. 그리고 숨기기 위해서 수단과 방법을 가리지 않는다. 간간이 우린 드라마에서 불륜을 저지르는 남녀들이 관계를 숨기려고 화장실에 가서 전화를 받든지 아니면 비밀번호를 걸어두어 배우자가 자신의 핸드폰을 볼 수 없도록 하는 것을 자주 본다.

쇠와 같이 자신의 내부를 감추며 전전긍긍하며 살아가면 자신의 도덕성은 조금씩 녹이 슬어간다. 죄는 바로 인간의 영원성을 빼앗아 사탄에게 넘겨주었다. 남에게 베풀지 않고 자신의 욕심을 채워서 스스로 생명을 단축시켜 죽음에 이르게 되었다. 그러므로 이 땅에 존재하는 모든 것은 썩음의 종노릇에 신음하고 있다. 그래서 우린 헤어짐의 아픔과 죽음의 고통에 눈물짓고 애통해 한다.

이런 절망의 늪에 유일한 소망을 주신 분이 예수그리스도이시다. 그는 자신의 전부를 드려서 하나님의 전부를 우리에게 빛으로 던져주셨다. 그 빛을 받음으로써 쇠에서 유리와 같은 존재로 바꾸어 주셨다. 이제 우리는 더 이상 감추고 숨길 것이 없다. 거룩한 모습으로 투명하게 하나님의 빛을 투과시켜 다른 이들에게 그 빛을 던져 주는 존재가 되었다. 더욱더 투명하고 밝고 맑은 존재가 되어가며 예수님이 다시 오실 때 완전하신 하나님의 자녀로 사랑과 기쁨과 온유와 양선과 자비와 거룩과 긍휼함으로 가득차게 될 것이다. 바로 그것이 성경에서 말하는 썩지 않는 유업이다. 이 유업을 이미 맛본 그리스도인을 가리켜서 복이 있는 자라고 예수님께서 마태복음 5장에서 말씀하셨다. 이 복은 결코 이 세상의 재물과 권력과 학식과 재물로 얻을 수 없는 하늘의 영원한 유업이다. 그러려면 우린 진정 가족과 친구에게 나의 핸드폰의 패스워드를 알려 줄 수 있는지 스스로 물어야 한다.

도움닦기

서울이 텅텅 비면은?

너희는 말세에 나타내기로 예비하신 구원을 얻기 위하여 믿음으로 말미암아 하나님의 능력으로 보호하심을 받았느니라. 그러므로 너희가 이제 여러 가지 시험으로 말미암아 잠깐 근심하게 되지 않을 수 없으나 오히려 크게 기뻐하는도다(베전 1:5-6).

마지막 때의 예비하신 구원을 위해서 우리의 믿음으로 인하여 하나님의 능력으로 보호받고 있다는 말씀은 우리의 구원을 위해서 하나님의 열정과 보호로 우리가 썩지 않는 유업을 받을 것을 약속하고 있다. 하나님 편에서는 아무런 갈등이나 문제없이 그분께서 그 길로 인도하실 것이다. 그런데 여기서 우리는 믿음이 필요하다는 것이다. 과연 어떤 믿음일까가 궁금해진다. 다음 절에는 그 믿음에 시련이 닥쳐올 것을 예시하고 있다. 그리고 그 시련으로 인하여 잠시 슬퍼한다고 되어 있다.

믿음의 내용에 대하여서 우린 너무 잘 알고 있다. 우리의 노력과 공로가 아닌 오직 예수그리스도의 피뿌림으로 우리의 죄가 사해지고 하나님과의 관계가 비로소 열리게 되었다는 사실을 우리가 마음으로 받아들이고 주님을 영접할 때 하나님의 자녀가 된다는 사실과 부활과 재림 시에 심판에서 제외되고 부활의 몸을 입고 새 하늘과 새 땅에서 영원히 살 것이란 사실을 믿는 것이다.

그러나 베드로전서에서는 믿음의 행위의 결과에 따르는 시련이 있을 것이라 했다. 그 이유는 우리가 믿음의 행위는 바로 우상에서 하나님으로 발길을 돌렸기 때문에 시련과 유혹이 반드시 따라온다. 그래서 먼저 시련 때문에 우린 슬픈 일을 맞이할 것이라고 한다.

미국에서 학위를 받고 한국으로 돌아와서 연구소나 학교에서 근무하면서 가족과 가까운 친척과 함께하려는 계획과 꿈은 완전히 무산되고 우리 가족은 중국으로 향했다. 교회일이 뭔지도 모르는 친척들은 중국 대학에서 받는 월급이 너무 적어서 걱정하는 분위기였다. 미국에서 그렇게 공부하고 중국대학에서 근무한다는 것이 친척들에게는 슬픈 선택으로 여겨졌던 모양이다. 솔직히 그 당시 나 역시 나의 인생이 꼬여가고 있다고 느끼고 있었다. 그렇게 갈망했던 학위를 받지 못하고 중국행 비행기를 타야 했던 처지가 참으로 고통스러웠고 슬펐다.

최근에 건강검진 한 후에 갑자기 세상을 떠난 어느 신바람 강사가 말한 것처럼 항상 웃을 수 있는 것이 인생이 아니다. 억지웃음은 우리의 내면과 외면이 일치하지 않는 어색한 모습이다. 우린 울어야 상황에서는 울어야 하고 슬픈 일에 슬퍼해야지 항상 웃을 수 없다. 그래서 사도 베드로 역시 우린 근심한다고 했다.

그러나 그 슬픔이 오래가지 않는다고 성경은 말하고 있다. 그 이유는 하나님께서 우릴 포기하지 않으시고 함께 계시기 때문이다. 이 세상에서 어떤 고통과 시련이 닥쳐와도 우리가 견딜 수 있는 힘을 주시고 오히려 그 어려움을 역으로 받아쳐서 우리는 서있고 고통이 쓰러져 넘어

통곡 속에 숨은 유머

지기 때문이다. 마치 씨름 선수가 상대방의 공격을 피하며 중심이 흔들린 적수를 쓰러뜨리듯이… 도저히 넘어갈 수 없는 것 같은 환란도 하나님께서는 사람을 보내시던지 환경의 변화를 일으켜서 우리를 함정에서 건져 올려주신다.

우리 가족이 중국 땅을 밟은 지 24년이 지난 지금에는 친척 중에서는 중국에서 일하고 있는 우리 가족이 어리석고 무지한 결정을 했다고 하는 말을 하는 사람은 없다.

아들이 없는 우리 가정에 많은 중국 청년들을 아들로 하나님께서 보내주셨다. 한국에서 연구년 차 머물던 시절 과기대 졸업생 2명과 함께 고향방문을 했다. 우리말을 잘하고 예의 바르고 눈이 맑은 중국동포 청년들을 보고 친척들은 찬사와 경탄을 아끼지 않았다. 그제서야 왜 우리 가족이 중국에 갔는지 조금씩 이해를 하는 것 같았다. 과거에 있었던 중국행에 대한 부정적인 이야기도 뒤집어서 생각하면 관심이며 사랑이었다는 결론에 도달하자 하나님께 감사드렸다.

2009년에 갑작스런 지병의 악화로 서울에 있는 병원에 입원했을 때 찾아와서 밤을 새워가며 지켜준 제자들은 진정한 하나님의 아들과 딸인 동시에 우리의 아들과 딸이었다. 그들이 대학교 제자라는 사실이 밝혀지자 세상에 어떤 그런 대학이 있냐고 간호원들이 정색하며 물었다. 우리 가족이 중국행을 택하였을 때는 이런 일이 있을 것이라고 전혀 상상하지도 못했다. 하나님의 진리는 이처럼 그 순간에는 어리석게 보일 줄 몰라도 그것이 가장 최상의 선택이었음을 최후에는 알게 되는 것이다.

그러므로 우리는 환란이 있음을 너무도 당연하게 여기고 살아야 한다. 그리고 그것이 짧은 순간에 해결되지 않을 수 있고 때로는 생의 마지막까지도 지속될 수 있음을 알아야 한다. 그러나 그렇게 오래가는 환란을 겪는 분은 소수이며 또한 그들에게는 하나님께서 내적인 충만함을 부어 주신다. 또한 외적인 고통이 제거되지 않지만 평강을 누리며 사는 능력을 공급하신다. 우린 이런 분을 만날 때마다 살아계신 하나님의 임재를 느끼게 되고 하나님의 영광을 보게 된다.

너희는 말세에 나타내기로 예비하신 구원을 얻기 위하여 믿음으로 말미암아 하나님의 능력으로 보호하심을 받았느니라. 그러므로 너희가 이제 여러 가지 시험으로 말미암아 잠깐 근심하게 되지 않을 수 없으나 오히려 크게 기뻐하는도다(베전 1:5-6).

이 본문에서 단 하나밖에 없는 주동사는 기뻐하는도다 라고 번역된 아가리오라는 기쁘다라는 말이다. 표준새번역에는 기뻐하십시요라고 번역되었는데 능동태도 수동태도 아닌 중간태로 쓰여 있다. 즉 기쁨의 원천이 하나님으로부터 오기 때문에 우린 기뻐할 수밖에 없다는 뜻이다. 원문에 가장 가깝게 번역되었다고 자부하는 흠정역 성경도 이 부분은 오히려 약하게 번역되었고 주동사의 의미가 살아나지 못하고 있다. 그런 면에서 개역개정이 좀 원문에 가깝지만 원어의 의미를 완전하게 살리기 힘들기 때문에 우린 중간태의 의미를 잘 알고 있어야 하나님 말씀이 생생하게 다가온다.

그들이 기뻐할 수 있는 이유는 고통이 사라지는 기대가 아닌 최후에 오실 예수님에 대한 간절한 기대를 가지고 있기 때문이다. 이 소망은

통곡 속에 숨은 **유머**

간절함과 기대함을 동시에 포함하고 있다. 미래에 다가올 최후의 날이 그저 월세를 내지 않았기 때문에 방을 비워달라고 하는 그런 두려운 시간에 대하여 우린 두려움이 없다. 어쩌면 우리가 살고 있는 수도 서울이나 대한민국을 비워야 할 시기가 올 것이다. 우린 이 땅의 영원한 소유자가 될 수 없다.

그러나 예수님 오심을 너무도 확실한 진리이고 귀한 것이기에 우린 간절한 기대를 할 수밖에 없고 이것 때문에 우린 현재의 고난을 이길 수 있는 것이다. 그리고 그것을 무조건 이를 악물고 고행을 통해서 참는 수도사적 은둔과 금욕이 아닌 성령님의 위로와 달램을 맛보게 하기 때문에 우린 기쁨으로 기다릴 수 있는 것이다.

공수도

석씨에
불만이 많은 사람은?

예수를 너희가 보지 못하였으나 사랑하는도다. 이제도 보지 못하나 믿고 말할 수 없는 영광스러운 즐거움으로 기뻐하니 믿음의 결국 곧 영혼의 구원을 받음이라(베드로전서 1장 9-10).

본문은 사도 베드로의 편지를 받는 시련 중에서 있는 그리스도인들에게 쓴 말씀이다. 그들은 보이지 않는 하나님을 사랑하고 믿고 말할 수 없는 영광으로 기뻐한다고 했다. 여기서 본다 라고 사용된 동사는 눈으로 인식되는 보는 기능만을 이야기하는 블레포라는 말이 아니다. 즉 직접 경험하고 만나고 체험하고 같이 먹고 자고 한 베드로와 달리 한 번도 육신 대 육신으로 만난 적이 없지만 사랑하고 믿는다는 동사 호라오를 사용하고 있다.

우리가 어떤 대상을 믿고 사랑하려면 그 대상이 실제로 존재해야 한다. 불교는 추상적인 진리의 집합이지 결코 어떤 인격체가 존재하지 않는다. 그렇다 보니 실체가 잡히지 않는 사상으로 전락되지 않고 종교의 형식으로 씌우기 위해서 불교에서도 석가모니나 보살을 언급하지만 엄

통곡 속에 숨은 유머

연히 그들은 인간으로 불교의 진리를 전파하는 자이지 결코 숭배의 대상은 아닌 것이다. 그래서 불경은 진리를 모아놓은 추상적 사상활동의 집대성이지 결코 사건과 인격과 시간이 포함된 시대적인 묘사가 없는 것이다. 결국 불교는 인본적인 사상과 명상의 산물에 불과하다.

그런데 어떻게 우리 그리스도인들은 그 존재를 본 적도 접촉한 경험이 없는데 믿게 되고 사랑하게 되는 것일까? 이 부분이 명확하게 정리되지 않으면 우리 맹신과 불신의 문을 드나들게 된다. 기독교 교리를 이단이 공격하는 것 중에서 가장 많이 들먹이는 것이 십자가와 삼위일체이다. 통일교와 여호와증인은 모두 이 교리를 부정한다. 그 이유는 인간의 이성으로 말도 안 되는 사상이기 때문이다. 인간의 이성은 십자가에서 비참하게 죽은 이가 어찌 세상을 구원할 수 있냐 라고 공격한다. 펄펄 살아서 힘과 세력을 확장해도 될까 말까 하는데 힘없이 잡혀 죽은 이가 어찌 세상을 바꿀 수 있느냐는 논리이다. 이런 논리를 펴면 자연인은 대부분 수긍하고 동의할 수밖에 없다.

그럼 우린 어떻게 이런 진리를 믿는 것일까. 승화라는 말을 우리 어른들은 알고 있다. 그러나 이 승화라는 말을 유치원생인 아이들에게 설명하기란 쉽지 않다. 그래서 고체가 증발하여 바로 기체가 되는 드라이아이스를 직접 보여 주며 승화를 설명하고 그것으로 끝낸다. 즉 어른 중에 승화가 고통스런 사건과 활동이 예술적 창조물로 변화된 경험이 없으면 그는 단지 드라이아이스와 연기 외에는 더 이상 설명할 수 없다. 그래서 고통은 나쁜 것이고 피해야 한다고 아이들에게 이야기하고 끝내어 버린다. 그러나 그런 경험과 뜻을 아는 어른은 승화가 후자 쪽에 더 많이 쓰이는 예술적 아름다움에 치중된 말임을 알고 쉽지 않지만 유치원생에게 설명하려고 애쓴다.

이와 같이 이단들과 자유주의자들은 자신이 이해되지 않는 진리를 자신들이 이해할 수 있는 범위로 축소시키거나 변경하여 인간의 이해와 구미에 맞도록 재단하여 내어놓는다. 그래서 종말과 죽음 같은 공포스런 단어로 자연인에게 겁을 주고 그들의 이성에 호소하는 이단교리를 들이대면 자연인들은 쉽게 넘어가는 것이다.

대전에 머무는 동안 어느 날 시내버스가 마침 증산도 건물을 지나가기에 창밖을 내다보니 수많은 젊은이들이 증산도 강좌를 듣고 나오는 모습을 보게 되었다. 참 진리를 만나지 못한 저 많은 젊은이들을 보고 가슴이 아파왔다.

또 하나의 다른 이단은 승화라는 단어에서 드라이아이스가 연기로 변화하는 것은 환상이고 실제로 존재하는 것은 승화의 정신적 활동이라고 강조하는 영지주의자와 신비주의자들이다. 이들은 드라이아이스나 연기는 모두 인간의 악의 소산으로 생각하고 끊임없이 보이지 않는 세계를 추구하는 무리들이다. 그래서 예수님이 사람으로 오신 것을 믿지 않는다. 잠시 육신의 옷을 입었을 뿐이라고 주장한다. 이들은 드라이아이스가 연기로 되는 과정을 부정하기 때문에 환란과 육신의 고통을 부정하여 초월적인 힘으로 물리치려고 한다.

이런 경향은 우리 신자들 사이에도 강도가 다르게 존재한다. 교회의 예배가 자신의 직장보다 더 중요하다고 여기고 주일날 아침에 회사에 같이 모여야 함에도 불구하고 핍박을 각오하고 교회예배에 참석하는 신자가 있다. 그러나 그의 배경이 바로 이런 영지주의 사상에 근거한다면 회사에 나가야 한다. 또한 아프면 무조건 마귀나 귀신이 들었다거나 죄를 많이 지어서 그렇다고 하면서 병원에 가지 않고 기도에만 매달리는 모습 역시 이런 극단적인 왜곡된 이해 때문에 발생한다.

통곡 속에 숨은 유머

그럼 우린 이해가 되지도 않는 것을 무조건 주입식으로 믿는 것일까? 학창시절 어떤 수학문제가 이해가 안 되면 통째로 외운 경험이 있을 것이다. 그러나 그것은 결코 살아있는 지식이 아니다. 마찬가지로 우리의 신앙 역시 주사기로 화학약품을 주입하는 것이 아니다. 우리의 이성으로는 이해되지는 않지만 다른 인격체이신 성령님의 도움으로 승화라는 단어가 물리적인 현상을 설명할 뿐 아니라 예술적 창조성을 묘사한다는 것을 믿게 되는 것이다. 그리고 그 결과들이 성경과 역사를 통해서 날마다 증거되고 있는 것을 우린 체험하고 있다.

1992년 10월 28에 예수님이 재림할 것이라고 세상이 떠들썩했던 일에 대해서도 깨어있는 그리스도인들은 불신자들처럼 그런 종말이 어디에 있냐고 하지 않았다. 즉 승화의 예술적 부분을 부정하지는 않았다. 그러나 역시 그 날에는 예수님은 오시지 않는다고 확신했다. 그 이유는 성경에 분명히 그렇게 쓰여 있고 우린 그것을 100% 믿기 때문이다. 이번 대선이 끝난 뒤인 12월 21일도 지구의 종말이 온다고 소문이 퍼지기도 했다. 이번에는 불신자들 사이에 더 많이 소문으로 나돌았다. 그때도 종말은 오지만 그 날에는 안 온다고 분명히 말할 수 있는 이유도 바로 이 맹신과 불신 사이 존재하는 인간의 어리석음을 하나님의 은혜로 극복했기 때문이다. 우린 하나님의 은혜로 시간 속에서 역사하신 보이지 않는 하나님을 믿는다. 이런 믿음을 주신 손길에 감사하며 기뻐한다.

석가모니

면상을 발로 차면은?

외모로 보시지 않고 각 사람의 행위대로 심판하시는 이를 너희가 아버지라 부른즉 너희가 나그네로 있을 때를 두려움으로 지내라(벧전 1:17).

하나님께서는 외모를 보시지 않고라고 하신다. 여기서 외모는 원어에 대응하는 단어가 없고 외모로 보시지 않는다는 단어인 아프로소프레프토스가 편견 없이 공평하게 대한다는 뜻으로 나타나 있다. 편견을 가지고 불공평하게 대하는 경우가 야고보서 2장 9절에 나온다. "만일 너희가 외모로 사람을 취하면 죄를 짓는 것이니 율법이 너희를 범죄자로 정하리라." 여기서도 행위에 따라 대접하지 않고 공평하지 않게 대하면 이것이 죄라고 단호하게 선언하고 있다. 그리고 오늘 본문 말씀에서는 두려운 마음으로 지내라고 되어있다.

여기서 우리는 사람을 판단할 때 외모로 해서는 안 된다는 의미를 살펴보아야 한다. 먼저 그 사람이 그 자리에 자격이 있느냐를 따질 때 우린 우리의 친밀하고 가까운 정도에 따라서 판단해서는 안 된다. 그러나 고위인사들은 자신의 지위를 이용하여 친인척을 세우는 것이다. 가장 흔한 경우가 위장전입이나 특혜입학이다. 오늘 뉴스를 들으니 모 대그룹 자녀가 사회적 배려대상으로 국제학교에 입학하였다고 한다. 대기업 측은 법적인 문제가 없다고 해명했지만 초등학생들이 들어도 납득하기 어려운 해명이다. 대한민국 갑부들이 존경받지 못하는 이유가 바로 돈만 끌어모을 줄 알지 그들의 사회적 책임과 약자배려 정신이 추호도 없다는 것이다.

또 하나의 외모적 판단이 낙하산 인사이다. 낙하산 인사의 극치는 재벌의 세습이고 교회의 세습이다. 재벌세습은 대부분 불신자들의 자기중심적 가치관에서 나온 것이므로 어떤 면에서 자연스럽다. 그러나 교회 안에서 대형교회 목사님이 자신의 세습을 합리화하기 위해서 "사위나 아들이 교회를 이어받아 목회를 잘하면 흐뭇하고, 교회도 안정적이다."는 식의 설교를 대형 일간지 전면 광고로 게재한 행동은 납득하기 어렵다.

물론 100% 안 된다고 주장 할 수는 없다. 그러나 작금 세습이 도마 위에 오르고 있는 시점에서는 자신의 자녀를 위해서도 다른 교회에서 목회하던지 개척을 하도록 하는 것이 지혜롭고 자연스러운 것이다. 뒤늦은 감이 있지만 김창인 목사님이 자신의 세습을 회개하고 눈물을 흘리셨다는 것은 감사하고 고마운 일이다. 우리가 조용히 기도하면서 다른 목사님들도 돌아오기를 기다려야 할 것이다. 이런 일로 세상 사람들이 알도록 서로 공격하는 것은 바람직하지 않다. 의견이 대립되어 목사님들끼리 상호비방이 도를 넘자 법정소송까지 준비한다고 하는 것 역시 진리의 칼을 들이대는 사랑이 없는 행동이 아닌지 되새겨볼 일이다.

두 번째로 영적인 눈으로 판단해야 한다는 것이다. 사무엘이 이새의 아들 중에서 한 사람을 기름 붓기 위해서 찾아갔다. 그래서 장자부터 한 명씩 지나가게 했다. 기골이 장대하고 사내다운 사람이 이스라엘 왕이 되어야 한다는 것이 인간의 눈과 판단이다. 그래서 사무엘조차도 첫째 아들인 엘리압이 적임자라고 하나님께 추천한다. 그러나 하나님께서는 키와 용모로 판단하지 말라고 했다. 이미 사울을 통해서 외모가 통치자의 자격을 결정하지 않는다는 것을 체험한 사무엘조차 또다시 실수한다. 하나님이 선택하신 다윗은 가장 어렸기 때문에 외모로서는 도저히 적합하지 않게 보였다. 그러나 성경은 다윗이 얼굴이 붉고 눈이 빼어나고 얼굴이 아름답다고 했다. 여기서 얼굴이 아름답다는 것은 꼭 얼굴만을 의미하는 것이 아닌 보이는 모습 전체가 아름답게 보인다는 뜻이다.

구약성경에서 재물과 땅이 많다는 뜻은 신약에 와서는 영적인 풍요로움을 말하고 있다. 예수님께서 팔복을 말씀하실 때 어느 것 하나 물질적인 것은 없다. 마찬가지로 사라, 리브가, 다윗 등의 아름다움은 영적인 아름다움을 상징하는 것이다. 왜냐하면 구약 이사야서에서 예수님을 묘사할 때 고운 모양도 없고 풍채도 없는 즉 우리가 보기에도 흠모할 만한 아름다운 것이 없도다(사 53:2). 라고 되어 있다. 그러나 사실은 그분은 이 세상에서 가장 아름다운 분이셨다. 다윗은 예수님의 그림자였다. 그래서 육신으로는 다윗의 혈통에서 나시고(로 1:2) 라고 되어 있다.

영적인 아름다움은 하나님 사랑으로 그 완성을 이룬다. 이 사랑의 완성을 이루어 가는데 우린 오래 참는 여유로운 사람에게 아름다움을 느낀다. 조급하고 쉽게 변덕스럽고 화를 내는 사람에게 불편한 추함을 느낀다. 옳고 그름을 심하게 따지며 약점을 꼬집고 냉소적인 사람에게 역시 같은 느낌을 가진다. 그러나 훈훈하고 넉넉한 마음씨를 가져서 "괜찮아"하고 어깨를 두드려 주는 사람에게 한없는 용서의 아름다움을 느낀다. 자신의 집에 물건이 쌓여있는 것을 부끄럽게 여기며 자신의 재능을 틈만 나면 나누어 주려고 애쓰는 사람에게 역시 같은 매력을 느낀다.

　나의 기도제목은 바로 이런 사람이 되도록 주님 도와주세요 라고 하는 것이다. 그리고 이런 아름다운 사람의 호의를 당연하거나 함부로 대하지 않고 존경과 사랑으로 바라볼 수 있는 태도를 취할 수 있기를 바라는 것이다. 또한 추한 사람에 대하여 두려움으로 대하지 않고 긍휼함으로 바라볼 수 있도록 기도하는 것이다. 하나님과 늘 함께하는 사람이 이 세상에서 가장 아름다운 사람이다. 그는 거룩하며 겸손하지만 아름다움을 지닌 당당한 사람이다.

인상착의

집 나간 딸과의 통화 중에
첫 번째 등장하는 바다는?

　너희가 진리를 순종함으로 너희 영혼을 깨끗하게 하여 거짓이 없이 형제를 사랑하기에 이르렀으니 마음으로 뜨겁게 피차 사랑하라. 너희가 거듭난 것이 썩어질 씨로 된 것이 아니요 썩지 아니할 씨로 된 것이니 하나님의 살아 있고 항상 있는 말씀으로 되었느니라. 그러므로 모든 육체는 풀과 같고 그 모든 영광이 풀의 꽃과 같으니 풀은 마르고 꽃은 떨어지되 오직 주의 말씀은 세세토록 있도다 하였으니 너희에게 전한 복음이 곧 이 말씀이니라(베드로전서 1장 22-25).

　베드로전서 1장 22절은 18절부터 흠이 없는 그리스도의 보배로운 피로 구원을 얻었으니 하나님 안에서 믿음과 소망을 가지라라는 권면을 포함하고 있다. 이런 하나님의 구원계획이 창세전으로 이루어졌다는 것은 피조물을 만들어 놓으시고 자기들끼리 알아서 하라고 하시고 자신은 구경하고 계신다는 의미가 아닌 부모와 자녀의 관계처럼 무한한 사랑의 발로가 인간창조와 함께하는 것이다.
　짐승은 새끼가 자라서 스스로 먹이를 구할 수 있을 정도로 자라면 더 이상 어미와 새끼 관계가 지속되지 않는다. 그러나 사람은 죽을 때까지 자신의 자녀를 가슴에 품고 이 땅을 떠난다. 하나님께서는 삶과 죽음을 넘어서 우리를 그분의 품에 품으시고 인도하시고 보호하시며 지키시고 훈련시키신다.

이처럼 하나님께서 우리를 만드시고 구원하시는 이유는 자신의 친밀한 사랑으로 우리와 사귀기 위함이시다. 그래서 그 사랑을 표현하고 느끼고 실천하도록 우리에게 가까운 가족과 이웃을 주셨다. 가족과 이웃은 물리적으로 공간적으로 가까운 사람들을 말한다. 성경에서 이웃을 사랑하란 말은 바로 이 공간적으로 가까운 사람을 일차적으로 의미한다. 그 이유는 이런 가까운 사람을 사랑하는 것이 십자가를 지는 것만큼 어려운 일이기 때문이다.

현대과학문명이 발달하면서 인간은 가족의 크기가 줄었다. 할아버지, 할머니 심지어 사촌까지 함께 살았던 대가족의 틀을 산업혁명이 무너뜨리고 말았다. 그리고 도시화는 아파트라는 괴물을 탄생시켜 물리적으로 가까운 이웃을 제거해버렸다. 그 이후로 이웃과 가족은 단지 부모, 형제 정도로 축소되고 말았다. 인간의 외로움이 아파트에서 시작되었다. 윤수일이란 가수가 부른 아파트란 노래의 가사에도 아무도 없는 쓸쓸한 나의 아파트라고 외치고 있다. 아파트에서 국민배우 최진실과 그의 남동생과 그의 전 남편인 조성민이 목을 매고 자살하였다. 인간의 문명과 과학기술 발달은 서로 친밀해야 할 이웃의 규모를 축소시켜 스스로 외로움이란 올무에 빠지게 하고 있다.

여기에 더욱더 인간을 외롭게 하는 기기가 등장하였다. 이른바 컴퓨터, 인터넷으로 시작하여 이제 스마트폰이란 문명의 이기가 인간을 더욱더 외롭게 만들고 있다. 아파트의 외로움을 극복하기 위해서 등장한 두 가지 대안이 바로 애완견과 소셜 네크워크이다.

두 가지다 공통점이 있는데 그것은 이웃을 내가 정하는 것이다. 즉 자기가 마음대로 부담 없이 대할 수 있는 이웃을 자신이 선택한다. 여기에는 섬김과 희생과 고통과 인내는 찾아보기 힘들다. 애완견은 밥만 주면 꼬리 치고 재롱을 떤다.

마찬가지로 카페나 트위터, 페이스북 같은 SNS에서는 자신의 입에 맞는 모임을 취사선택하며 사람도 자신이 좋아하는 사람과 친구를 맺고 살아간다. 그리고 마음에 들지 않으면 관계를 끊어버리면 된다. 또한 얼굴의 표정과 감정과 목소리에 나타난 이웃의 모습이 부담스러워서 글자를 통해서 정보만 전달하기 때문에 인간은 계속 외로울 수밖에 없다. 외로움을 달래보려고 SNS을 해보지만 인간은 더욱더 외롭다. 자신의 글에 대한 반응과 댓글에서 인정의 노예가 되어버린 사람들은 이런 외로움을 더 진하게 겪게 된다.

요즈음은 학교 안에서도 이메일 업무가 효율화되어 있어서 직접 찾아가서 얼굴 보고 이야기하면 뭐 그런 일로 찾아오느냐고 이메일이나 전화를 하면 될 텐데 라고 직원들이 이야기한다. 본인이 재직하고 있는 대학도 이제 건물만 20개가 넘어서 이메일만 주고받다 보면 한 학기가 지나도 얼굴 한번 보기 힘들어질 때가 있다. 말이 같은 학교에 근무하지 만나지도 못하고 살아간다는 것이 너무 비인간적인 것 같아서 난 일부러 이메일과 전화를 치워두고 직접 찾아간다. 그의 눈과 얼굴과 피부와 옷차림을 보고 이야기하는 즐거움을 이메일이 빼앗아 간 것 같아서 서글픈 생각이 들기도 한다. 또한 소중한 사람들에게 일부러 본인이 직접 쓴 엽서를 보낸다. 나의 손끝과 나만의 필체가 담겨 있는 엽서를 보내는 즐거움이 이 전자엽서가 난무하는 세상에 더욱더 귀하게 여겨진다.

한국에 와보니 문자 메시지로 정보를 전달하는 일이 옛날보다 더 빈번해졌다. 본인은 전산전공이지만 문자입력은 서툴기만 하다. 잠시 머물다 가는 한국이라서 문자를 보낼 일도 적지만 난 전화하는 것을 좋아한다. 상대방의 목소리라도 듣고 싶은 것이다. 글자가 주는 그 싸늘하고 앙상한 뼈다귀 같은 정보가 아닌 그의 부드럽거나 급하거나 때로는 귀찮은 듯한 목소리조차도 그리워하며 전화 버튼을 누른다.

우리 인간의 문명과 문화는 하나님의 명령에 순종하기보다는 자신의 편함과 유익을 위하는 쪽으로 쏠리는 경향이 있다. 본문에는 말씀이란 단어가 나온다. 우린 이 말씀을 글자로 오해해서는 안 된다. 바로 하나님의 인격인 것이다. 말씀이 육신이 되어 우리에게 다가오듯 하나님은 우리를 기계처럼 대하지 않으시고 고귀한 작품이나 지적 감정적인 관계로 만나시기를 원하신다는 뜻이다. 우리가 우리 이웃을 네 마음대로 정하고 그 정한 이웃마저 싸늘한 글로만 정보를 전달하는 관계로 만들며 살아간다면 인격적인 하나님을 추상화시킨 불교나 철학과 같은 두리뭉실한 신으로 인식하게 되어 버릴 우려가 있다. 그러면 말씀이 육신화 되는 것은 사라지고 바리새인들과 같은 박제된 하나님을 섬기게 될 가능성이 있다.

현대문명의 이기인 스마트폰을 거부하거나 역사를 되돌리자는 의미는 아니다. 다만 그것을 사용하는 인간이 하나님과 이웃사랑과 계속 멀어져 가는 모습에 대하여 분별할 수 있는 눈을 가지자는 것이다. 즉 우리가 스마트폰의 노예가 되는 것이 아니라 스마트폰을 노예처럼 부리는 지혜를 가져야 우리가 진정한 사랑의 기쁨을 누릴 수 있을 것이다.

오대양

통곡 속에 숨은 **유머**

겸손하게
자기소개하는 과자는?

너희가 주의 인자하심을 맛보았으면 그리하라. 사람에게는 버린 바가 되었으나 하나님께는 택하심을 입은 보배로운 산 돌이신 예수에게 나아와 너희도 산 돌같이 신령한 집으로 세워지고 예수 그리스도로 말미암아 하나님이 기쁘게 받으실 신령한 제사를 드릴 거룩한 제사장이 될 찌니라(벧전 2:3-5).

주의 인자함을 맛보았다는 말은 과자를 먹으면 단맛을 느끼고 김치를 먹으면 매운맛과 짠맛을 느낀다고 하는 의미와 다르다. 여기서 맛본다는 의미는 인자함 자체를 경험한다는 것과 그 인자함의 주체이신 하나님을 동시에 경험한다는 것을 포함하고 있다. 음식을 맛볼 때는 음식 자체에 대한 맛에 집중하지 음식을 만든 사람은 일차적으로 생각하지 않는다. 하나님께 드리는 기도를 하는 경우에도 자신의 목록만 들고 와서 처음 목록을 아뢰고 난 뒤에 그분의 반응과 성품에 대한 관심은 전혀 없이 바로 다음 목록으로 들어가는 자세는 성경에서 말하는 맛보다는 의미는 아닌 것이다.

그러므로 이 맛보다는 의미가 내가 그것을 음미하고 경험한다고 라고 하면 진정한 맛보다는 경험을 할 수 없게 된다. 즉 하나님께서 음미하게 하시고 맛보게 하셨다고 해야 하는 것이다. 같은 맥락에서 내가 믿는다 역시 하나님께서 믿음을 주셨다고 해야 하는 것이다. 거룩 역시 내가 거룩한 것이 아니라 하나님께서 나를 거룩하게 하셨다고 할 때 맛보다가 살아있는 말씀으로 다가올 것이다.

이렇게 맛보다가 하나님께서 주신 선물과 하나님을 분리하지 않고 하나로 경험이 될 때 다음 말씀인 모퉁이 돌이신 예수님과 일반 돌인 우리가 서로 연결이 되어서 산 돌이 되는 경험을 하게 된다. 야곱이 형을 속이고 외삼촌 라반의 집으로 가던 도중 베델에서 돌을 베개 삼아 잠든다. 그리고 그 돌에 기름을 붓고 하나님의 집이라고 한다. 마찬가지로 신명기 27장에서 모세는 이스라엘 백성들에 명하여 요단강을 건너 가나안에 들어가면 돌기둥을 세우고 율법을 기록하라고 한다. 하나님의 임재를 상징하며 하나님의 명령을 포함하고 있는 이 돌들은 바로 예수그리스도의 그림자와 같은 것이다. 삶과 죽음과 복과 화의 근원이 바로 하나님께 있는 것이라는 뜻이다. 즉 하나님의 명령을 지키면 삶과 축복을 누리고 그렇지 않으면 죽음과 화를 당하게 될 것이라고 구약성경 내내 말씀하셨다.

그리고 이 돌은 결국 하나님의 성전이 되어서 제사장을 통해서 하나님께 나아가는 시기를 맞이하게 된다. 그러나 이 보이는 성전이 완성되었음에도 불구하고 이스라엘 백성들은 주의 인자하심을 맛보지 못하고 계속해서 가증한 예물을 들고 와서 자신의 목적만 이루려는 제사를 드리게 된다. 진노하신 하나님께서 말라기에서 성전 문을 닫았으면 좋겠다고 하신다(말 1:10). 결국은 야곱의 돌도 모세가 명한 돌도 산 돌이 되지 못하고 죽은 돌이 되어버렸다.

그래서 하나님께서는 우리의 마음을 변화시키며 진정한 인자함을 맛보게 할 수 있는 산 돌이신 예수님을 보내셨다. 이제 우리는 죽은 돌로 만들어 고정되어 있는 성전에서 대제사장을 통하여 드리는 제사는 드릴 필요가 없게 되었다. 우리 자신이 제사장이 되어서 보이지 않고 움직이는 성전에서 예배를 드릴 수 있게 된 것이다.

그러므로 거듭난 자는 더 이상 하나님과 우리 사이에 인간적인 중보자 없이 예수님을 통하여 바로 하나님께 나아가게 되었다. 그러면 중계자가 있거나 없거나 상관이 없이 하나님을 만나는 것이 별로 차이가 없다면 중보자 문제는 중요하지 않을 수 있다. 그러나 중보자이신 예수님의 역할은 단지 또 다른 중보자가 아닌 살아 있는 모퉁이 돌이라는 것이다. 예수님이 우리의 맏형이 되셔서 그의 힘으로 우린 천국시민이 된 것이다. 마치 그 나라의 국적을 가지게 되면 더 이상 매년 비자를 갱신할 필요도 없고 함부로 직장을 구할 수 없는 외국인에게 적용되는 법을 더 이상 지킬 필요가 없게 된다. 더 이상 정죄함이 없는 자유의 몸이 된 것이다(로 12:1).

이스라엘 백성들은 가나안 땅에 살고 있었지만 매년 대제사장이 그들을 대표하여 희생제물을 드리고 지성소에 들어가야만 했다. 그 이유는 여호와의 법이 그들의 마음에 새겨지지 않았기 때문이다. 법이 마음에 새겨지지 않으면 인간은 계속해서 하나님께서 주시는 선물에만 관심이 있고 하나님 자신에 대하여 감사하거나 찬양하지 않기 때문이다. 즉 진정으로 하나님의 선하심을 맛보지 못하고 있는 상태이다. 하나님의 진리가 아무리 절대적으로 선하고 옳고 완벽하더라도 진실로 받아들여서 믿어지지 않는다면 그 신앙은 나와 상관이 없는 죽은 믿음이 되고 만다. 그리스도가 모퉁이 돌이며 나 자신이 그 돌과 맞물려 연결되어 있지 않으면 그 위에 어떤 것도 올릴 수 없고 설령 올린다 할지라도 그 집은 비바람이 몰아치면 무너져 내릴 수밖에 없다.

오늘날 많은 교회들과 교인들이 그리스도가 모퉁이 돌이 되지 않고 경영학을 동원한 비전과 프로젝트가 모퉁이 돌이 되고 있다. 교인들에게 소원하는 야망과 거대한 계획이 실현될 것이라는 교묘한 바벨탑적인 충동적 설교가 난무한다. 세속적 상업성이 교회까지 밀고 들어와서 너도나도 교회의 대형화와 야심 찬 활동으로 교회는 늘 부산하기만 하다. 그리고 총리대신이 된 요셉의 성공을 자신들의 성공에 투사시키고 있다. 그래서 모든 교인들이 그런 꿈이 실현되기를 기도하며 부산하기만 하다. 그러나 프로젝트로 바쁘게 움직이고 있어서 살아있는 것 같지만 그런 교회는 실제로 죽어가고 있는 교회가 되고 있다.

신자들이 주의 선하심을 맛보지 못하고 외형만 키우는 교회는 거의 대부분 프로젝트를 수행하면서 의견이 대립이 생기고 서로 충돌과 마찰이 커지게 된다. 그리고 심해지면 싸움이 일어나고 갈라지는 순서를 밟게 된다. 왜냐하면 누가 더 빨리 더 많이 더 크게 하느냐 라는 상업적인 가치관을 가지고 출발하기 때문에 부서 간 예산 싸움이 일어난다. 또한 같은 부서 안에서도 갈등과 충돌이 산 모퉁이 돌이신 예수님 대신에 자신의 혈기와 오기에 의해서 파벌과 분당으로 파국에 이르게 된다.

두 번째로 모퉁이 돌이 되어버린 것은 바로 심리학에 근거하는 뉴에

이지 운동이다. 하나님의 말씀과 속성과 인도와 역사와 진리와 의와 거룩과 사랑에 대한 관심은 뒤로하고 끊임없이 자신의 평안과 기쁨과 즐거움과 초월적 경험과 감각에 근거하는 움직임이다. 하나님을 떠나서 활동한 모든 행동과 사고와 경험이 죄라는 진리를 왜곡하여 인간이 유전적 환경적 차이에 따라 발생하는 고통과 문제를 분류한다. 이것은 하나님을 배제하여 인간 스스로 문제를 해결해 보려고 하는 인본적인 치료법인 것이다.

복음서에 나타나는 모든 치료법을 실제로 치료하는 역사로 해석하여 오늘날도 반드시 그런 역사가 있어야 한다고 주장한다. 그러나 예수님께서는 환자를 치료한 후에 다시는 죄를 짓지 말라고 하시면서 죄의 문제를 언급하셨다. 물론 오늘날도 이런 기적이 전혀 없는 것은 아니다. 복음이 전해져야 하는 곳에서는 그런 일이 일어난다. 그러나 그것은 복음의 능력을 나타내기 위한 것으로 성령님의 역사인 것이다. 모든 신자에게 다 일어난다면 병원은 이제 문을 닫아야 한다. 그러나 날이 갈수록 병원의 환자는 늘어만 가는 것을 보면 결코 복음서의 기적이 보편적인 것이 아님을 금방 알 수 있다.

누가복음 17장에서는 10명의 문둥병자가 예수님께 고침을 받았으나 1명만 예수님을 찾아오고 9명은 나타나지 않는다. 죄를 사하는 권세를 가지신 예수님을 찾지 않는 나머지 9명은 하나님의 선하심을 맛보지 못한 채 예수님이 주신 선물만 가지고 사라져버렸다. 그 이후 그들은 예수님과 상관이 없는 사람들이 되고 말았다. 99마리 양을 두시고 집 나간 1마리 양을 찾으시는 예수님께서 9명의 문둥병자가 돌아오지 않은 사실에 얼마나 마음 아파하셨을지 생각하면 목이 멘다. 얼마나 나 자신이 예수님의 심정을 깊이 헤아려 보고 있는지 늘 부끄러울 뿐이다. 그리고 과연 난 어떤 문둥병자 무리에 속해 있는지 묵상하면 정신이 번쩍 들지 않을 수 없다.

전과자

통곡 속에 숨은 **유머**

전화로 수혈하면은?

성경에 기록하였으되 보라 내가 택한 보배롭고 요긴한 모퉁이 돌을 시온에 두노니 저를 믿는 자는 부끄러움을 당치 아니하리라 하였으니 그러므로 믿는 너희에게는 보배이나 믿지 아니하는 자에게는 건축자들의 버린 그 돌이 모퉁이의 머릿돌이 되고 또한 부딪히는 돌과 거치는 반석이 되었다 하니라 저희가 말씀을 순종치 아니하므로 넘어지나니 이는 저희를 이렇게 정하신 것이라 오직 너희는 택하신 족속이요 왕 같은 제사장들이요 거룩한 나라요 그의 소유된 백성이니 이는 너희를 어두운 데서 불러 내어 그의 기이한 빛에 들어가게 하신 자의 아름다운 덕을 선전하게 하려 하심이라(베전 2:6-9).

우리는 예수님 때문에 하나님의 자녀가 되었지만 불신자나 바리새인들은 예수를 거부하고 배척한다. 가장 근본적인 이유는 자존심 때문이다. 자기 자신을 불태워 얻은 결과가 아닌 제3자의 도움으로 자신이 의인이 된다는 것을 자신의 자존심이 허락하지 않는다. 인간은 그 자존심이 무너졌을 때 가장 고통스러워한다. 인간관계에서도 자신이 무시당했을 때 가장 견디기 어렵다. 상대방이 전화 도중 일방적으로 전화를 끊는다든지 방문을 했는데도 만나주지 않는 경우를 당하면 모두 자신의 몸속에서 피가 끓어오르는 분노를 느낀다.

2002년 한국의 대통령 선거 기간 중 고 노무현 대통령이 자신의 지지를 철회한 정몽준 의원을 밤 12시에 찾아갔지만 정몽준 의원은 끝내 대문을 열어 주지 않았다. 차가운 밤공기에 떨며 문밖에서 초라하게 서 있는 모습이 TV를 통해서 생중계되자 아직 후보를 정하지 못했던 유권자들과 투표에 미온적이던 젊은이들의 마음을 뒤흔들어 놓았다. 마치 자신이 거절당한 느낌을 받은 유권자들은 단결했고 선거결과 노무현 후보가 압도적인 승리를 거두게 되있다.

복음은 우리 스스로는 선을 행할 수 없는 절망적인 상태에 있다고 느끼고 고백하는 것에서 출발한다. 그래서 택함을 받은 자는 율법을 거울로 여기고 거울 속의 자신의 모습이 얼마나 형편없는가를 인식하게 된다. 그러나 바리새인들은 율법을 사람을 구별하는 색깔로 여기고 차별화하였다.
예수님과 바리새인들이 복음서 전반에 걸쳐서 부딪히신 것도 바로 이 색깔싸움을 종식시키신 것이다. 즉 인간은 모두 다 검은색으로 의원이 필요한 환자라는 것이 예수님의 중심된 의도였다. 대표적인 예가 간음한 여인을 끌고 온 바리새인들 앞에서 예수님께서 하신 말씀이다. 너희들 중에 죄 없는 자가 먼저 돌로 치라고 하셨다.

인간은 업적이 쌓이면 사람들 앞에서 거드름을 피우고 종교적 선행이 쌓이면 하나님 앞에서 당당해진다. 그리고 바로 이웃을 정죄하며 큰소리로 고발한다. 기독교를 제외한 모든 종교는 선행 즉 도덕적으로

통곡 속에 숨은 유머

착해져서 신 앞에서 좀 더 떳떳한 인간이 되어 이웃을 내면적으로 제압하려는 욕망을 가지게 한다. 그러나 예수님을 통해서 거듭난 인간은 자신의 무익함과 죄악에 좌절하며 하나님께서 나아가서 그 자비와 은혜를 통해서 이웃을 사랑하기 원하는 사람이 되는 것 바로 그리스도인 것이다.

그래서 오늘 말씀처럼 그리스도는 우리에게 보배이지만 불신자들에게는 부딪히는 돌이요 거치는 반석이 되는 것이다. 그러므로 우리가 택하신 족속이요 왕 같은 제사장이거나 거룩한 나라 소유된 백성이 되기 위해서는 먼저 우리 속에 숨어있는 자존심을 죽여야 한다. 교회가 분란을 일으키는 원인 가운데 가장 큰 문제 중에 하나가 바로 이 자존심을 죽이려고 하지 않기 때문이다.

자존심을 죽이는 가장 좋은 훈련은 전도이다. 전도는 하나님의 지상명령이시기 때문에 순종의 차원에서도 해야 하지만 다른 한편으로는 자신의 머리로 이해할 수 없는 내용을 다른 사람에게 전하면서 무시당하고 거절당하는 경험을 하게 된다. 그래서 자신이 다른 사람에게 의롭고 대단한 사람으로 보이려고 하는 숨은 자존심을 꺾어버리는 가장 좋은 훈련인 것이다.

어느 회사든지 마케팅 부서에 근무하는 사람들이나 세일즈맨들이 가장 겸손하다. 물건을 팔기 위해서 허리를 굽실거리지 않을 수 없다. 수없는 거절과 외면과 험한 말을 들어가며 물건을 팔아야 하는 사람들이다. 자존심은 이미 다른 곳에 던져 놓고 시작하지 않으면 단 하루도 견딜 수 없는 직업이다. 심리적으로 가장 고통스러운 경험을 해야 하는 부서이지만 회사에서는 가장 대우받는 부서이다. 돈을 직접 벌어 오는 부서이기 때문이다. 다음으로 힘든 직업이 중소기업 사장이다. 물론 몇 명 되지 않는 사원들에게 호통을 치기도 하지만 3D 직종의 사장은 인력 구하기도 쉽지 않아서 사원들을 구슬리고 달래야 하는 것이 현실이다. 그리고 늘 자금난, 부품난, 재고난에 시달려야 하기 때문에 늘 찾아가서 아쉬운 소리를 하고 도움을 요청해야 한다. 역시 속이 시커멓게 타들어가고 자존심을 땅에 묻고 살아야 하는 직업이다. 우린 이런 사람들로부터 자존심을 묻는 지혜를 배워야 한다.

예수님이 가장 가증하게 여긴 무리가 바리새인들이다. 이들은 아쉬운 소리를 한 적이 없는 그야말로 도덕적 자존심을 높이며 살아간 사람이다. 교회 안에 이런 부류의 사람들이 누구이겠는가? 우린 판사, 검사, 의사와 같은 직업을 선호하고 심지어 교회 안에서까지 이런 사람들을 특별 취급하려고 하는 경향이 있지만 예수님은 단호하셨다. 자존심을 가질 수 없는 무리를 찾아다니셨던 것이다. 오늘도 우린 교회와 직장과 가정에서 자신의 자존심을 지키는데 에너지를 쓰며 살고 있지 않은가? 그렇다면 거기에는 예수님이 계시지 않는다. 세상에서 부끄러움을 당하더라도 괴로워하지 말아야 할 이유는 우리가 예수님 안에서 자랑스러운 대접을 받고 있기 때문이다.

피콜로

통곡 속에 숨은 유머

매우 깨끗하지를
다른 말로 하면은?

인간의 모든 제도를 주를 위하여 순종하되 혹은 위에 있는 왕이나 혹은 그가 악행하는 자를 징벌하고 선행하는 자를 포상하기 위하여 보낸 총독에게 하라 곧 선행으로 어리석은 사람들의 무식한 말을 막으시는 것이라(베전 2:11-13).

1991년 미국 LA에서 백인경찰들에게 구타당하는 흑인운전자의 모습이 텔레비전에 방영되었다. 그러자 분노에 찬 흑인들이 무기를 들고 폭도로 변하여 경찰서는 물론이고 직접 상관도 없는 백화점과 가게를 약탈하였다. 경찰이 없는 그 시간 그 지역은 그야말로 생지옥이었으며 법과 질서와 치안은 사라지고 총이 자신을 지키는 유일한 수단이 되었다. 사고는 백인경찰이 쳐놓고 오히려 피해를 본 사람들은 그 지역에 있는 한인들이었다. 한인들은 가게에서 총을 들고 쳐들어오는 흑인과 싸워야 했다. 그 결과 53명이 사망하고 수천 명이 부상을 입어야 했다. 본문 말씀에 의하면 바로 이 경찰이나 정부를 세우신 분이 하나님이시라는 것이다. LA와 같은 일부 도시지역에 그분의 자비가 사라졌을 때 얼마나 많은 사람이 고통에 신음했는지를 역사는 말해주고 있다.

하나님의 통치영역이 결코 교회 안에만 국한되는 것이 아닌 전 우주적이며 전 영역적임을 우리는 머리로 이해하지만 실제로 피부로 느끼지 못하고 살아갈 때가 많다. 교회 목사님은 하나님이 세우시지만 회사 사장은 세상이 세운다고 은연중에 믿고 있다. 그래서 세상적 지도자가 자신의 기대에 미치지 못하면 정죄하거나 심지어 비난을 넘어서 저주까지 하게 되고 심하면 원수가 되어 자신이 회사를 박차고 나오기도 한다.

성경이 일관되게 권고하는 것은 권위자에 관한 하나님의 개입이다. 권위자를 통해서 질서를 유지하고 최소한의 평강을 누릴 수 있도록 하나님께서 오늘노 산섭하시는 사랑을 베풀고 계신다는 사실을 믿고 내가 소화해야 한다. 이는 가정에서 아버지를 통하여 하나님의 다스림이 전달되듯 회사든 국가든 지도자에게 하나님께서 권한을 주셔서 사람들의 안전을 보장케 하셨다.

그러나 가장 중요한 목적은 권위 안에 순복해야 하는 훈련과 동반한 진정한 순례자의 길로 가기 위한 자기부정이다. 이는 어쩌면 모순되어 보인다. 우리가 추구하는 세상은 저 세상인데 이 세상 통치자들에게 아부하거나 잘할 필요가 없다고 생각하면 무관심과 저항의 양자택일밖에 없다. 그렇지만 세상의 궁극적인 통치자가 하나님이시다. 하나님께서 조직을 만드시고 자리를 마련하셔서 적임자를 임명하셨기 때문에 우리는 지도자에 대해서도 존중과 순복의 자세로 임해야 한다. 그래야 하나님의 통치권이 교회 밖에도 존재한다고 고백하게 되는 것이다.

물론 이 문제는 적용상 그렇게 단순하지는 않다. 히틀러와 같은 폭군적 지도자에게도 과연 그럼 우리가 순복해야 하는가? 라는 의문이 제기되며 계속 나가다 보면 촛불 집회를 해야 하는가? 라는 실제적인 문제에 부딪힌다.

당연히 분명한 경우에는 지도자의 뜻을 따를 수 없다. 다니엘과 세 친구가 대표적인 예이다. 즉 하나님이냐 아니면 우상이냐 라는 분명한 선택에서 우린 하나님을 선택할 수밖에 없다. 하나님께서 세우신 지도자라 할지라도 하나님의 법과 어긋나면 우린 과감하게 입장을 밝히고 세속정부와 왕의 뜻을 물리쳐야 한다. 그러나 그런 신앙적인 결단이 아닌 경우에는 단순하게 생각해서는 안 된다. 여기서 하나님의 통치영역이 모든 곳에 적용된다고 하면서 또다시 이중적 구별이 아니냐고 반문하겠지만 세상의 영역을 하나님께서 지도자에게 일임하셨기 때문에 극단적인 경우를 제외하고는 지도자가 하나님의 권한을 이어받아서 행사하고 있다는 믿음의 눈으로 바라보면 많은 선택이 조금씩 달라지리라 여겨진다. 심지어 기독교를 핍박하는 정부와 지도자를 하나님께서 허용하는 이유도 다 우리의 유익을 위해서 전략적으로 사용하시기도 하기 때문에 단순하게 현재와 사태의 어두운 면만이 부각되어서는 안 된다.

예수님께서는 헤롯왕이 동생의 아내를 빼앗아 자기 아내로 삼은 일에 대하여 직접적으로 나서지 않으셨다. 그리고 이를 강력하게 비난한 세례 요한을 옥에 가두고 사형까지 시킨 일에 대하여 아무런 말씀도 없으셨다. 예수님의 초점은 아버지의 뜻에 따라 행동하는 것이지 정치지도자의 도덕성을 공격하여 세상을 깨끗하고 정직한 사회로 만들어서 천국을 임하게 하시려고 한 것이 아니다. 예수님은 오직 십자가만이 가능하다는 것을 알고 계셨기 때문에 침묵하신 것이다. 그리고 유럽이 부유해지고 발전된 사회가 되자 교회가 이제 술집으로 변해 버린 사실을 접하게 되면서 우린 예수님의 진리에 고개 숙이지 않을 수 없다.

오늘도 우리가 만나는 권위를 가지신 분에 대하여 어떻게 대하는지 자신을 돌이켜 보자. 연세가 많으신 어르신과 우리의 부모님께 어떤 자세로 임하고 있으며, 직장의 상사와 정치 지도자에 대한 우리의 마음과 언어가 과연 하나님께서 부여하신 대리권자로 인정하는 모습을 반영하고 있는 것일까? 바로 이 척도가 우리의 신앙의 현주소임을 성경은 우리에게 일깨워주고 있다.

무지막지

통곡 속에 숨은 **유머**

불났다고
거짓말하면은?

부당하게 고난을 받아도 하나님을 생각함으로 슬픔을 참으면 이는 아름다우나 죄가 있어 매를 맞고 참으면 무슨 칭찬이 있으리요 그러나 선을 행함으로 고난을 받고 참으면 이는 하나님 앞에 아름다우니라 이를 위하여 너희가 부르심을 받았으니 그리스도도 너희를 위하여 고난을 받으사 너희에게 본을 끼쳐 그 자취를 따라오게 하려 하셨느니라 그는 죄를 범하지 아니하시고 그 입에 거짓도 없으시며 욕을 당하시되 맞대어 욕하지 아니하시고 고난을 당하시되 위협하지 아니하시고 오직 공의로 심판하시는 이에게 부탁하시며 친히 나무에 달려 그 몸으로 우리 죄를 담당하셨으니 이는 우리로 죄에 대하여 죽고 의에 대하여 살게 하려 하심이라 그가 채찍에 맞음으로 너희는 나음을 얻었나니 너희가 전에는 양과 같이 길을 잃었더니 이제는 너희 영혼의 목자와 감독되신 이에게 돌아왔느니라(베전 2:19–25).

이 성경구절은 그리스도인의 삶이 힘들고 고달프다고 한다. 물론 여기에서만 나오지 않고 신약성경 전반에 걸쳐서 믿음의 사람들의 삶은 결코 평탄하지 않다고 한다. 그 이유는 고난을 통해서 우리가 좀 더 도덕적 수준이나 인격이 드높아져서 역사에 남을 업적을 쌓기 위함이 아니다. 성경은 그리스도께서 그리하셨기 때문에 우리도 십자가의 고난에 동참해야 한다고 미리 선을 긋고 있다. 이 말은 피상적으로 생각하면 그저 따라해야 하는 정도의 수준으로 이해하면 우린 금방 바리새인이 되어버린다.

예수님은 하나님이시기 때문에 사탄의 이끌림이나 조롱과 핍박을 받으실 필요 없이 바로 십자가를 지실 수 있으셨다. 그러나 온갖 수모와 수욕을 받으셨던 것은 바로 우리 자신의 죄 때문이었다. 그중에 가장 무서운 것이 바로 나 자신이 가진 포장지가 남들 것보다 나아 보이려고 애쓰는 인간의 모든 활동이다. 예수님께서 이런 포장지 자랑에 묶여 있는 인간의 한계를 정면돌파하시려고 오신 것이다. 그분이 사용하신 방법은 자신이 포장지를 직접 만드실 수 있는 분인데도 불구하고 가장 형편없는 누더기 포장지로 자신을 두르신 채로 그 포장지로부터 자유함을 얻는 길을 보여 주셨다. 그 길은 결코 더 나은 포장지를 약속하거나 보여주는 길이 아닌 가장 비참한 포장지를 두른 채 죽어가시는 길을 택하셨고 그 결과 포장지 싸움은 종식되고 거기에 진정한 평화와 진리와 사랑이 존재함을 보여주셨다.

누더기 포장지를 두르고 몸을 낮추어야만 우린 한 생명을 살릴 수 있다는 것을 예수님께서 보여주셨기 때문에 고난 없는 종교 활동은 자신의 자존심과 우월감을 증명하는 종교적 유희에 불과하다. 기독교인이면서 약삭빠르고 뭔가 남들과 다른 모습을 보이려는 사람이 교회에 있으면 반드시 분열과 시기와 모함과 암투가 벌어진다. 그러나 이런 말을 해도 맞장구쳐주고 또 반대말을 해도 좋은 생각이라고 좋아해주는

통곡 속에 숨은 유머

줏대 없는 것처럼 보이는 사람이 교회에 있으면 그를 통해서 화해와 평화의 무드가 조성된다. 물론 일부러 멍청하거나 바보 같은 행동을 하라는 말은 아니다. 십자가가 결코 자신의 총명함과 박식함과 능력을 보여주면서 남과 자신을 구별하려는 모든 활동을 거부하기 때문이다.

시간이나 경제적 여유가 있으니 봉사나 한번 해볼까 라는 태도나 재물을 주시면 주를 위해서 쓰겠다는 기도는 결코 십자가와 전혀 상관없는 인간의 포장된 위선이다. 예수님은 철저히 자신의 전인격을 하나님께 드리는 십자가의 길을 택하셨던 이유도 오직 이 길만이 인간을 생명으로 인도하는 길이기 때문이다. 그러므로 고난과 고통이 없이 영광을 보려고 하는 모든 종교활동은 생명을 살릴 수 없고 거짓 종교인만 양산하게 된다. 우리의 자존심과 자아를 뿌리째 흔드는 모욕과 짓밟히는 경험 없는 봉사나 자선은 또 다른 자기 과시에 불과하다.

반대로 고통을 당하고 있거나 상대적으로 포장지가 누추해 보일 때 우린 억울하다는 생각이 들면 역시 십자가를 잘못 이해하고 있으며 다른 방법으로 구원의 길을 찾으려는 신기루 추종자가 된다. 그래서 우리의 기도에 감사가 적고 늘 억울하오니 이것도 들어 주시고 저것도 들어 달라는 기도만으로 채우기가 바쁘다. 불신자들보다 2배로 바쁘지만 쪼들리는 살림은 여전하고 부모는 열심히 교회를 나가고 봉사하는데 아이들은 자꾸 말썽일으키고 성적은 떨어지고 있다. 어느 것 하나 제대로 되는 것 같지 않은 현실을 접하기도 한다. 때로는 아무런 이유 없는 억울한 모함과 소문을 퍼트리는 교회의 식구를 볼 때마다 분노가 목에까지 올라온다. 이런 일들로 주님 앞에 엎드려 해결해 달라고 기도하는 배경에는 하나님 나 억울합니다 라는 복선이 다 깔려 있다. 그러나 그런 기도들은 하나님께서 별로 관심을 가지지 않으신다. 왜냐하면 십자가를 통과하면서 겪는 애절한 절규와 신음과 한숨 가운데서 세상이 줄 수 없는 평안과 위로를 주시기를 하나님께서 원하시기 때문이다. 영적인 옹달샘에서 길어온 생명수를 마셔본 경험이 없으면 신앙생활은 정말로 고달프다.

고난주간을 통하여 다시 한번 십자가의 깊은 의미를 묵상해 본다. 현실에서 접하는 고달픈 우리 삶이 결코 하나님께서 심술을 부리시거나 모르는 척하시는 것이 아님을 우리가 알기를 원하신다. 자신의 잘못으로 인한 고난은 선택사항이지만 십자가의 고난은 필수코스인 것이다. 필수과목을 듣지 않으면 졸업을 할 수 없듯이 신앙의 여정 가운데 십자가의 길은 거쳐 가야 할 길임을 기억하고 고통을 피하려고 너무 안달복달하지 말아야 할 것이다. 자녀들에게 좋은 포장지를 찾게 하기보다는 낮은 위치로 내려가는 아픔의 길을 경험하는 선택이 바로 십자가의 길인 것이다.

신명기에서는 자녀들에게 하나님 말씀을 손목에 매고 미간에 붙여서 기억하게 하라고 하셨다. 안락과 쾌락과 돈과 파워를 얻기 위한 준비로 점철된 이 시대의 교육을 초월하는 길은 자녀들이 진정한 십자가 도를 아는 것이다. 오늘도 하나님께서는 고달픈 인생길에 계명성 밝은 빛을 볼 수 있는 감격으로 복음이 진보되기를 간절히 원하고 계신다.

라이타

공에 바람을 넣은 구멍을
다른 말로 하면은?

또 너희가 열심으로 선을 행하면 누가 너희를 해하리요 그러나 의를
위하여 고난을 받으면 복 있는 자니 그들이 두려워하는 것을 두려워하
지 말며 근심하지 말고 너희 마음에 그리스도를 주로 삼아 거룩하게
하고 너희 속에 있는 소망에 관한 이유를 묻는 자에게는 대답할 것을
항상 준비하되 온유와 두려움으로 하고 선한 양심을 가지라 이는 그리
스도 안에 있는 너희의 선행을 욕하는 자들로 그 비방하는 일에 부끄
러움을 당하게 하려 함이라 선을 행함으로 고난 받는 것이 하나님의
뜻일진대 악을 행함으로 고난 받는 것보다 나으니라 그리스도께서도
단번에 죄를 위하여 죽으사 의인으로서 불의한 자를 대신하셨으니 이
는 우리를 하나님 앞으로 인도하려 하심이라 육체로는 죽임을 당하시
고 영으로는 살리심을 받으셨으니(베전 3:13-18).

사도 베드로가 소아시아 지역에 흩어져 핍박을 받고 있는 교인들에
게 위로와 용기를 주기 위해서 쓴 편지가 베드로서이다. 그러나 단순하
게 핍박을 참고 견디면 좋은 날이 올 것이다 라는 투의 소극적 권고는
아니라는 것을 본문을 통해서 알 수 있다. 즉 의롭고 거룩한 삶을 살아

서 불신자와 구분된 모습을 가지고 있어야 한다는 것이다. 오히려 이런 구별된 삶을 살게 되면 핍박과 고난을 가중시킬 수 있다는 것을 포함하고 있다.

하나님을 떠난 인간은 양심의 조각이 남아있지만 근본적으로 불의한 존재이다. 그래서 자신에게 유익이 되거나 쾌락을 즐길 수 있는 기회가 있고 발각되지 않을 것 같으면 그대로 불법과 방탕을 즐긴다. 우린 신문 기사를 통해 자주 공무원이 뇌물을 받고 일을 처리해 주는 사건을 자주 접한다. 그런데 이런 부정부패를 혼자서 하기보다는 상급자와 결탁하여 집단으로 부정에 연루되는 경우가 더 흔하다. 그런데 만약 이런 부정한 일에 관여하지 않겠다고 하면 오히려 핍박과 고난을 자처하게 되는 경우가 흔하다.

의무복무 시절에 본인의 상관은 뇌물을 그렇게 좋아했다. 그 당시 난 바닷가 해안초소의 최고 고참 자리에 올라서 제대가 3개월 정도 남은 상황이었다. 소대장은 내륙에서 우리 부대가 훈련하던 시절에는 나를 굉장히 총애했다. 그 당시 소대별 연극 경연대회의 각본을 만들고 출연하여 1등을 했는데 주도적인 역할을 했기 때문이었다. 게다가 소대별 축구시합에서도 골키퍼를 하면서 승부차기로 결승전 우승의 주역이 되었기 때문에 사랑을 한몸에 받고 있었다. 시간이 흘러 내륙부대의 고된 훈련이 끝나고 해안초소에 분대별로 배치될 때에 우리는 호텔 캘리포니아 노래를 부르며 어느 정도 자유를 누릴 것을 기대하며 해안 부대로 이동하였다.

우리가 도착하자 그곳에 있던 해안선을 담당하던 전투경찰 부대 사병들은 내륙에서 6개월 훈련을 받기 위하여 우리 부대와 업무교환 상태에 있어서 그런지 그들은 완전히 초상집 분위기였다. 업무를 인수하고 점호 없는 군대생활을 오래간만에 만끽하였다. 그러나 그 시간은 그리 오래가지 못했다. 다른 초소에 머물고 있던 소대장은 수시로 순찰을 와서 우리에게 술을 사달라고 하고 자신이 좋아하는 분재를 살 수 있도록 돈을 모아달라고 요구했다.

그 당시 내 위에는 고참이 두 명이 있었는데 이들은 모두 소대장이 방문할 때마다 얼마씩 주곤 했다. 그러나 그들이 제대하고 내가 제일 고참이 되었을 때 아예 소대장에게 월급은 쥐꼬리 수준이고 소대장에게 상납하려면 각자 자신의 집에 돈을 부치라고 요구해야 하는데 그럴 수가 없다고 부드럽지만 단호하게 이야기했다. 다른 초소에서는 올 때마다 돈을 주고 편하게 지낸다고 하며 밑에 부하들도 소대장이 자주 와서 꼬투리를 잡아서 힘드니 얼마씩 주자고 했다. 난 그들에게 부끄럽지도 않느냐 군인이 되어서까지 집에 손을 벌려야 하느냐고 호통쳤다.

그러나 그 이후 난 제대 1달을 남겨두고 부소대장이 있는 초소로 발령이 나서 이동해야만 했다. 그렇게 총애하던 나를 소대장이 내친 것이었다. 아마도 내가 다른 동기보다 4개월을 빨리 제대하는 것이 파악이 안 되었던 모양이다. 그래서 그는 제대 한 달밖에 남지 않은 나를 부소대장 관할 초소로 쫓아내는 악수를 두었다. 다행스럽게 부소대장은 사람이 온후하고 맑은 분이어서 마지막 한 달을 별 어려움 없이 지내다가 제대하였다. 그래도 내가 왕 노릇 하다가 상전을 모신다는 것은 여전히 정신적 부담이 되었던 것은 사실이었다.

이처럼 세상의 삶 속에는 그저 평범하게 살려고 해도 정당하지 못한 요구를 거부한 행동에 동반되는 어려움과 고통이 따른다. 지금 이 순간에도 나의 고통과 비교가 되지 않는 정도의 아픔을 지니고 사는 이들이 많을 것이다. 세상에서 주어진 힘과 권력을 이용하여 오늘도 수많은 불의한 일들이 진행되고 있다.

한 가지 우스운 일은 권력을 가진 정치인이나 고위 공직자일수록 관행이니 전관예우니 하는 요상한 단어를 써가면서 자신의 불의한 행동을 정당화시키고 뉘우침 없이 뻣뻣하게 고개를 쳐든 채 카메라 앞에 나온다. 그러나 좀도둑이나 하위직에 있는 사람들은 오히려 부끄러워 상의로 얼굴을 덮은 채로 경찰서로 향하는 모습이 참으로 대조가 된다.

그리스도인 역시 이런 세상 속에 살고 있기 때문에 쉽게 유혹에 빠지고 불의한 행동을 하기가 쉽다. 그러나 성경은 우리더러 의롭고 거룩하게 살라고 하고 있다. 우리를 통하여 정의롭고 깨끗한 사회를 건설하기 위함이 아니라 의롭고 거룩하게 살아갈 때 언젠가 불의한 자들이 그 소망의 이유가 무엇인지 묻는다는 것이다.

즉 전도가 위에서 아래로 내려가는 것이 아니라 아래에서 위로 올라간다는 것이다. 코스타의 스타강사 중에서 한때 고지를 점령하라는 말씀으로 유학생을 감동시킨 설교자가 있다. 즉 각 기관단체의 높은 사람을 변화시키면 나머지는 자연적으로 믿게 된다는 이른바 고지정복론이다. 아프리카 추장을 변화시키면 나머지는 자동으로 해결된다는 논리이다. 그래서 유학생 여러분이 각자 높은 자리에 오르면 수많은 사람이 변화될 것이라고 희망찬 설교를 했다.

그러나 이 접근은 비성경적이며 전혀 예수님의 방법이 아닌 세속적 발상이다. 기독교가 대형교회 중심으로 힘을 가지게 되자 오히려 더 반감이 드세져서 젊은이들로부터 등을 돌리게 되는 현상이 일어났다.

복음은 십자가를 지고 자신의 삶의 터전에서 매일매일 자신을 죽이는 사람을 통해서 전달되는 것이다. 즉 세상 사람이 열광하는 것을 멀

　　　　　　　　　　　　　　　　　통곡 속에 숨은 **유머**

리하고 온유한 태도와 겸손한 마음으로 자신의 일터와 가정에서 말없이 묵묵하게 자신의 일을 수행하는 사람이 복음전도의 중심이 될 것이다. 또한 불의와 불경건한 삶으로부터 등을 돌려 왕따의 수모를 견디며 살아가는 신자에게 반드시 어느 날 묻는 날이 온다는 것이다. 도대체 이유가 무엇이냐고?

여기서 이유라는 단어의 원어는 로고스이다. 요한복음 1장 1절에 나오는 말씀과 같은 말이다. 물론 문맥상 약간은 다른 뜻이 있지만 근본적으로 우린 로고스에 근거하기 때문에 더 이상 필요한 것이 없다. 로고스는 플라톤의 이데아와 같은 의미를 포함한다. 즉 우주만물을 구성하고 움직이는 기본 원리이며 도라는 것이다. 만유인력의 법칙이 존재하듯 온 우주가 정상적인 상태로 존재하고 운행하는 데는 이런 이데아가 존재하고 인간은 그런 이데아를 찾을 때 비로소 삶의 의미를 찾는다는 것이다.

그러나 플라톤의 이데아는 생명을 가진 시간적 존재가 아니기 때문에 역사성이 결여되어 있다. 지적 깨달음을 통한 자신의 고양과 최면이란 한계를 넘지 못한다. 그러나 로고스는 식물의 씨앗처럼 생명을 잉태하고 있기 때문에 시간 속에 존재하고 바로 존재의 근원이신 하나님이 시간 속으로 오셨기 때문에 역사로 우리를 만나주시고 인격적인 관계가 유지되는 것이다. 그래서 시간 속에 자람이 있게 된다.

하나님 사이에 존재하는 인격적인 관계가 성육신이란 사건을 통하여 우리에게 고스란히 전달되는 관계가 바로 복음이며 로고스의 핵심인 것이다. 결과적으로 직접 오심과 죽으심으로 로고스가 열매를 맺듯이 우리 역시 거룩과 핍박으로 복음의 열매가 맺어진다는 말씀이다.

오늘도 희석된 복음으로 바로 자신의 소원과 열망을 종교적 행위에 담아 예배하는 무리 가운데 넘쳐나고 있다. 십자가의 고통스런 죽음을 회피하고 만사가 잘되고 순조로운 삶이 하나님의 축복으로 오인하는 무리들은 인간이 만들어 낸 모든 종교가 가지는 공통적 분모를 공유하고 있다. 짧은 인생 가운데 어떻게 하던 사고 없이 건강하게 태평하게 살다가 가는 것은 기독교를 제외한 모든 종교와 무신론자들의 바람이다. 그래서 그들은 죽음이 싫고 회피하고 싶은 공포의 대상이다. 그러나 기독교는 죽음을 통하여 부활의 찬란함을 맛보게 한다. 이것은 바로 로고스가 생명이 씨앗이 되어 우리 안에 들어 왔을 때부터 자라기 시작하여 우리를 신묘막측한 세계로 인도한다.

이런 죽음을 통한 놀라운 부활의 체험은 결코 신비주의자들이 겪는 무아지경이 아니라 바로 가정과 직장에서 내가 죽는 경험을 하는 가운데 조금씩 조금씩 체휼하는 천로역정이다. 고통과 아픔이 끝이 없어 보이지만 신기하게 그것을 넘어서는 평안과 사랑이 넘치는 여유는 세상이 설명할 수 없는 신비인 것이다. 여기에 세상은 무릎 꿇고 소망의 이유를 물어올 때가 있다는 것이다. 그래서 죽음은 축복의 촉매제가 아닐까? 오늘도 만사형통하여 세상의 손짓에 눈이 향해 있는가?

그렇다면 그것은 하나님을 놓치고 사는 멸망의 문임을 명심해야 할 것이다.

공통점

통곡 속에 숨은 유머

세상에서
가장 뜨거운 돈은?

만물의 마지막이 가까이 왔으니 그러므로 너희는 정신을 차리고 근신하여 기도하라 무엇보다도 뜨겁게 서로 사랑할지니 사랑은 허다한 죄를 덮느니라 서로 대접하기를 원망 없이 하고 각각 은사를 받은 대로 하나님의 여러 가지 은혜를 맡은 선한 청지기 같이 서로 봉사하라.

만일 누가 말하려면 하나님의 말씀을 하는 것 같이 하고 누가 봉사하려면 하나님이 공급하시는 힘으로 하는 것 같이 하라 이는 범사에 예수 그리스도로 말미암아 하나님이 영광을 받으시게 하려 함이니 그에게 영광과 권능이 세세에 무궁하도록 있느니라 아멘(벧전 4:7-11).

지금은 거의 모든 나라와 사회가 물질주의와 상업주의로 물들어있다. 디모데후서 3장에는 말세의 징조 중에 하나가 사람들이 돈을 사랑한다고 되어있다. 예나 지금이나 돈의 위력은 강해 보이지만 그 강도가 달랐다. 전통사회에서는 사농공상이라고 하여 대부분의 부자라고 하면 땅을 많이 가진 사람을 부자라고 했지 상인으로 부자 대접받는 일은 드물었다. 요즈음처럼 현금이나 신용도를 기준으로 부자이지는 못했다. 현금마련은 쌀을 파는 수준이었고 땅은 거의 팔지 않았다. 그러므로 현대에 비하여 돈으로 할 수 있는 범위나 가능성이 상대적으로 적어서 물질의 결핍으로 인한 범죄가 덜 발생하였다.

인구가 집중되고 대량생산이 되면서 상인들의 부의 규모가 커지자 이제 사업가, 상인, 은행은 재화가 집중되는 집단으로 등장한다. 그리고 교통, 교육, 문화, 관광, 오락시설이 개발되고 경쟁적으로 발전함으로써 돈을 가진 자와 못 가진 자의 누림의 정도가 전통사회보다 훨씬 커지게 되었다.

최근에 지은 본인이 몸담고 있는 중국대학 근처의 아파트에도 그런 모습을 발견할 수 있었다. 아파트 고급건물은 정문에 가깝게 건축하되 차량 소음이 들리는 도로변 쪽에는 저가형으로 배치하여 소음을 막고 그다음에 고급형 건물을 배치하여 놓았다. 그뿐 아니라 고급형 건물은 마치 개인 주택으로 들어가는 착각을 불러일으키는 구조로 되어 있어 작은 마당과 아담한 울타리까지 세워져 있고 50미터 이내 거리에 공동차고가 있었다. 그 공동차고의 중심으로 고급형 건물이 원을 그리고 멀리 저급형 건물이 떨어져 있는 식이었다. 마치 고가형 아파트를 위한 들러리가 저가형 아파트 같은 느낌을 준다.

이렇게 한 아파트단지 안에서도 돈의 위력 차이를 매일 목격하며 살아간다. 인간을 움직이는 가장 큰 동기는 바로 금전을 축적하는 것이다. 오늘도 택시를 타면 생명의 위협을 느낀다. 중앙선으로 추월하는 택시 속에서 마음을 졸인다. 어떤 때는 고속으로 달리는 직진 차량에 아랑곳하지 않고 튀어나오는 또 다른 택시를 향해 급한 제동장치를 밟는 운전사의 욕설을 들으며 안도의 긴 한숨을 쉰다.

그러나 이런 물질주의는 언젠가는 약화될 것이다. 왜냐하면 인간은 결코 물질로만 만족할 수 없는 영적인 존재이기 때문이다. 영혼이 만족

통곡 속에 숨은 유머

하지 않으면 인간은 완전한 행복을 누릴 수 없도록 지음을 받았기 때문이다.

　그렇지만 인간이 참 하나님을 섬기기보다는 인간이 만든 영적인 존재를 찾을 가능성이 많다. 그래서 사도 베드로는 오늘 본문 말씀을 통하여 마지막 날이 가까워오니 깨어 있으라고 한다. 기독교는 종말론에 근거하고 있다. 매일 해가 뜨고 아침을 먹고 직장에 가고 학교에 가지만 이런 날이 끝이 나고 새로운 땅과 새로운 날이 온다는 것이다. 물론 새로운 땅에 대한 구체적 상황은 아직도 거울로 보듯 희미하지만 분명한 것은 새로운 통치자인 그리스도께서 오시고 자연계와 우리의 삶에 극적인 변화가 있는 시간이 온다는 것이다.

　성경을 하나님의 권위 아래 두고 그것을 마음에 새기지 않으면 이런 종말에는 관심을 가지기 어렵다. 그러나 이런 시작과 끝이 있다는 종말관은 인간이 만들어 놓은 윤회설과는 근본적인 차이를 가진다. 세상을 환상으로 보고 가장 완벽하고 이상적인 상태로 되돌아가는 것을 최고의 가치로 여기는 불교, 플라톤 사상은 보이는 사물은 불완전하고 혼란스러운 대상으로 여긴다. 그래서 우리 영혼이 육과 분리되어 변화하지 않은 어떤 이데아 혹은 원형과 합일되는 것을 해탈이라고 하고 진리에 도달했다고 한다.

　따라서 물질세계에 대한 관심을 걸어 잠그고 오로지 수련과 명상에 관심을 가지는 것이다. 금욕은 여기서 필수코스이다. 여기에는 인간의 감정과 의지와 지식이 배제된 무아지경에 이르는 것이 가장 고급한 상태라고 여긴다. 그래서 기독교의 하나님이 인격을 가지고 인간의 삶에 관여하는 것은 아직 저급한 상태에 있는 객체로 보는 것이다.

이런 범신론에는 결코 관계에 관한 용어는 찾아보기 힘들다. 인격이 배제된 인간이 도달한 어떤 상태 혹은 단계로 전혀 도덕성과 윤리성과 사랑, 대화, 간섭, 섭리, 은혜라는 말은 나올 수가 없다. 말씀에는 우리가 깨어서 기도하며 봉사하라고 되어 있다. 기도는 철저하게 하나님과의 감정과 이성이 함께하는 대화이며 봉사는 하나님 사랑을 이웃에게 드러내는 관계적 행동이다.

그리고 하나님은 지정의를 가지신 실체가 분명한 인격체인 것이다. 그러므로 하나님과 인격적인 교류를 하고 따라서 배울 모델을 통하여 변화할 수 있다는 점이 기독교가 다른 종교와 가장 구분되는 차이이다.

결코 자기만족이나 정신적 유희가 아닌 애원, 탄식, 원망, 요구, 감사가 포함된 친밀한 교제인 것이다. 그러므로 이런 교제가 없다면 우린 그저 비인격적 실체를 수련의 대상으로 삼고 끝난 버린 정신적 활동에 머무르고 만다.

변화되지 않는 그리스도인들은 어쩌면 그저 기독교란 틀만 쓰고 실제로는 이런 범신론적 활동을 하고 있을 가능성이 높다. 그는 하나님과 주종관계는 존재하지 않은 채 자신이 주인이 되어서 우상을 조종하고 영적인 허무감을 채우는 데 급급하여 살고 있을 가능성이 높다.

그러나 그렇다고 해서 기독교가 신비한 체험이 없는 것은 아니다. 하나님께서는 오늘날도 얼마든지 꿈과 환상, 방언, 병 고침 등으로 자신을 보여 주실 수 있다. 그리고 직접 말씀하실 수 있다. 그리고 그것을 통하여 주님을 믿고 혹은 신앙이 깊어지는 경우도 있다. 바울이 삼천층을 경험한 이야기는 성경에 분명히 나와 있고 때로는 환상을 통해서 길을 인도하셨다.

그러나 문제는 어둠의 세력도 똑같이 흉내를 내기 때문에 자신이 그

통곡 속에 숨은 **유머**

런 체험을 했다고 해서 반드시 하나님의 역사로 보기 어렵다는 것이다. 그래서 그런 체험은 검증되고 시간이 지나서 그 열매를 확인해야만 한다. 그런데 인간은 이런 초월적 경험이 자신에게 일어났을 때 무조건적으로 하나님으로부터 온 것으로 믿고 싶어 하는 이기적 본능을 가지고 있다. 그래서 이런 경험을 했을 때 더욱더 신중하고 겸손한 자세로 임해야 한다.

성경 어디에도 영적인 체험을 강조한 곳은 없다. 오히려 성령 충만하라고 한 뒤에 부모와 자녀와 상사에 대한 태도를 어떻게 해야 하는지에 대한 일상적 삶에 대한 권고를 하고 있다. 하나님처럼 말하라는 것은 결코 신비주의에 취한 상태에서 말하라는 뜻이 아니라. 원수를 사랑하는 마음과 자세로 상대방에게 말하고 섬기라는 뜻인 것이다. 체험에 중독되면 계속 강한 체험을 하지 않으면 침체한 상태에 머무르게 된다.

종말의 또 다른 단면은 오늘을 이생의 마지막인 것처럼 사는 것이다. 개인의 종말이 있기 때문이다. 지난달 아침 10시경에 멀쩡하게 복도에서 마주 쳤던 동료교수님이 그날 오후 심장마비로 소천했다는 소식을 들었을 때 황당하고 믿어지지 않은 채 멍한 상태가 되었다. 크게 아프신 적이 한 번 없던 분이 그렇게 갑작스럽게 가셔서 모두들 충격이 컸다.

그러나 매일매일을 오늘이 마지막이라는 종말론적인 자세로 산다면 갑작스런 죽음이라는 것은 존재할 수 없다. 개인적 종말은 누구도 피할 수 없는 것이기 때문이다. 오늘이 마지막이란 자세로 산다면 뜨겁게 사랑하자라는 본문 말씀에 아멘의 메아리가 우리의 가슴을 오랫동안 진동시키게 될 것이다.

번(burn)돈

소가 권력을 잡음을
세 글자로 하면은?

젊은 자들아 이와 같이 장로들에게 순종하고 다 서로 겸손으로 허리를 동이라 하나님은 교만한 자를 대적하시되 겸손한 자들에게는 은혜를 주시느니라 그러므로 하나님의 능하신 손 아래에서 겸손하라 때가 되면 너희를 높이시리라(베드로전서 5:5-6).

말씀에 젊은이들이 장로에게 순종하라고 하는 말 앞에는 '이와 같이' 라는 접속부사가 나온다. 동양의 유교사상에 물들어 있는 사람들에게는 연장자를 높이는 것이 전통이 되어 있기 때문에 이런 말에 별로 생각 없이 그냥 넘어가기가 쉽다. 그러나 성경은 유교사상과 다르다. 물론 유교의 사상 역시 하나님의 선한 속성이 반영되어 나타난 부분이 있다. 불신자라고 해서 모두가 썩었고 형편없는 것이 아니다. 그들 역시 하나님의 형상을 지니고 태어났기 때문에 용기와 의협심과 동정심을 가지고 있다. 그러나 그들은 그것이 자신의 소유이거나 자신이 만들어 낸 결과로 생각하기 때문에 성경에서 말하는 겸손을 가질 수 없다. 물론 겸손하지 않은 태도를 사람들이 싫어하기 때문에 도덕적이며 윤리적인 차원에 근거한 자기방어적인 반응에 의한 겸양이 있는 것이다.

통곡 속에 숨은 **유머**

그러나 하나님의 성령이 함께하지 않은 모든 인간의 행동은 자기 자랑이요 치장일뿐 이웃을 사랑하기보다는 좌절과 열등감을 불러일으킨다. 또한 하나님을 외면하고 사는 사람들은 자신의 명예와 공적이 아침이슬처럼 사라지는 진리를 망각하고 살아간다. 그래서 이런 모든 것들이 헛되고 헛된 것이라고 성경의 전도서는 경고하고 있다.

'이와 같이'라는 말 속에는 하나님이 중심에 있다는 뜻이다. 즉 하나님께서 세상의 질서와 자신의 다스림이 가장 슬기로우시며 최선의 결과를 가져올 것이라는 확신 가운데 자신의 권위를 인간들에 각각 부여하셨다. 그래서 '이와 같이'란 단어가 3장 1절과 7절에 각각 아내들과 남편들에게 사용되어 하나님의 통치와 상관이 있음을 시사하고 있다. 이런 성경적인 순종을 할 때 우리가 가장 큰 복을 누릴 수 있는 수혜자가 된다는 뜻이다.

그러나 선악과를 먹은 인간은 결코 성경적 순종을 쉽게 하지 않는다. 사울의 생애를 통해서 우리가 가진 불순종과 교만을 조망해 보고자 한다. 사울은 원래 어렸을 때부터 왕이 될 것이라는 꿈을 가진 적이 전혀 없었다. 물론 그 당시에 분위기로는 왕이 이스라엘에는 존재하지도 않았기 때문에 상상도 하기 어렵지만 왕이 존재하였다고 하더라도 야심과 계획을 가진 사람이 아니라는 것이 사무엘상에 기록되어 있다.

아버지 기스의 암나귀를 대신 찾으러 길을 나섰다가 사울은 사무엘 선지자를 만나게 된다. 사무엘로부터 자신이 이스라엘을 다스리게 될 것이란 선언을 듣게 되자 사울은 자신의 가문과 약함을 고백하고 부족함과 부적격성을 들며 자격이 없다고 한다. 그뿐 아니라 온 이스라엘 백성이 지파별로 모여서 하나님께서 사울을 왕으로 뽑으시는 순간에 사울은 짐보따리 속에 숨어있었다.

인간은 자신의 배경이 빈약한 데 비하여 책임과 직책이 너무 막중하면 겸손을 넘어서 주눅이 들고 자신감이 상실된다. 사울이 왕이 되기 전 짐보따리에 숨은 것은 자신의 지파가 수적으로 가장 열세에 있고 가문마저 베냐민 지파 가운데서도 볼품이 없는 가문 출신으로 왕이 된다는 것은 상식적으로 도저히 감당하기 어려운 상황이었기 때문이다. 그러므로 불량배가 사울을 멸시하며 예물을 바치지 않아도 잠잠하며 넘길 수밖에 없었다.

이런 환경적 조건이 강제적으로 사울을 낮은 데로 임하게 할 수밖에 없었다. 왕으로 뽑힌 후에 첫 번째 적인 암몬을 상대할 때 하나님의 영이 임하여 전쟁을 독려하는 명령을 내리자 백성들은 두려워하며 사울의 말에 순종하여 암몬과 전쟁에서 대승한다. 그리고 바로 백성들이 사울을 멸시한 불량배를 죽이라고 할 때 사울은 아직 여호와의 영이 떠나지 않은 상태여서 여호와의 구원을 찬양하며 그를 죽이지 않는다.

그러나 왕이 된 지 2년이 지난 후 블레셋이 쳐들어왔을 때 사무엘 대신 자신이 직접 번제를 드리는 죄를 범하게 된다. 이것이 바로 그의 운명을 바뀌게 한다. 우린 여기서 모세와 사울의 다른 점을 발견하게 된다. 하나님께서 부르셔서 애굽왕을 찾아가서 이스라엘 백성을 구할 사명을 부여할 때 모세는 역시 자신의 연약함을 드러내며 자격이 없음을 고백한다. 모세가 40년을 미디안 광야에서 보낸 이후라서 자신에게 남은 것이 아무것도 없는 형편 역시 사울과 비슷한 처지였다고 볼 수 있다. 그러나 모세는 이후의 광야생활 40년 동안 줄기차게 순종 온유와 겸손한 자세를 보이며 백성들을 가나안 땅 입구까지 인도해 간다. 그래서 모세를 우리는 신앙의 모범이요 믿음의 사람이요 영적인 영웅으로 해석하여 본을 받아야 할 사람으로 추대한다.

통곡 속에 숨은 유머

그러나 성경을 깊이 묵상하면 할수록 사울이 그렇게 될 수밖에 없었던 환경적 요인이 있었음을 간과해서는 안 된다는 점을 발견하게 된다. 우선 모세에게는 아무런 물리적 구속을 행사할 수 있는 파워가 없었다. 물론 광야생활 가운데 지파별로 천부장 백부장을 선발하여 다스렸으나 이는 재판을 공정하기 위함이지 군대는 아니었다. 오직 구름기둥과 불기둥으로 인도하시는 하나님의 종으로 대언자이며 중개인이었다. 그래서 때로는 하극상도 일어나고 불평과 불만을 혼자서 감당해야 하는 고초를 겪어야 했다. 그리하여 그가 호소하고 매달릴 수 유일한 길은 하나님밖에 없었다.

반면에 사울은 왕이었다. 그에게는 불순종과 반항을 하는 자를 처단할 수 있는 파워와 외적을 물리칠 수 있는 병력이 있었다. 세금을 징수하고 백성을 힘으로 통치할 수 있는 막강한 힘을 가진 왕이었던 것이다. 이런 막강한 힘을 배경으로 전쟁에서 승리하게 되면 자연적으로 인간은 하나님에 대한 의존도가 낮아지며 순종이 어렵게 된다. 우리에게도 사울과 같은 막강한 힘이 아니더라도 모양은 다르지만 의지할 수 있는 것들이 있다. 가문, 재력, 학식, 미모, 체력, 스피드, 자녀, 부모, 안락한 환경, 취미 등등 얼마든지 사울이 소유한 혜택을 누리고 있다. 그리고 사울처럼 우린 이런 것들로 인하여 불순종하게 된다.

성경은 사무엘상 13장을 시작하면서 사울이 왕이 된 지 2년이 되었다는 사실을 1절에 적고 있다. 즉 왕으로 2년을 지내면서 권력에 익숙해지는 충분한 시간을 시사하고 있다. 그리고 그 이후에 블레셋과 조우에서 제사를 지내는 월권을 시작으로 하여 그는 하나님과 단절된다. 그 이후의 그의 행적은 끊임없는 불순종과 죄악으로 방황하다가 비참한 최후를 맞이한다.

성경은 사울의 생애를 통하여 우리에게 남아 있는 사울의 경향을 경고하고 있다. 사울은 광야의 이스라엘 백성들처럼 노골적으로 불평과 불만을 토로하지 않았고 직접 하나님께 항의하거나 거부하지 않았다. 시간이 흐르면서 주어진 힘으로 세상을 움직이려고 했던 것이다. 불순종은 우리가 하나님께 소매를 걷어붙이고 삿대질하는 것이 아니라 우리가 하나님의 방법을 취하지 않을 때 발생하는 것이다. 하나님께서 좋아하는 것이 아니라 우리가 좋아하는 것을 할 때 일어난다. 사울이 아말렉과의 전투에서 승리했을 때 전리품을 진멸하지 않은 것도 우리 속에 있는 불순종의 표출인 것이다.

하나님께서는 왕이 필요 없다고 분명하게 말씀하셨는데도 이스라엘 백성들은 이웃나라처럼 왕이 있어야 안전과 행복이 보장된다고 믿기 시작하여 사무엘에게 떼를 쓴다. 결국 사무엘은 하나님께 백성들의 뜻을 전하고 하나님께서 허락하신 상태에서 사울이 왕이 된다. 이는 어쩌면 사울의 왕위는 이미 불순종으로 물들어 있는 백성들을 대표하여 왕이 되었던 역사를 포함하고 있었는지도 모른다.

사울의 초기 겸손함은 환경적 요인으로 일시적 회복일 뿐 전쟁에서 승리로 자신감이 앞서게 되자 인간의 교만은 다시 고개를 들 수밖에 없었던 것이다. 그런 점에서 사울은 우리의 모습이며 이런 구제불능의 인간에게는 스스로 순종할 수 있는 힘이 없기에 다윗이 등장하고 그 다윗을 통하여 예수님을 예표하는 인류의 구원역사가 이루어진다.

결과적으로 순종은 우리가 얼마나 하나님의 경륜과 사랑이 크고 넓은가를 앎과 동시에 우리 자신이 사울과 이스라엘 백성들처럼 죄에 연약하다는 것을 스스로 두려워하며 그 은혜에 깊은 감사를 할 때 가능

통곡 속에 숨은 유어

한 것이다.

　우리가 싫어하는 일을 해야 할 때 순종하는 것이 때로는 작은 죽음과 같은 고통으로 느껴진다. 그렇지만 그 고통을 통해서 바로 우리에게 주어진 십자가를 더 깊이 만져보는 감격을 체험하게 된다. 또 한편 우리가 즐겨하고 기뻐하는 일을 통하여 이웃들에게 혜택과 나눔이 전해지게 된다. 그리고 이런 것들 속에 숨어있는 하나님의 광채 역시 신비로운 경험이기에 우린 항상 언제 어디서나 기뻐할 수밖에 없다.

소득세

에스더서

유다인 모르드개가 아하수에로왕의 다음이 되고
유다인 중에 크게 존경받고 그의 허다한 형제에게 사랑을 받고
그의 백성의 이익을 도모하며 그의 모든 종족을 안위하였더라

(에스더 10:3)

왕궁에서 늘
콩을 세고 있는 사람은?

  이 일은 아하수에로왕 때에 있었던 일이니 아하수에로는 인도로부터 구스까지 백이십칠 지방을 다스리는 왕이라 당시에 아하수에로왕이 수산 궁에서 즉위하고 왕위에 있은 지 제 삼년에 그의 모든 지방관과 신하들을 위하여 잔치를 베푸니 바사와 메대의 장수와 각 지방의 귀족과 지방관들이 다 왕 앞에 있는지라 왕이 여러 날, 곧 백팔십 일 동안에 그의 영화로운 나라의 부함과 위엄의 혁혁함을 나타내니라.

  이날이 지나매 왕이 또 도성 수산에 있는 귀천간의 백성을 위하여 왕궁 후원 뜰에서 칠 일 동안 잔치를 베풀새 백색, 녹색, 청색 휘장을 자색 가는 베 줄로 대리석 기둥 은고리에 매고 금과 은으로 만든 걸상을 화반석, 백석, 운모석, 흑석을 깐 땅에 진설하고 금잔으로 마시게 하니 잔의 모양이 각기 다르고 왕이 풍부하였으므로 어주가 한이 없으며 마시는 것도 법도가 있어 사람으로 억지로 하지 않게 하니 이는 왕이 모든 궁내 관리에게 명령하여 각 사람이 마음대로 하게 함이더라 왕후 와스디도 아하수에로왕궁에서 여인들을 위하여 잔치를 베푸니라 제 칠일에 왕이 주흥이 일어나서 어전 내시 므후만과 비스다와 하르보나와 빅다와 아박다와 세달과 가르가스 일곱 사람을 명령하여 왕후 와스

디를 청하여 왕후의 관을 정제하고 왕 앞으로 나아오게 하여 그의 아
리따움을 뭇 백성과 지방관들에게 보이게 하라 하니 이는 왕후의 용모
가 보기에 좋음이라 그러나 왕후 와스디는 내시가 전하는 왕명을 따르
기를 싫어하니 왕이 진노하여 마음속이 불 붙는 듯하더라(에스더 1:1-12).

에스더는 하나님이란 단어가 한 번도 나오지 않지만 그 어느 책보다
하나님의 역사를 강력하게 이야기체로 드러내고 있다. 단순히 부림절
은 이스라엘 백성들에게 해당하는 것이라서 에스더를 기독교에서는 다
소 순교자적 자세로만 이해하는 경향이 있었다. 그리고 단순하게 에스
더가 왕비가 되고 모략에 의해서 인종말살을 당할 처지에 있는 이스
라엘 백성을, 죽음을 무릅쓰고 왕의 마음을 바꾸게 하여 백성을 구한
사실에만 치중한다면 하나님의 크신 경륜을 부분적으로만 보고 지나
가는 셈이 되고 만다. 그래서 좀 더 넓은 시각에서 에스더서를 이해하
고 묵상을 시도하고자 한다.

에스더 1장 첫 부분에는 기원전 약 480년에 바사(페르샤)제국을 통치했
던 아하수에로왕이 등장한다. 그는 지금의 이란의 서남쪽 지방인 쿠지
스탄 지역에 있는 수산궁에서 성대한 연회를 열었다. 집권 초기 애굽과
바벨론의 반란의 진압에 참여한 장수와 신하들의 노고를 치하하는 잔
치였다.

그 연회에는 광대한 바사제국의 지방수령과 방백까지 참여한 성대한
잔치였다. 그런데 성경은 수산궁의 화려함과 사치스러움을 묘사하며
그 잔치가 180일이나 계속되었고 그 이후 7일간 왕궁의 후원에서는 잔
치가 7일간 더 진행되었다고 전한다. 그동안 수고한 수산궁에 거하는
왕궁의 거주자들과 수산지역에 거주하는 백성을 위한 것으로 여겨진

다. 그리고 왕후 와스디도 여인들만을 위한 연회를 베풀어서 1장에만 해도 3번의 잔치가 소개되고 있다.

인간은 특별한 날과 경사스런 일이 있을 때마다 모여서 기쁨을 나누고 즐거운 감정을 드러내기를 좋아한다. 그러나 이런 잔치 역시 하나님의 존재와 임재가 없는 모임이면 잔치 자체가 눈물과 고통을 안겨준다. 아하수에로왕의 연회 역시 주변 국가를 칼과 힘으로 피를 본 후에 열린 자리이기 때문에 그들이 180일 동안 먹고 마시고 떠드는 동안 피지배국가에는 패배의 아픔과 병사들의 부상과 전사 그리고 각종 수탈과 착취로 신음하고 있었다.

이는 아담과 하와의 첫 열매인 가인이 쌓은 에녹성의 역사를 상기시킨다. 에녹성을 방어벽으로 적의 공격을 막고 성안에서 한편으로 무기를 만든 뒤에 자신의 적을 죽인 것을 자랑하는 라멕(창 4:23)의 잔인함과 우쭐함을 아하수에로 시대에 여전히 드러내고 있었다. 그가 180일 동안 연회를 베푼 것도 바로 자신의 위엄과 강대함을 확실하게 보여주기 위함이었다고 성경은 강조하고 있다.

그리고 그로부터 약 510년 이후 갈릴리 땅 가나에서도 잔치가 열린다. 요한복음 2장에는 예수님이 모친 마리아와 제자들과 함께 어느 혼인잔치에 참석하셨다고 나와 있다. 그런데 그 혼인잔치는 모든 것이 차고 넘쳤던 수산궁과 달리 잔치에서 여흥을 돋우는 술이 부족했다. 수산궁은 물질적으로 너무 풍요로워서 누구의 도움이 필요하지 않았고 그 결과 하나님에 대한 인식과 초월적 간섭에 관심이 없었다.

그러나 가나의 혼인잔치에는 초대된 사람에 비하여 준비된 술이 부족했던 것이다. 연회 중에 술이 떨어졌고 주인은 술을 더 구할 수 있는 길이 없는 상황이었다. 술이 없으면 자연스럽게 분위기는 가라앉고 결혼축하 무드는 식어갈 수밖에 없는 예기치 못한 일이 발생하였다. 더이상 주인과 결혼식을 주도하는 사람들의 머리에서는 모자라는 술을 채울 수 있는 길이 없는 절박한 상황이었다. 술은 흥과 기분을 고조시키는 그야말로 잔치에서 빠져서는 안 되는 것이었다. 인간의 지혜가 다 소진되면 찾으라 구하라 두드리라라는 말씀을 의지하여 구할 수밖에 없는 현실에 직면한다. 그래서 사람들은 잔치가 우리 자신을 위한 것이라는 착각과 오만으로부터 깨어나게 된다.

그러나 아무리 물질계의 사정이 긴박하더라도 우리 주님은 그것이 하나님의 때와 합당한 것인지를 살피신다. 그래서 마리아의 요청에도 여자여 나와 무슨 상관이 있냐고 응답하신 후에 드러나지 않게 물을 술로 변화시키신다. 그 숨기심이 얼마나 신중하셨던지 회당장을 비롯한 참석자 대부분은 전혀 알아차리지 못한다. 회당장은 오히려 좋은 술이 나중에 나왔다고 주인에게 경이로운 찬사를 던진다.

아하수에로왕은 자신의 위엄과 권위가 하늘을 찌르듯 높아지기 원하여 장대하고 화려한 궁전과 180일간의 연회로 자신을 보여줬지만, 주님은 잔치에 가거든 가장 말석에 앉으라고 말씀하시며 자신을 가능하면 숨기시려고 하셨다. 그리고 초대하는 자는 장수와 방백과 권세를 가진 자가 아닌 가난한 자, 몸이 불편한 사람과 맹인들을 청하라(누가 14:7-33)고 하셨다.

그러나 수산궁의 잔치와 가장 구별되는 차이점은 바로 예수님께서 혼인잔치에 참여하셨다는 점이다. 혼인잔치는 서로 다른 남자와 여자가 하나가 되는 자리를 축하해주는 곳이다. 결혼이란 보이는 세계에서 가장 친밀한 관계가 형성되는 인간의 중대사이다. 결혼은 단절과 분열과 파벌과 쪼개짐으로 얼룩진 죄의 역사를 화해와 연합과 통일로 가는

통곡 속에 숨은 **유머**

하나님의 선물이다. 그래서 결혼을 그리스도와 교회의 연합으로 표현하기도 한다. 이런 거룩하고 오묘한 하나님의 축복이 있는 결혼잔치에 예수님께서 함께하신 것이다.

그러나 수산궁에는 금과 은으로 된 잔과 형형색색의 휘장과 빛나는 대리석은 있었지만 하나님은 계시지 않고 모두들 자신의 승리에 도취되어 있었다. 그리고 지속되는 연회 가운데 좀 더 자극적인 공연과 오락이 등장한다. 남성들이 주도하는 연회에는 동서고금을 막론하고 술과 음식 그리고 안무 공연이 빠질 수 없다. 구체적으로 어떤 공연이 있었는지는 알 수 없지만 안무가 설령 예술적인 배경을 가지고 시작했다고 하더라도 취기 속의 남성들에 의해 공연 속의 여인들의 관능미가 돋보이는 자리로 전개되었을 것이다. 이런 분위기에 고조된 왕은 이제 자신의 왕비를 보여주고 싶은 충동에 사로잡혀 왕비가 연회에 등장하도록 명령한다. 존귀와 위엄의 상징인 왕비가 한낱 육체의 미를 드러내는 미인 선발대회에 참여하는 후보 같은 역할을 해야 하는 상황에 이르게 된다.

그러나 왕비는 그 위엄과 존귀함을 손상시키지 않으려고 지엄한 왕의 명령을 거부한다. 지상의 왕은 이런 불의한 명령을 내리고 그 명령을 거부한 왕비를 폐위시키는 악수를 둔다. 그리고 성경은 하나님이 동행하지 않는 부부관계가 단절과 분해되는 사태로 발전하게 된 사실을 폭로한다. 즐거움이 넘치는 연회를 열더라도 하나님의 통치에 벗어난 명령과 행위는 폐위와 이별이라는 아픔을 낳게 된다는 진실을 보여주고 있다.

제2장에서 아하수에로왕은 자신의 행동에 대하여 생각하는 시간을 가짐으로 간접적인 뉘우침을 하게 된다. 왕비 와스디에 대한 조서를 생

각했다는 말씀에서 조서는 히브리어로 '게제르'라고 하며 동사 가자르에서 유래된 단어이다. 가자르는 '끊다, 나누다'라는 의미이다. 즉 가자르의 파생어인 게제르는 홍해가 나누어진 것과 아브라함에게 고기를 나누어서 지나가게 한 내용에서 나누어짐을 표현하는 데 사용되었다. 다시 말해서 폐위로 와스디와 분리된 왕의 모습을 표현하는 단어를 사용함으로써 에스더의 저자는 폐위시킨 왕의 행동이 경솔하였음을 드러내고 싶어 한다.

유사한 사건이 창세기에도 등장한다. 바로왕 앞에서 자신의 아내를 누이동생이라 하며 자신의 생명을 보전하려고 했던 아브라함 역시 외부에 위협이 그에게 가해지자 아내 사래를 부인이 아니라고 왕에게 소개함으로써 사래를 자기와 분리시켰다. 그런 면에서 아하수에로왕과 별반 차이가 없는 모습을 보여준다. 부모를 떠나 부부가 한몸이 될지어다라는 하나님의 진리를 버리고 자신의 생명을 위해서 아내를 끊어내려고 했던 것이다. 이런 점에서 그는 와스디를 폐위시킨 아하수에로왕과 비슷한 처지였다. 바로왕의 침실로 보내고 홀로 밤을 보내야 했던 아브라함과 같은 신세였다. 예수님께서는 하나님께서 짝지어 주신 것을 사람이 나눌 수 없다고 하셨다(마 19:6).

그러나 이런 인간적인 약점과 죄악 된 행동에도 불구하고 은혜와 긍휼의 하나님께서는 사래를 바로왕으로부터 보호하셔서 아브라함에게 돌려보내신다. 그 이후 아브라함과 사래는 믿음의 조상으로 본이 되는 신앙의 선진이 되어 믿음의 역사에 남게 된다. 아하수에로왕은 왕의 명령을 일언지하 거절하고 경쟁적으로 잔치를 열어 자신의 위엄을 과시하려고 했던 와스디 대신에 하나님의 자녀인 에스더를 왕비로 맞이하게 된다.

통곡 속에 숨은 유머

오늘도 우리 자신에게 물어야 한다. 우리가 오늘 하루 중에 어떤 잔치집에서 더 많이 시간을 보냈는지를. 수산궁인가 아니면 가나의 혼인 잔치였을까?

수산궁에 가서 오늘도 세상의 이목과 조명이 집중된 향연에 기웃거리고 있지는 않은지를, 사람들 눈에 뜨이는 일이나 자리를 탐내고 업적과 규모를 자랑하며 질그릇이 은그릇이 되려고 몸부림으로 살고 있지는 않은지도 물어야 한다.

상대방의 약점을 들추어내어 자신이 즐거워하며 좋아하는 연회를 즐기고 있지는 않은지를. 자신의 남다름이나 자녀의 특출함을 골라서 자랑하며 즐거워하는 잔치에 내가 있지 않았는지를. 우리가 그 자리를 차지함으로써 발생한 이웃과 직장동료의 불행과 슬픔에 눈을 감으며 대신에 자신의 합격과 승진과 성공의 잔칫집에서 오래오래 축하받고 싶은 자리에도 내가 있었는지를. 자신이 좋아하는 취미활동이나 기호품에 금전과 시간을 아끼지 아니하면서 가족에게 절약하라고 호통치는 잔치에 참여하지 않았는지도 물어보아야 한다.

반복되는 일생생활에 권태로움이 엄습하여 보다 자극적이고 찰나적인 시도가 도사리고 있는 잔치에 내가 자리 잡고 있지 않을까라는 질문을 해 보아야 한다. 또한 관계의 권태로움으로 인하여 새로운 SNS를 통해서 자신의 존재와 가치를 인정받고 자극받으려는 잔치를 즐기고 있지는 않은지….

이런 질문이 쌓여가고 더 많은 유사한 잔치에 우리가 기웃거리고 있음을 알게 되자 우린 그제야 깨닫게 된다. 바로 나의 수신궁 잔치는 180일도 부족하기만 하다는 것에 소스라치게 놀란다. 그리고 아하수에로왕에게 던졌던 돌을 내가 맞아야 하지 않을까라는 결론에 도달한다.

그리고 이제 화려하지도 않고 평범함으로 둘러싸인 가나에 있는 우리 가정이 얼마나 환희에 찬 잔치가 있는지 되물어 본다. 더불어 기쁨의 술이 떨어져 가족이 슬퍼하고 있지는 않은지 돌아본다. 연약함과 질병과 이국생활의 외로움이 잔칫집에 떨어진 술처럼 현실로 다가온다. 그렇다, 우리의 삶은 결코 수산궁이 될 수 없다. 왜냐하면 거기에는 하나님이 계시지 않기 때문이다. 그래서 우린 기쁨 뒤에는 또 다른 슬픔의 눈물이 우리를 기다리고 있는 가나가 우리의 터전이고 안식처인 것이다.

왜냐하면 가나는 예수님이 계시기 때문이다. 슬픔의 눈물을 환희의 술로 변화시키시는 창조주 하나님이 계신 곳이다. 우린 변화된 술을 운반하며 목격한 연회장의 하인이다. 그 기적의 현장에서 경이로운 예수님을 만나서 눈을 뜬 소경들이다. 그래서 우린 참사랑을 고백하고 그분 앞으로 나아갈 수밖에 없다. 또한 예수님께서 참석하신 연회는 바로 혼인잔치였다. 그래서 모든 부부의 연합을 축복하신다. 인간관계의 모든 것이 그 속에 담겨 있다. 그것은 겨자씨처럼 작지만 커다란 나무가 되어 역사를 움직인다. 수산궁은 폐허 속에 흔적도 찾기 힘들지만 혼인잔치는 겨자씨가 되어 오늘도 예배 속에 등장한다. 그분께서는 가정을 통하여 하나님께서 짝지어 주신 오묘한 관계를 체휼하고 소화하기를 원하신다.

그리고 우리 가정이 작은 교회로 승화되어 이웃을 향한 우리의 심장이 조건 없는 핏빛 사랑으로 물들기를 위해 중보하신다. 그리고 나에게 물으신다. 아담에게 하셨던 그 질문을 네가 지금 어디에 있느냐? 라고….

세자빈

통곡 속에 숨은 **유머**

칼이 연기처럼
사라지는 이유는?

　왕이 옳게 여기시거든 조서를 내려 그들을 진멸하소서 내가 은 일만 달란트를 왕의 일을 맡은 자의 손에 맡겨 왕의 금고에 드리리이다 하니 왕이 반지를 손에서 빼어 유다인의 대적 곧 아각 사람 함므다다의 아들 하만에게 주며 이르되 그 은을 네게 주고 그 백성도 그리하노니 너의 소견에 좋을 대로 행하라 하더라 첫째 달 십삼일에 왕의 서기관이 소집되어 하만의 명령을 따라 왕의 대신과 각 지방의 관리와 각 민족의 관원에게 아하수에로왕의 이름으로 조서를 쓰되 곧 각 지방의 문자와 각 민족의 언어로 쓰고 왕의 반지로 인치니라 이에 그 조서를 역졸에게 맡겨 왕의 각 지방에 보내니 열두째 달 곧 아달월 십삼일 하루 동안에 모든 유다인을 젊은이 늙은이 어린이 여인들을 막론하고 죽이고 도륙하고 진멸하고 또 그 재산을 탈취하라 하였고 이 명령을 각 지방에 전하기 위하여 조서의 초본을 모든 민족에게 선포하여 그 날을 위하여 준비하게 하라 하였더라 역졸이 왕의 명령을 받들어 급히 나가매 그 조서가 도성 수산에도 반포되니 왕은 하만과 함께 앉아 마시되 수산 성은 어지럽더라(에스더 3:9–15).

하만은 아말렉의 자손이며 아멜렉은 인간의 힘으로 세상을 지배하고 하나님으로부터 독립하려는 모든 육신적인 활동을 의미한다. 그런데 이 세력은 그냥 중립적으로 존재하는 것이 아니라 끊임없이 하나님과 관련된 사람들과 역사에 대하여 방해와 핍박과 저주를 한 어둠의 세력이다. 하만은 우리 속에 존재하는 하나님에 대한 인식과 감사과 찬양과 영광을 빼앗아 육신적 삶을 살아가도록 하는 무서운 세력이다. 한날한시에 유대백성들의 노인, 여자, 어린아이까지 다 살육하려고 하는 하만의 잔인성은 아말렉을 대표하는 육신의 세력이 얼마나 하나님에 대한 목마름과 영적인 간구함을 증오하고 수단과 방법을 가리지 않고 하나님과 우리 사이를 갈라놓으려고 몸부림치고 있는지 성경과 세상을 통하여 살펴보기로 하자.

예수님께서 무엇을 먹을까 마실까를 걱정하지 말라고 하신 것도 인류가 아담과 하와의 타락으로 인하여 스스로 먹고 사는 문제를 해결하는 것으로부터 출발한다. 최초에 인류는 수렵으로 먹는 것을 해결하였다. 순발력과 속도가 인간보다 빠른 동물을 잡기 위해서 도구인 칼과 활을 개발하였다. 그러나 노획물의 숫자는 한정되어 있고 수렵인의 숫자가 늘어나면서 더 일찍 동물을 찾아나서야 했고 생계를 유지하기 위해 쏟아야 하는 시간은 늘어나게 되었다. 그리고 수렵해야 할 동물이 자신의 영역에서 줄어들자 이제는 다른 종족이 사는 영역을 넘어서 동물을 찾아 나서게 된다. 이것이 결국 종족 간의 전쟁을 유발하는 요인이 되어서 수렵에 사용된 무기가 이제는 사람을 살상하는 무기로 전락하게 된다.

통곡 속에 숨은 유머

수렵시대나 21세기의 지금이나 무대만 바뀌었을 뿐 인류가 하나님을 외면하고 스스로 먹고 마시는 문제를 해결하려고 하는 모습은 유사하다. 아말렉은 사랑과 나눔 대신에 경쟁과 전쟁으로 인류를 파괴시켜 왔다. 전쟁의 비참한 결과에 충격받은 인류는 국제연맹이나 국제연합을 결성하여 전쟁을 막아보자 애를 쓰고 있지만 지금도 크고 작은 전쟁은 끊임없이 일어나고 있고 각국의 무기는 갈수록 첨단화되어가고 살상능력은 날이 갈수록 커져가고 있다.

다행히 세계대전이 지난 60여 년 동안에 일어나지 않아 그나마 평화의 시대를 누려왔지만 이런 평화의 시대에는 인류는 거룩함 대신 마약과 성의 문란, 믿음 대신 과학을 진리로 숭상함으로써 더욱더 많은 문제를 일으켜왔다. 아직도 인류는 하나님 없이 스스로 사회를 낙원으로 바꿀 수 있다는 아말렉의 속임수에 놀아나고 있다.

그러나 아말렉의 가장 교묘한 사기극은 교회 안에 있다. 성경 사무엘상 17장에서 아말렉을 대로 진멸하라는 하나님의 명령을 외면하고 아말렉이 소유하고 있던 살찐 소와 양을 처리하지 않고 살려둔 채로 노획물로 끌고 오자 사무엘은 하나님을 대신하여 대노한다. 그러나 사울은 제사에 사용될 동물로 최고품을 골랐다는 자신감과 공명심이 앞을 가리게 되어 사무엘에게 "원하건대 당신은 여호와께 복을 받으소서 내가 여호와의 명령을 행하였나이다" 한다(삼상 15:13).

아말렉을 진멸하라는 하나님의 명령에 순종하지 않으면서 자신이 명령을 수행하고 있다고 당당하게 주장하는 사울의 모습에서 오늘날 현대교회의 빗나간 신앙활동이 부각된다. 현대교회는 아말렉의 소와 양을 그대로 교회 안으로 끌고 들어오고 있다. 그중에서도 가장 심각한 것이 헌금이다. 헌금을 최대한 많이 걷어 들이기 위해서 셀 수 없는 종류의 헌금을 만들어서 교인들에게 제시하고 있다. 명목은 교인들의 헌금생활을 훈련시키기 위해서 헌금을 강조한다고 하지만 실제로는 교회의 재정을 확보하기 위해서 수단과 방법을 가리지 않고 헌금을 많이 나올 수 있는 세속적 상업주의에 나온 수단을 동원하고 있다.

대표적인 것이 헌금 바구니를 돌리는 것이다. 아직 신앙과 믿음이 초보 수준에 있는 사람들은 헌금 바구니가 자기 앞으로 오는 것을 두려워하거나 부담스럽게 느낌에도 불구하고 교회는 여전히 헌금 바구니를 돌린다. 이런 경우 집단과 다른 행동을 하는 두려움 때문에 싫지만 할 수 없이 바구니에 돈을 넣지 않을 수 없게 된다. 게다가 헌금자 명단공개, 헌금 봉투에 구멍 내기와 기복적 헌금 설교 등으로 교회는 아말렉의 속임수를 써서 하나님께 헌금을 바친다. 그러나 성경은 그런 종류의 헌금과 예배는 증오한다고 경고하고 있다.

말라기서는 초반부에서 하나님께서 야곱을 사랑하고 에서를 미워하였다고 한다. 그리고 겉으로 야곱인 것처럼 행세하지만 속으로는 에서의 모습으로 제사를 드리는 이스라엘 백성에 대하여 하나님께서는 다음과 같이 진노하신다.

내 이름을 멸시하는 제사장들아 나 만군의 여호와가 너희에게 이르기를 아들은 그 아버지를, 종은 그 주인을 공경하나니 내가 아버지일진대 나를 공경함이 어디 있느냐 내가 주인일진대 나를 두려워함이 어디 있느냐 하나 너희는 이르기를 우리가 어떻게 주의 이름을 멸시하였나이까 하는도다 너희가 더러운 떡을 나의 제단에 드리고도 말하기를 우리가 어떻게 주를 더럽게 하였나이까 하는도다 이는 너희가 여호와의 식탁은 경멸히 여길 것이라 말하기 때문이라 만군의 여호와가 이르

통곡 속에 숨은 유머

노라 너희가 눈 먼 희생제물을 바치는 것이 어찌 악하지 아니하며 저는 것, 병든 것을 드리는 것이 어찌 악하지 아니하냐 이제 그것을 너희 총독에게 드려 보라 그가 너를 기뻐하겠으며 너를 받아 주겠느냐(말 1:6-8).

하나님을 두려워하지 않고 마음에도 없는 예물을 들고 들어와서 억지로 드리는 예물을 가증스럽게 여기는 하나님의 마음이 표출된 말씀이다.

에서에서 시작되어 아말렉에 이르는 육신적인 생각과 활동은 죽음의 순간까지 저주와 함께한다. 사무엘하 1장에는 아말렉을 쳐부수고 돌아온 다윗에게 어떤 한 소년이 사울의 죽음을 알리는 내용이 적혀있다. 다윗은 어떻게 사울왕이 사망한 것을 아느냐고 물으니 그 소년이 사울이 죽는 순간 그 자리에 있었고 자살하려는 사울을 도와서 자기가 사울을 죽였다고 전한다. 소년은 사울이 다윗을 죽이려고 평생을 쫓아다닌 사실을 알고 있기에 그 사울을 죽였다고 하면 자신이 포상을 받을 것이라고 생각해서 과장해서 보고한다. 그러나 다윗은 하나님의 사람이다. 하나님께서 기름 부으신 자를 죽이는 것은 바로 하나님께 도전하는 것이라고 믿는 사람이었다. 그래서 그 소년을 죽이라고 명령한다. 그런데 놀라운 사실은 그 소년이 아말렉 족속이었다는 것이다(유대인들의 전승에 의하면 이 아말렉 소년은 도엑의 아들이었으며 도엑은 사울의 병기든 자로 사울이 자살하기 전에 사울의 면류관과 왕족의 장신구인 팔찌를 자기 아들에게 주어 그것들을 다윗에게 가져가 다윗의 비위를 맞추도록 했다고 한다. 메튜 헨리 주석). 사울이 죽는 순간까지 아말렉이 그 자리에서 저주하며 조소하며 함께하였다는 사실은 매우 공포스럽다.

우리가 하나님과 멀어지면 아말렉은 우리가 눈치채지 못하게 비밀스럽게 접근해 온다. 그리하여 하나님으로부터 오는 평안 대신 아멜렉의 안락함으로 우리는 살아간다. 또한 하나님으로부터 오는 사랑 대신 아말렉의 질투와 시기로 가득한 삶을 살고 하나님으로부터 오는 희생과 섬김 대신 아말렉의 이기심과 지배욕에 사로잡힌다. 또한 하나님의 용서 대신 아말렉의 복수심으로 가득 차고 하나님의 안식 대신에 아말렉처럼 방탕한 생활을 하면서 하나님의 위로 대신 아말렉의 비웃음을 경험할 것이다. 그리고 그 결과 예수님의 부활을 통하여 자신의 죽음을 이기는 의연함 대신 아말렉으로부터 오는 죽음의 공포가 최후의 순간까지 괴롭힐 것이다.

우린 사울이 죽는 순간까지 따라온 아말렉을 목격하였다. 아말렉의 입가에 서려 있는 저주스런 미소를 보았다. 우리가 사울과 같은 죽음의 순간을 맞이하지 않으려면 지금부터 하나님과 우리의 원수인 아말렉의 잔재들을 몰아내어야 한다. 겉은 야곱이요 속은 에서였던 바리새인들과 제사장과 장사꾼이 판을 쳤던 성전을 청소하신 예수님의 심장의 고동소리에 귀 기울이지 않을 수 없다.

검은 연기

위장한 정지훈을
제일 먼저 알아본 사람은?

　모르드개가 이 모든 일을 알고 자기의 옷을 찢고 굵은 베 옷을 입고 재를 뒤집어쓰고 성중에 나가서 대성통곡하며 대궐 문 앞까지 이르렀으니 굵은 베 옷을 입은 자는 대궐 문에 들어가지 못함이라 왕의 명령과 조서가 각 지방에 이르매 유다인이 크게 애통하여 금식하며 울며 부르짖고 굵은 베 옷을 입고 재에 누운 자가 무수하더라 에스더의 시녀와 내시가 나아와 전하니 왕후가 매우 근심하여 입을 의복을 모르드개에게 보내어 그 굵은 베 옷을 벗기고자 하나 모르드개가 받지 아니하는지라 에스더가 왕의 어명으로 자기에게 가까이 있는 내시 하닥을 불러 명령하여 모르드개에게 가서 이것이 무슨 일이며 무엇 때문인가 알아보라 하매 하닥이 대궐 문 앞 성 중 광장에 있는 모르드개에게 이르니 모르드개가 자기가 당한 모든 일과 하만이 유다인을 멸하려고 왕의 금고에 바치기로 한 은의 정확한 액수를 하닥에게 말하고 또 유다인을 진멸하라고 수산 궁에서 내린 조서 초본을 하닥에게 주어 에스더에게 보여 알게 하고 또 그에게 부탁하여 왕에게 나아가서 그 앞에서 자기 민족을 위하여 간절히 구하라 하니 하닥이 돌아와 모르드개의 말을 에스더에게 알리매 에스더가 하닥에게 이르되 너는 모르드개에게 전하기를 왕의 신하들과 왕의 각 지방 백성이 다 알거니와 남녀를 막론하고 부름을 받지 아니하고 안뜰에 들어가서 왕에게 나가면 오직 죽이는 법이요 왕이 그 자에게 금 규를 내밀어야 살 것이라 이제 내가 부름을 입어 왕에게 나가지 못한 지가 이미 삼십 일이라 하라 하니라 그가 에스더의 말을 모르드개에게 전하매 모르드개가 그를 시켜 에스더에게 회답하되 너는 왕궁에 있으니 모든 유다인 중에 홀로 목숨을 건지리라 생각하지 말라 이 때에 네가 만일 잠잠하여 말이 없으면 유다인은 다른 데로 말미암아 놓임과 구원을 얻으려니와 너와 네 아버지 집은 멸망하리라 네가 왕후의 자리를 얻은 것이 이 때를 위함이 아닌지 누가 알겠느냐 하니 에스더가 모르드개에게 회답하여 이르되 당신은 가서 수산에 있는 유다인을 다 모으고 나를 위하여 금식하되 밤낮 삼 일을 먹지도 말고 마시지도 마소서 나도 나의 시녀와 더불어 이렇게 금식한 후에 규례를 어기고 왕에게 나아가리니 죽으면 죽으리이다 하니라 모르드개가 가서 에스더가 명령한 대로 다 행하니라(에스더 4:1-23).

에스더서 4장에는 모르드개와 에스더에 관한 이야기가 집중적으로 나온다. 모르드개는 자신의 민족이 말살될 것이라는 하만의 음모를 듣고 자신의 옷을 찢고 굵은 베옷을 입고 재를 뒤집어쓰고 통곡을 한다. 다른 유대인들 역시 같은 반응을 보이며 슬픔에 젖어있다. 철저하게 하나님 백성을 진멸하고자 하는 하만과 하나님 백성을 구원하고 회복시키고 보호하려고 하는 모르드개의 역할은 바로 육신을 대표하는 아말렉과 하나님의 영이신 성령을 각각 상징하고 있다.

모르드개는 에스더에게 자신의 민족을 구하기 위하여 왕에게 나아가서 이 사실을 알리고 백성을 구할 것을 요구한다. 에스더는 자신도 아하수에로왕을 알현한 지 이미 30일이 지났고 만약에 왕이 자비를 베풀지 않으면 왕과 대면을 신청한 에스더 역시 죽음을 면치 못할 것이라고 모르드개에게 자신의 현재 입장을 밝힌다.

모르드개는 만약 에스더가 나서지 않으면 하나님께서 다른 사람을 통하여 구원의 길을 여실 것이라고 단언하며 에스더의 신변 역시 안전하지 못할 것이라고 경고한다. 이후 에스더는 자신이 죽음을 각오하고 에스더서의 가장 극적인 고백인 "죽으면 죽으리라"라는 말과 함께 왕과의 알현을 결심한다.

복음과 구원은 우리의 내면의 변화 없이 단순히 천국만 보장된 선언이 아니다. 즉 우리가 구원받았으니 아무리 내가 내 마음대로 하더라도 난 천국을 간다라는 거룩한 종착역에 관한 이야기가 전부가 아니다. 물론 우린 예수님의 보혈의 공로로 거룩한 종점에 도달할 것이라는 확신이 있다. 왜냐하면 우리가 예수님 안에 있기 때문에 그분의 희생과 공로로 목적지에 도달할 수 있는 것이다. 그러나 구원은 거기에 머물러 있지 아니하고 예수님이 우리 안에 오셔서 이 땅에서 어떻게 살아야 하는가에 관한 거룩한 탈바꿈과 변화를 포함하고 있다.

열차표를 가지고 있다고 해서 그것이 목적지까지 가는 것을 보장하지 않는다. 우리는 개찰구를 지나 열차의 승강구 계단에 발을 디디고 올라타야만 비로소 목적지에 갈 수 있는 가능성을 가지게 된다. 그러나 승차가 목적지를 완전히 보장하지 않는다. 열차를 한번 탄 후에는 열차 안의 규칙에 따라야 한다. 열차 안에서는 더 이상 내 마음대로 갈 수 있는 자유가 허용되지 않는다. 기관실과 승무원이 근무하는 방은 함부로 들어갈 수 없다. 담배를 피울 수 없고 내가 먹고 싶은 음식이 없다고 해서 달리는 기차에서 바깥에 있는 슈퍼로 뛰어내리면 죽음을 맞이하게 된다.

열차 안에서 통하는 새로운 규정과 원리에 우리가 적응해야 하듯이 복음으로 구원을 받은 신자는 이 땅에 살아가면서도 하나님의 법칙과 원칙과 원리에 순종해야 하는 것이다. 때로는 그 순종이 우리의 육신을 완전히 죽여야 하는 믿음을 요구하기도 한다. 에스더의 죽으면 죽으리라는 고백은 그녀가 모르드개의 말에 순종하였을 때 나올 수 있는 믿음의 고백인 것이다. 우리가 성령님에 의지하지 않으면 육신의 생각에 사로잡혀 하나님이 기뻐하시는 선택보다는 육신이 안겨다 주는 두려움 때문에 믿음의 결정을 하기가 어렵다. 에스더 역시 처음 모르드개의 말을 들었을 때 자신이 30일 동안 왕을 만나지 못한 사실을 부각시키며 자신이 죽을 수도 있다는 입장을 알린다.

인생을 살아오면서 우린 에스더의 위기를 경험한다. 다니엘은 사자굴 앞에서 그의 세 친구는 풀무불 앞에서 죽음의 위기를 만났다. 우리가 티켓을 손에만 쥐고 있고 열차를 타지 않으면 당연히 우린 우리가 가고 싶은 대로 마음껏 가는 자유를 누리며 살 것이다. 결코 역무원들의 통제나 지시사항에 따를 필요가 없다. 즉 우리의 자아와 자존심이 죽을 필요 없이 자기 뜻대로 살아가게 된다.

에스더는 철저하게 모르드개의 말에 순종한다. 그 첫 번째가 바로 자신의 민족을 밝히지 않은 것이다(에스더 2:20). 드러낼 때와 숨길 때를 분별할 줄 알도록 성령의 지혜를 간구해야 할 것이다. 열차 안에서 시끄럽게 떠들지 못하듯이 우린 성령의 인도를 받으면 우리의 입이 무거

통곡 속에 숨은 유머

위진다. 그러나 열차를 타지 않는 사람들은 마음껏 자신이 원하는데 가서 고함을 치고 떠들 수 있다. 얼마나 많이 우린 우리의 입을 조심하지 않고 내 마음대로 사용하여 낭패를 본 경험이 많은지 삶을 통해서 많이 경험했다. "다른 사람에게 절대로 이야기하지 말라"고 하며 비밀 이야기를 털어놓은 경우가 비일비재하다. 그리고 그 결과는 비극을 초래한다.

나관중의 『삼국지연의』에는 후한시대 문하시랑이란 벼슬을 했던 황규라는 인물이 나온다. 황규는 북방민족인 마등과 함께 방자한 승상(오늘날 수상에 해당하는 직위) 조조를 죽이기로 모의를 한다. 그런데 황규에게는 애첩 이춘향이가 있었고 이춘향은 황규의 처남인 묘택과 정을 통하고 있었다.

모의를 마치고 돌아오는 황규가 신바람 나 있는 낌새가 수상하여 춘향은 황규에게 무슨 좋은 일이 있는가를 물었다. 황규는 별일 아니라고 처음에는 숨겼다. 그러나 묘택으로부터 약점을 발견하라는 사주를 받은 춘향은 집요하게 파고들며 앙살과 토라짐으로 황규를 겁박한다. 결국 황규는 승복하고 춘향에게 "너만 알고 있어라"라고 하며 거사를 알려준다. 술에 취하여 잠든 황규를 뒤로 하고 춘향은 묘택에게 이 사실을 알리고 묘택은 조조에게 고해 바침으로써 황규와 마등은 조조에게 붙잡혀서 목이 잘린다.

비밀을 함부로 폭로하면서 자신의 생명을 잃은 황규와 같은 인물은 역사 속에서 허다하게 등장한다. 죽음까지 가지는 않더라고 함부로 입을 열었다가 낭패를 보는 경우를 우린 자주 보아왔다.

그러나 성령께서는 반대로 침묵 대신 생명을 무릅쓰고 말을 해야 할 때가 있다고 한다. 오늘 본문 말씀의 에스더가 바로 그러한 경우이다. 자신의 민족이 말살의 위기에 있을 때 에스더는 자신의 생명을 잃을 수 있는 말을 해야 하는 위기에 봉착하게 된다. 그리고 이때 침묵 대신에 발언을 요구하는 반대상황을 맞이하게 된다.

폭군 아합에게 진언을 했던 미가야나 이스라엘 백성들에게 조롱을 받으면서 회개를 촉구했던 예레미야는 모두 선지자로서 하나님의 말씀을 대언하였다. 이처럼 오늘날에도 우리시대 하나님 말씀을 듣기를 거부하고 핍박하는 불신자들의 모욕적인 말을 각오하면서도 우리가 입을 열어야 할 때가 있는 것이다.

진언의 위험성은 세상 역사 속에도 발견한다. 초기의 겸손함과 순수함을 저버리고 구석(아홉 가지 특권)에 눈이 먼 조조에게 그의 참모인 순욱은 진언을 올린다. 그의 진언은 죽음을 각오한 것이었다. 아나나 다를까 조조는 "내가 그럼 그럴 자격이 없다는 말인가?"로 반문하면서 순욱에게 빈 그릇을 하사하여 자살하게 한다. 허영심과 공명심에 눈이 어두워진 조조는 그를 신하로서 최고자리에 오르게 하는 결정적인 공헌을 한 순욱을 죽인다. 조조 주위에는 그의 교만함과 독선을 부추기는 간신들로 가득 차 있었다. 이런 상황 아래서 순욱은 조조의 깨끗했던 과거를 회상시키면서 황제와 거의 동급인 아홉 가지 특권을 포기할 것을 권한다. 그는 조조를 너무도 잘 알고 있기에 그 조언이 자신의 죽음을 가져올 것을 알고도 직언한 것이었다.

우리는 가까운 지인이 옳지 않은 길로 접어들고 있을 때 직언하기를 두려워한다. 특별히 나의 직업과 관련된 상사인 경우에는 더욱더 공포스러워한다. 또한 가까운 친구 사이 역시도 그 관계에 금이 갈 것 같아서 조언하기를 두려워한다. 그러나 성경은 말을 해야 할 경우에 하지 않으면 하나님께서 기뻐하지 않으시니 그것 역시 죄가 된다고 한다(겔 3:18-19, 고전 9:16).

결론적으로 복음은 천국행 티켓을 쥐고 열차를 타지 않고 내 마음대로 사는 방임형 구원이 아니라 에스더가 모르드개의 말에 순종하듯이 우리가 성령님의 인도함을 받고 사는 것이다. 즉 그분의 통치 아래 들어가서 육신의 지배를 받고 살아온 입술을 이제부터 성령님의 통제 아래 두는 삶인 것이다. 오늘도 에스더처럼 나의 입술이 침묵할 때와 당당하게 말을 해야 할 때를 가리는 지혜로 살고 있는가를 되돌아보자.

유비

팥죽을 사형시키면은?

그 날 밤에 왕이 잠이 오지 아니하므로 명령하여 역대 일기를 가져다가 자기 앞에서 읽히더니 그 속에 기록하기를 문을 지키던 왕의 두 내시 빅다나와 데레스가 아하수에로왕을 암살하려는 음모를 모르드개가 고발하였다 하였는지라 왕이 이르되 이 일에 대하여 무슨 존귀와 관작을 모르드개에게 베풀었느냐 하니 측근 신하들이 대답하되 아무것도 베풀지 아니하였나이다 하니라 왕이 이르되 누가 뜰에 있느냐 하매 마침 하만이 자기가 세운 나무에 모르드개 달기를 왕께 구하고자 하여 왕궁 바깥뜰에 이른지라 측근 신하들이 아뢰되 하만이 뜰에 섰나이다 하니 왕이 이르되 들어오게 하라 하니 하만이 들어오거늘 왕이 묻되 왕이 존귀하게 하기를 원하는 사람에게 어떻게 하여야 하겠느냐 하만이 심중에 이르되 왕이 존귀하게 하기를 원하시는 자는 나 외에 누구리요 하고 왕께 아뢰되 왕께서 사람을 존귀하게 하시려면 왕께서 입으시는 왕복과 왕께서 타시는 말과 머리에 쓰시는 왕관을 가져다가 그 왕복과 말을 왕의 신하 중 가장 존귀한 자의 손에 맡겨서 왕이 존귀하게 하시기를 원하시는 사람에게 옷을 입히고 말을 태워서 성 중 거리로 다니며 그 앞에서 반포하여 이르기를 왕이 존귀하게 하기를 원하시는 사람에게는 이같이 할 것이라 하게 하소서 하니라 이에 왕이 하만에게 이르되 너는 네 말대로 속히 왕복과 말을 가져다가 대궐 문에 앉은 유다 사람 모르드개에게 행하되 무릇 네가 말한 것에서 조금도 빠짐이 없이 하라(에스더 6:1-10).

　에스더 6장은 어떤 면에서 에스더서 전체에서 가장 큰 반전이 일어나는 장이며 에스더서를 전반부와 후반부로 갈라놓는 지점이기도 하다. 5장까지는 하만이 그동안 승승장구하며 그 권세가 하늘을 찌르며 온 천하를 자신이 떡 주무르듯 권력의 중심에 있음을 기록하고 있다. 또한 모르드개를 하만이 나무에 매달아 죽이려고 사형집행 기둥을 이미 세워놓고 있었다. 그런데 6장에서 아하수에로왕의 급전된 명령으로 모르드개를 가장 존귀한 인물로 대접해야 하는 역전된 상황이 구심점인 것처럼 보인다.
　그러나 이런 외형적인 역전사건보다 더 의미 있는 부분이 바로 아하수에로왕이 에스더의 청을 받아들인 밤에 잠을 이룰 수 없다는 점이다. 단순히 왕이 불면증이 있어서 잠을 이루지 못한 것이 아니라 하나님께서 그의 인생에 깊게 관여하기 시작하셨다는 증거이다.

　아하수에로왕은 제국을 통일한 절대 권력을 누리며 그의 힘을 과시하기 위하여 잔치를 180일 동안 계속한 왕이었다. 잔치 이후에 왕비가 폐위되는 사건이 발생한다. 그리고 그는 하만이란 인물을 총리대신에 임명하여 전권을 부여하는 반지를 하사한다. 그 이후 하만의 사악함이 발동하면서 유대인들이 민족몰살이라는 위기에 처하게 된다. 한 민족이 몰살된다는 참변을 아하수에로는 동정과 연민 없이 허락하고 하만에 의해 진행되어 가고 있었다.

이 위기의 순간에 에스더가 목숨을 걸고 왕에게 나아가 잔치에 하만과 참석할 것을 요청한다. 예수님께서 사마리아 여인에게 물을 달라고 했을 때 여인은 어찌 유대인이 사마리아 여인에게 물을 달라고 하느냐고 묻는다. 여인은 땅에서 나온 물을 이야기하고 있었다. 그러자 예수님께서 내가 주는 물은 영원히 목이 마르지 않는 하늘에서 오는 생명수라고 하신다. 이처럼 에스더 역시 처음에 모르드개로부터 유대 백성의 위험을 왕에게 전하라고 요구받았을 때 30일간 왕을 알현하지 못한 사실을 말한다. 땅의 물을 마시고 있었을 때 한 말이었다. 그러나 에스더는 이 하늘의 생명수를 마시고 과감하게 왕에게 나아가서 자신의 잔치에 참석할 것을 요구한다.

이 생명수를 마신 에스더를 만난 날 밤에 왕은 번민하고 잠을 이루지 못한다. 성령에 따라 움직이는 사람은 영혼이 공허한 자의 마음을 움직이는 것이다. 이것이 바로 복음전도요 기쁜 소식을 전하는 발이요 그 발은 아름다울 수밖에 없다.

인간은 태어나면서부터 하만에게 둘러싸여 있다. 그래서 갓난아이에게 질투나 경쟁이나 속임수를 가르치지 않아도 스스로 이런 죄악 된 행동을 자연스럽게 한다. 그것은 하나님의 영이 들어가야 할 장소가 비어있고 그 주위를 하만이 둘러싸고 있기 때문에 인간은 미움과 증오와 두려움과 수치심이 당연한 것으로 여기고 살아간다.

그러나 그 비어있는 공간에 하나님의 영이 가득 차고 하만이 쫓겨난 사람을 만나면 하만적 인간은 당황과 충격과 번뇌를 하기 시작한다. 과연 누가 정상인지에 대한 의문과 회의가 찾아오기 시작한다. 자신 같으면 곧 기절하며 죽어버릴 것 같은 역경 속에서도 굴하지 않고 영원

통곡 속에 숨은 유머

을 향한 믿음을 가지고 사는 그들 앞에 그의 심혼은 떨리기 시작한다. 1주일을 굶은 사자들의 포효소리를 들으면서 피가 튀기고 살점이 떨어져 나가는 순간에도 조용히 눈을 감고 찬미의 노래를 부르는 그들을 본 로마 관중은 밤에 잠을 이룰 수가 없었다. 그리고 그 로마는 결국 십자가 앞에 무릎을 꿇는다.

아하수에로왕은 번민의 밤 가운데서 역대기를 읽으면서 자신의 생명을 살려준 모르드개에 대하여 무심했던 행동을 후회한다. 인간이 바로 자신을 창조하신 하나님을 인식하며 고마워하는 순간이다. 그리고 자신의 이런 배은망덕한 행동을 후회하고 생명을 구원하여 주신 분에 감사하는 것이 중생이며 하나님 자녀가 되는 첫걸음이다. 우리 모두는 하나님을 몰랐을 때는 천상천하 유아독존으로 이 세상에서 자신이 가장 높고 유일한 존재로 여기는 아하수에로왕인 것이다.

그래서 우린 우리가 가진 최상의 무기를 갈고 닦아서 치열한 인생의 전쟁터로 나아간다. 시간이 흐를수록 나보다 더 강한 자가 있다는 것을 경험하면서 그 앞에 억지로 머리 숙이고 약한 자를 무시하면서 살아간다. 뜻이 맞으면 친구이며 다르면 적으로 삼아서 자신의 동맹국을 키워간다. 경쟁과 승진과 시험에서 승리한 날은 아하수에로처럼 잔치를 배설하여 자신의 자존심을 고무시킨다. 그러나 외부에서는 파죽지세의 승리가 계속되지만 집에 돌아와 보니 가족은 기대를 저버리는 행동으로 괴롭힌다. 수많은 불신자 가장이 아내와 자식으로부터 예상치 못한 증오와 불순종으로 고통받고 있다.

이런 번민이 바로 아하수에로왕의 불면의 밤을 장식하듯 우리에게도 찾아온다. 그 번민은 사악한 하만을 몰아내고 모르드개가 우리의 영혼의 빈자리로 들어오는 기쁜 소식을 가져다주는 촉매인 것이다.

오늘도 혹시 고난으로 인하여 한숨 쉬며 괴로워하는 밤이 있는가? 그것은 바로 쫓겨나기 싫어하는 하만의 최후의 발악이며 평강의 호흡을 불어넣어 주는 모르드개의 숨소리인 것이다. 성령님 오시옵소서. 그리고 내가 목숨을 걸고 만나야 하는 아하수에로가 누구인지를 알려주시옵소서.

단팥죽

사형장 가는 길은?

그날 아하수에로왕이 유다인의 대적 하만의 집을 왕후 에스더에게
주니라 에스더가 모르드개는 자기에게 어떻게 관계됨을 왕께 아뢰었으
므로 모르드개가 왕 앞에 나오니 왕이 하만에게서 거둔 반지를 빼어
모르드개에게 준지라 에스더가 모르드개에게 하만의 집을 관리하게
하니라(에스더 8:1-2).

일본의 아베정권이 국수적인 우경화를 향하여 달려가면서 역사왜곡,
신사참배, 자위대개편 등등으로 주변국의 심기를 건드리고 있다. 방어
적인 자위대를 법을 개정하여 공격적인 군대로 만들려고 하는 움직임
은 인접국가와 끊임없는 분쟁의 소지를 안겨준다. 영유권 분쟁은 일본
과 중국 간의 무력충돌 가능성을 언제든지 촉발할 수 있는 분위기를
고조시키고 있다.

그러나 그중에서 가장 심각한 문제는 역사를 왜곡하고 침략을 합리
화하려는 그들의 가르침이다. 신사참배를 두고 일본의 시각은 극히 애
매하고 주관적이며 자기합리화에 가까운 해명을 하고 있다. 그저 국가
를 위해 헌신한 조상을 추모하는 것이지 더 이상은 아니라고 한다. 그
러나 한국과 중국은 침략자들을 추모하고 기념하는 것은 또 다른 침략

의 불씨로써 우려하고 있다.

안중근 의사를 보는 시각 역시 판이하다. 일본은 공식적으로 사형당한 사형수라고 하고 비공식적으로는 테러리스트라고 한다. 그러나 한국과 중국은 동북아의 평화를 위협하는 침략의도를 저지시킨 위대한 인물로 인식한다. 힘이 좀 있다고 약자의 가진 것을 강제로 빼앗고 괴롭히는 행동은 초등학생도 분별할 수 있는 명확한 잘못이며 악한 것이다. 그런데 왜 초등학교 수준의 도덕성에도 미치는 행동을 1억을 대표하는 국가의 지도자들이 하고 있는 것일까?

이것이 바로 하나님을 떠난 인간의 본 모습이기 때문이다. 인간이 나이가 들면서 교육과 훈련에 의해서 길들여지지만 그것은 어디까지나 법과 전통과 이목에 의해서 감시받고 있기 때문에 선한 척한다. 만약 아무도 자신의 행동에 대하여 간섭하고 처벌할 사람이나 권력이 없다면 인간은 자연스럽게 범죄를 저질러 버릴 가능성을 가진 존재라고 성경은 증거한다. 대표적인 인물이 다윗이다. 우린 다윗을 구약시대에 최고의 인물 중의 한 사람으로 여기고 있고 현대 이스라엘 국민마저도 다윗은 그냥 왕이 아니라 위대한 왕이라고 자랑한다.

그런데 부하들은 전쟁터에서 적들과 싸우고 있을 무렵 그는 왕궁에서 바세바와 동침을 한다. 우린 쉽게 현대 도덕적 관점에 다윗의 불륜에 초점을 맞추어 큰 죄를 지었다고 생각하기 쉽다. 그러나 그 당시에는 일부다처제가 보편화 된 시기였기 때문에 오늘날과 같은 도덕적 기준으로 성경을 해석하면 핵심을 놓치게 된다. 다윗의 죄는 바로 하나님을 대신하여 백성을 다스리고 보호해야 할 막중한 책임을 다하지 못하고 보호해야 할 백성들을 오히려 다윗 자신의 탐욕으로 한 가정을 파

　　　　　　　　　　　　　　　통곡 속에 숨은 유머

괴하고 왕의 권력을 남용한 일이다.

그럼 우린 '다윗도 실수할 수 있구나.'라는 우호적인 반응과 '어찌 그럴 수가 있느냐?'는 부정적인 반응을 보일 수 있다. 성경은 그 어느 것도 아닌 인간이 도덕과 윤리와 책임을 다하는 것은 응징하는 사회적 안전장치가 있기 때문이라는 사실을 부각시키기 위해서 다윗을 등장시킨다. 즉 자신을 괴롭히던 사울이 죽고 사방의 적을 모두 물리치고 통일 왕국의 절대 권력을 쥐게 되자 구속하던 안전장치가 사라지게 된다. 그러자마자 바로 다윗마저도 이런 죄를 짓는다는 사실을 성경은 고발하고 있다.

에스더서 8장은 이런 상황 아래서 유일한 길은 바로 예수님만이 길이요 진리요 생명이라고 고백하고 그 원리를 진심으로 받아들여야 함을 강조하고 있다. 왜냐하면 예수님만이 유일하게 이 시험에서 통과하신 분이기 때문이다. 다윗이 예수님의 모형이며 다윗왕조를 통해서 예수님의 구원 역사가 이루어진다는 것은 바로 인간 다윗의 한계를 뛰어넘고 참된 구원의 길을 여시는 분이 예수님이시기 때문이다.

교육과 정보가 발달하여 인간이 미개하고 무지한 상태에서 깨어난 인터넷시대인 21세기가 되었지만 여전히 국가 간의 갈등과 무력충돌은 사라지지 않고 있다.

국제간의 분쟁과 문제는 하나님의 원리보다는 힘과 무기의 크기에 의해서 결정되어왔다. 유엔이 존재하지만 안보리 상임이사국인 나라가 최종결정권을 가진 것도 바로 이 세상이 힘의 논리로 해결되는 약육강식과 적자생존이란 하만의 법칙이 적용되고 있기 때문이다. 우린 에스더서 7장에서 하만을 모르드개 대신에 나무에 매달아 죽였지만 하만은 완전하게 죽은 것이 아니다. 그의 추종세력과 부하들이 아직 남아 있고 대를 이어서 하나님의 원리를 저주하고 조롱하고 무시하며 혼란스럽게 하고 있다.

하만의 추종세력은 통제할 수 있는 안전장치가 사라진 힘 있는 정부가 포악한 행동을 하도록 조정한다. 역사 속에 존재한 침략국이 바로 이들이다. 그리고 선과 악의 분별이 희미하게 하여 도덕적 기준을 흔들어 버리고 있다. 결국 인간과 사회와 국가 간의 절대적 선악관을 상대적으로 만들어서 하나님이 우리 인간에게 주신 기본 양심과 도덕을 흔들고 있다. 일본의 아베정권은 그 세력 아래서 놀아나고 있는 것이다.

그러나 이런 세속적 정부보다 더욱더 심각한 곳은 믿음의 식구들이 있는 교회이다. 인간은 역사를 통해서 예수님이 아닌 다른 방법으로 인간의 결점을 뛰어넘어 보려고 했다. 심리학은 우리 인간의 문제를 하나님을 배제하고 해결해 보려고 시도한다. 그러나 하만이 아무리 변화한다고 해도 하만이다. 이스라엘 백성이 아말렉 족속을 환대하고 친구로 삼고자 했으나 아말렉은 한 번도 이스라엘 백성을 환영한 적이 없이 끊임없이 저주하고 좌절에 빠져있을 때 오히려 더 공격하는 잔인함을 보여주었다.

현대의 많은 교회가 경영학과 심리학을 동원하여 복음을 밀어내고 번영과 형통을 추구하고 있다. 물론 경영학과 심리학 자체가 아무런 도움이 되지 않는다는 뜻이 아니다. 다만 복음을 밀어내고 세속적 방법이 교회를 지배하고 있기 때문에 현대교회는 세상의 빛과 소금이 되지 못하고 있다.

통곡 속에 숨은 **유머**

어느 대형교회에서 예배를 드리고 있었는데 다윗을 칭찬하는 설교를 들었다. 사울을 용서하는 다윗의 행동을 칭찬하면서 우리도 다윗을 본 받자는 식의 설교였다. 성경은 결코 도덕적 교훈이 핵심이 아니다. 하나님이 어떠한 분이시고 그분이 원하는 것이 무엇인지를 끊임없이 알려고 애써야 하는 원리를 기록한 책이다.

다윗이 사울을 해하지 않은 것은 그가 하나님께서 기름 부으신 자이기 때문이다. 사울을 해하면 하나님께 도전하는 것이기 때문에 자신을 죽이려는 사울에게 보복하지 않는 것이다. 결코 동양의 도덕군자처럼 마음이 넓고 포용력이 남달라서 그런 것이 아니다.

이런 식의 설교를 오래 들으면 모든 교인들이 질서와 도덕을 잘 지키는 모범생이 될지는 모르겠지만 결국 사랑과 자비와 긍휼함을 상실한 차갑고 메마른 완벽주의자들만 득실대는 교회로 변해 갈 것이다. 이단교회는 이런 사랑이 식은 교회교인들을 노리고 가족적 분위기와 정감이 넘치는 배려와 같은 것으로 유혹하여 교인들의 영혼을 빼앗아 간다.

지금 한국교회는 신천지 이단의 공격적인 전도활동 때문에 거의 대부분의 교회가 입구에 신천지 교인의 출입을 경고하고 법적 대응까지 하겠다는 경고문을 붙여 놓고 있다. 교회가 복음에 대하여 바르고 확실하게 정립시키는 일에 매진하고 있다면 이런 경고문이 필요할까라는 의문이 든다.

그래서 구원은 개선이 아니고 변혁이 되어야 한다. 새로운 피조물인 것이다(고후 5:17). 심리학은 부분적인 변화나 개선을 안겨다 주어서 마치 그것이 해결책인 것처럼 보이지만 인간은 내부에서 하만이 물러가고 모르드개가 주인이 되는 변혁이 일어나지 않고는 희망이 없다. 그래서 우린 인간의 의지를 촉구하는 빛바랜 도덕적 설교에서 희망을 찾을 수 없고 오직 왕의 반지가 모르드개에 끼워져서 예수님의 통치를 받는 나라에서 답을 찾을 수 있다.

성경은 에스더 3장 15절에 하만이 다스리던 수산성은 어지러웠지만 8장에 모르드개가 다스리던 수산성은 기뻐하고 즐기고 잔치를 베풀었다고 기록하고 있다. 이것이 구원이며 복음인 것이다.

억지로

삭발한 경험을
적은 책은?

이 달 이 날에 유다인들이 대적에게서 벗어나서 평안함을 얻어 슬픔이 변하여 기쁨이 되고 애통이 변하여 길한 날이 되었으니 이 두 날을 지켜 잔치를 베풀고 즐기며 서로 예물을 주며 가난한 자를 구제하라 하매 유다인이 자기들이 이미 시작한 대로 또한 모르드개가 보낸 글대로 계속하여 행하였으니 곧 아각 사람 함므다다의 아들 모든 유다인의 대적 하만이 유다인을 진멸하기를 꾀하고 부르 곧 제비를 뽑아 그들을 죽이고 멸하려 하였으나 에스더가 왕 앞에 나아감으로 말미암아 왕이 조서를 내려 하만이 유다인을 해하려던 악한 꾀를 그의 머리에 돌려보내어 하만과 그의 여러 아들을 나무에 달게 하였으므로 무리가 부르의 이름을 따라 이 두 날을 부림이라 하고 유다인이 이 글의 모든 말과 이일에 보고 당한 것으로 말미암아 뜻을 정하고 자기들과 자손과 자기들과 화합한 자들이 해마다 그 기록하고 정해 놓은 때 이 두 날을 이어서 지켜 폐하지 아니하기로 작정하고 각 지방, 각 읍, 각 집에서 대대로이 두 날을 기념하여 지키되 이 부림일을 유다인 중에서 폐하지 않게하고 그들의 후손들이 계속해서 기념하게 하였더라(에스더 9:22-28).

유다인 모르드개가 아하수에로왕의 다음이 되고 유다인 중에 크게 존경받고 그의 허다한 형제에게 사랑을 받고 그의 백성의 이익을 도모하며 그의 모든 종족을 안위하였더라(에스더 10:3).

에스더서는 겉으로 하만이란 악한 인물로 인하여 한 민족이 몰살당할 뻔한 상황 아래서 자신의 민족을 위해서 목숨을 걸고 진언한 에스더와 그 결과 유다민족이 죽음에서 살아난 부림절에 대한 이야기처럼 보인다. 그러나 성경은 하나님이 자신을 드러내시기 위한 정교한 예술품으로 그냥 무작위로 던져진 사건에 대한 나열을 기록한 책이 아니다. 영적인 원리와 교훈을 근거로 사건이 나열된 하나님의 말씀인 것이다.

가장 큰 흐름은 바로 아하수에로왕의 변화이다. 간교하고 사악한 하만의 지배를 받으며 살았던 왕이 의롭고 선한 모르드개의 손길 안으로 들어간 사건을 통하여 우리의 구원이 단순한 신분의 변화가 아닌 주인이 바뀐 급진적 변혁임을 우린 살핀 바 있다.

에스더서 9장과 10장은 철저하게 모르드개에 순종하는 에스더를 묘사하고 있다. 에스더는 하만의 열 아들을 나무에 매달게 하여 죽게 하라고 간언하고 있다. 모르드개가 결코 타협하지 않은 하만과 그 자손에 대하여 에스더는 끝까지 그 악한 세력을 제거하고 그 왕국이 모르드개의 지배 아래 들어가도록 순종의 삶을 살아간다. 순종은 자신의 의와 약속과 가능성에 대하여 포기하고 예수그리스도께서 다스리도록 삶의 모든 영역에서 자리를 내어 주는 것이다. 에스더는 철저하게 모르드개가 모든 일을 처리하도록 맡겼고 자신은 그저 주어진 역할만 충실하였다. 그런 면에서 에스더는 예수그리스도의 순종의 본을 상징하는 그림자이기도 하다. 하만의 조상인 에서는 반면 장자권을 우습게 보았고 자신의 독립성을 자랑삼고 있었다. 즉 인간은 영적인 존재가 아닌

통곡 속에 숨은 **유머**

그저 동물 중에서 우수한 종족에 불과하다는 사상을 가지고 살며 인간의 죽음이나 동물의 죽음에 하등의 차이가 없다고 믿는 철학이다.

그러나 성경은 철저하게 삶의 모든 영역에서 하나님의 통치권을 인정하고 살기를 원하고 있다. 거룩하게 산다는 것은 바로 우리 자연적 의지와 관련된 도덕적 선택이 바로 성령님의 지배를 받아야 한다는 것이다.

버스를 타는 것은 아무런 도덕적 선택을 요구하지 않지만 사람이 많이 기다리고 있다면 그때는 줄에서 마지막 자리에 갈 것인가 아닌가 라는 도덕적 선택을 요구받는다. 이런 매 순간의 선택이 얼마나 소중한 것이며 무엇을 근거로 선택해야 하는지를 성경은 우리에게 그 원리를 알려주고 있다.

신명기 34장에는 자신이 원하는 곳에 묻히지 못한 사람의 이야기가 나온다. 그는 나이 120세였으나 눈도 건강했고 기력도 쇠하지 아니했는데 죽음을 맞이해야 했다. 그는 바로 모세이다. 모세는 가나안 땅에 묻히지 못하고 모압 땅에 묻히고 말았다. 그동안 가나안을 천국의 상징으로 이해하고 광야와 같은 이 세상에서 고난을 받다가 죽어서 가는 천국으로 가나안을 비유해왔다. 그러나 이런 식으로 적용하면은 모세는 천국에 들어가지 못한 사람으로 해석되어야 하는 모순을 발견하게 된다. 그러므로 가나안은 천국으로 연결하는 해석은 좀 더 신중할 필요가 있다.

성경에서 이스라엘 백성들이 가나안 땅에 들어갈 수 없었던 이유는 믿음이 없었기 때문이라고 한다(히 3:18). 모세가 믿음이 없는 신자였기 때문에 가나안에 들어갈 수 없었다는 진술에 우린 쉽게 납득이 가지 않는다. 용기와 리더십과 온유함과 화려한 배경과 하나님을 직접 만난 경험을 가진 모세가 믿음이 부족해서 가나안 땅에 들어가지 못했다는 주장은 믿기가 힘든 성경적 사실이다.

하나님께서 홍해를 떠나서 광야에 들어온 뒤에 광야를 떠나 가나안에 들어가기를 얼마나 원하시는지를 살펴보기로 하자. 신명기 1장은 모세가 지난 40년간의 광야생활을 정리하며 불순종한 백성들의 광야생활에 대하여 가나안을 마주하는 요단강 건너편에서 설교하고 있다. 원래 율법을 받은 호렙산에서 가나안 입구인 가데스바네아까지 거리는 열하루 길에 불과했으나 이스라엘 백성들은 40년이 걸려서 오게 된다.

그리고 홍해를 건넌 후에 북으로 향하라고 하시며 광야에서 거주하는 에돔과 다투지도 말라고 하신다. 에서의 자손들에게는 광야에 거주지를 주었지만 이스라엘 백성에게는 그보다 훨씬 귀하고 고귀한 땅인 가나안 땅을 주시겠다고 했다. 그러나 이스라엘 백성들은 불신과 불평으로 광야를 방황하게 된다.

민수기 20장에는 이스라엘 백성이 신 광야에 이르렀을 때 물이 부족하게 되자 나쁜 땅으로 인도하였느냐고 모세에서 불평하고 원망을 한다. 그러자 모세는 하나님을 찾게 되고 하나님께서는 명령하여 물이 나오도록 하셨다. 그러나 모세는 말을 하는 대신 지팡이로 반석을 친다. 반석에서 물은 나오지만 모세를 향하여 믿음이 없다고 꾸짖으시며 가나안에 들어올 수 없다고 선언하신다.

비슷한 사건이 출애굽기 17장에 나온다. 여기서 우리말 성경은 장소를 신 광야로 적고 있지만 영어는 Sin 광야로 민수기의 Zin 광야와 완전히 다른 장소이다. 원문에도 서로 다른 이름으로 나온다. 그런데 출애굽기 Sin 광야에서는 물 부족에 대한 불평에 대하여 하나님께서는 반석을 지팡이로 치라고 하신다. 즉 예수님의 죽음으로 상징되는 이 반석을 치는 행동은 한 번으로 충분하기 때문에 38년이 지난 후에 비슷한 행동에 반석에 명령만을 하게 하셨다.

그러나 모세는 또다시 반석을 다시 침으로써 믿음 없는 행동을 보인다. 이 일로 인하여 모세는 가나안 땅에 묻히지 못하고 엉뚱한 광야에서 몸을 묻어야 했다. 즉 막대기를 치는 자연적 의지가 성령의 지배를 받지 못한 모습을 보여주었다.

예수그리스도를 또다시 십자가에 못 박은 선택인 반석을 치는 행위는 구원을 홍해 이전으로 다시 돌려서 또다시 홍해를 건너게 하는 결과를 유발하게 한다. 이는 예수그리스도의 십자가의 매달림이 한 번으로 부족하다는 인간의 오만이고 불순종에서 나온 것이기 때문에 믿음이 없다고 하는 것이다.

지팡이로 반석을 친 자연적 의지와 도덕적인 의지만으로 성경을 보면 하나님의 처벌 수위가 너무 심한 조치가 아닌가라는 생각이 든다. 그러나 영적인 기준에 의해서 해석하면 심각한 죄를 범했다는 사실을 알게 된다. 그러므로 우리의 자연적 의지와 도덕적 선택이 성령의 인도하심과 주권 아래 우리를 두지 않으면 언제나 죄(Sin)를 짓게 된다.

그런 의미에서 모세의 삶은 우리에게 많은 교훈을 안겨준다. 이스라엘 백성과 모세가 홍해 앞에 다다랐을 때 애굽의 군사들이 추격해오고 있는 광경을 목격한 이스라엘 백성들은 모세에게 강한 반발과 저항하는 목소리로 자신들을 죽이기 위해서 이곳까지 오게 했느냐고 비난의 목소리를 쏟아낸다. 이때 모세는 "두려워하지 말고 가만히 서서 여호와께서 오늘 너희를 위하여 행하시는 구원을 보라"고 하며 강력한 신앙의 본을 보인다. 출애굽기 17장의 신 광야에서 반석에서 물이 나오도록 반석을 친 모세는 바로 아말렉과 전투에서 그의 손이 올라가면

이스라엘 백성들이 전쟁에서 이기고 내리면 지는 기적의 역사 속 중심 인물이었다. 이렇게 광야로 이끌고 오는 구원에 과정에 모세는 탁월한 영웅적인 리더십과 역사에 남을 모범적 행동을 보인다.

그러나 광야에서 가나안으로 가는 여정에서는 모세는 믿음 없는 행동을 보이면서 그의 명성과 공적과 화려한 기적에 상관없이 그는 가나안에 들어가지 못한다. 특별히 민수기 20장 반석을 지팡이로 친 사건 이후에 에돔왕에게 편지를 보내어 형제라는 표현을 쓰면서 길 사용에 대한 허락을 구한다. 하나님께서 그렇게 대를 이어서 저주하던 에서의 자손을 형제라고 표현하는 모세의 영적인 상태는 믿음의 용사의 모습이 아니었던 것이다.

에돔과 아말렉은 결코 이스라엘 백성을 환대하지 않았고 그들을 지나가지 못하게 하였다. 그들의 학대는 에스더서의 하만을 지나 사도행전의 바울과 실라를 핍박하는 세력으로 변신하여 나타났다(행 16:21). 그리고 로마시대 카타콤을 거쳐서 오늘날은 물질주의와 자연주의 그리고 다원주의로 우리를 위협하거나 기만하고 있다.

모세의 죽음을 통하여 우린 구원이 광야를 들어와서 방황하는 이스라엘 백성들의 모습 속에 오늘날 우리 자신의 모습을 발견한다. 그들은 38년 동안 단지 Sin에서 Zin 광야의 이름만 바꾸었지 그들은 결코 가나안을 빠져나오지 못한 반쪽 구원만 체험한 신자들이라고 성경은 고발하고 있다. 모세가 광야에 뼈를 묻은 사건은 인간이 가진 어떠한 능력과 명성과 자질과 성공과 사역으로는 결코 가나안에 들어가지 못하고 완전한 모세인 예수님이 그 길을 갈 수 있음을 시사하고 있는 것이다.

통곡 속에 숨은 **유어**

그리고 구원이 홍해에서 광야로 들어가는 것이 끝이 아닌 광야를 떠나는 과정을 포함하고 있다. 모세의 삶을 통하여 광야를 떠나 가나안으로 들어가는 과정이 얼마나 우리가 기대하고 있는 현실과 다른 영적인 순종의 삶에 초점이 맞추어져 있는지 다시 살펴보아야 한다.

에스더서는 너무도 명확하게 아하수에로왕의 변혁과 에스더의 완벽한 순종이 구원의 핵심임을 오늘도 우리에게 가르쳐주고 있다. 구원과 복음은 우리가 변하지 않으면 그것은 거짓구원이요 거짓 복음이라고 오늘도 우리에게 도전하고 있다.

민수기

마무리하는 글

어찌하여 이방 나라들이 분노하며 민족들이 헛된 일을 꾸미는가
세상의 군왕들이 나서며 관원들이 서로 꾀하여
여호와와 그의 기름 부음 받은 자를 대적하며
우리가 그들의 맨 것을 끊고
그의 결박을 벗어 버리자 하는도다

(시편 2:1-3)

비용이 많이 드는 활동은?

천국은 자원이 무한하고 눈물도 슬픔도 죽음도 없는 곳이다. 무한히 행복하고 영원히 즐거운 곳이기에 천국을 믿는 우리는 사뭇 천국에 대한 설렘이 있다. 특별히 핍박과 고난이 심한 곳에서 주를 믿는 성도의 천국에 대한 갈망도는 하늘을 찌를 정도로 애절하게 기다리며 하루를 보낸다.

그러나 천국에 대한 오해가 너무 많기 때문에 우리의 신앙이 제자리를 잡지 못하는 경우가 허다하다. 예수님께서 회개하라 천국이 가까웠다고 하시면서 천국의 도래를 선포하였다. 천국은 공간적인 의미의 땅보다는 하나님의 다스림이 있는, 즉 통치권을 인정하는 곳이라고 보아야 한다. 만약 천국을 땅으로만 국한 시키면 천국에 가라지가 있다고 하는 말이 이해가 되지 않는다(마태 13장 24-30).

천국을 공간만으로 이해가 되면 천국은 마치 대궐에 들어온 평민과 같은 느낌을 가질 것이다. 평생 대궐에 한 번도 와보지 못한 평민이 대궐에 들어오면 대궐의 웅장함에 감탄하기도 하지만 자신의 행동거지가 대궐의 관습과 너무 달라서 주눅부터 들고 눈치부터 살핀다. 억지로 그것을 배워야 살아남을 것 같은 묘한 이방인의 생소함으로 두리번거릴 것이다. 대궐에서 멸시받지 않기 위해서 대궐에서 행해지는 모든 법도와 습관과 언행을 새롭게 익혀야 한다. 사람도 복장도 행동도 인사법도 식사법 하나에서부터 열까지 모든 것을 새롭게 억지로 적응해야 하는 곳이라면 과연 그곳이 천국이 될 수 있을까? 모든 활동에 제한을 받게 된다면 과연 이런 것이 천국일까? 하는 의문이 생길 것이다. 억지로 자신을 끼어 맞추어야 하는 엄격한 억압이 천국에 있다면 천국은 그렇게 매력적인 곳이 아닐 것이다.

　예수님께서 마태복음 11장 12절에서 천국이 오고 있고 그것을 빼앗을 수 있다고 하셨다. 바로 살아있는 동안에 천국백성이 되는 훈련을 받아야 한다는 뜻이다. 구원이 단번에 이루어졌듯이 천국백성의 품격을 가지도록 왜 단번에 만드시지 않을까? 그것은 우리와 하나님과의 관계가 인격적이기 때문이다. 하나님께서는 우리를 리모트 컨트롤하여 자신이 원하는 방향으로 끌고 가시지 않는다.

　〈브루스 올마이티〉라는 영화에서 주인공 짐 캐리가 신의 능력을 부여받은 후 여러 가지 초능력을 행한다. 복권을 산 사람은 모두 당첨시키고 고물차를 최신형 스포츠카로 단번에 변신시키며 경쟁 앵커를 실수하게 만들어 자신이 앵커자리를 차지한다. 자신의 여자친구 그레이스에게 달을 당겨서 크게 보이도록 하는 기적을 보인다. 그러나 짐 캐리의 이기적인 모습에 환멸을 느끼고 돌아선 그레이스 마음을 돌리지 못한다. 사랑하게 만들고 싶어서 그레이스 앞에서 손으로 당겨보는 초능력을 걸어보았지만 그것만은 이루어지지 않는다. 다른 것을 다 가능했지만 사랑하게 만드는 데는 실패한다. 이것이 바로 하나님 사랑이 기계적이 아님을 보여주고 있는 교훈이고 영화의 핵심 주제이다.

하나님의 사랑은 우리를 강제로 굴복하게 하여 하나님을 닮아가고 사랑하게 하는 것이 아니라 스스로 깨달아 하나님께 나아가게 하고 사랑하게 하시는 것이다. 이것이 바로 하나님의 진정한 사랑이다.

　여기에 가장 중요한 하나님의 성품 중에 하나가 바로 시간이 요구되는 인내인 것이다. 즉 우리가 우리의 입술과 마음으로 하나님을 찬양하고 영광을 돌리는 삶을 수준까지 올라가는 시간이 필요하심을 알고 기다리신다는 것이다. 그래서 인내와 사랑은 동전의 양면 같이 붙어 다는 매우 소중한 품성인 것이다.

　성경책이 왜 이렇게 두꺼운가를 살펴보자. 인간이 그렇게 죄악 가운데서 흉악한 모습으로 사는데도 불구하고 하나님께서는 참고 기다리신다. 또 기회를 주고 기다시리고 결국 예수님을 보내셔서 교회를 통해서 자신의 실체를 드러내는 과정을 자세하게 적고 있기 때문이다. 그리고 인간에 관하여 우리가 이렇게 사랑이 없이 살고 있음에도 불구하고 참고 기다리시는 여유로우심을 보이신다. 그리고 우리가 인내로 이루어가야 할 내용을 적고 있기 때문에 성경은 두꺼울 수밖에 없다.

　과연 그럼 인내란 구체적으로 어떠한 것인지 성경을 중심으로 생각해 보기로 하자.

　첫 번째는 속도와 관련된 인내이다. 일반적으로 참을성이 없는 사람들이 속도를 즐기고 빠른 것을 좋아한다. 대표적인 것이 한국의 인터넷 속도다. 한국에서 인터넷 쓰다가 외국으로 가면 느려 터져서 견디기 힘들다고 아우성이다. 이런 인내는 일의 속도와 관련되어 있고 자신의 성격과 관련되어 있기 때문에 성경에서 말하는 인내와는 좀 차이가 있다. 즉 일을 빨리하고 민첩하다고 해서 꼭 인내심이 없다고 하기는 어렵기 때문이다. 그러나 일처리가 빠른사람이 인내심이 부족한 것은 일반적인 경향이다.

현대사회가 일의 능력 가운데 얼마나 제시간에 끝낼 수 있느냐를 측정하기 때문에 이런 능력을 실력으로 인정하고 회사는 시장에서 살아남기 위해서 더 빠른 서비스를 제공하려고 한다. 그래서 모든 문화활동과 상품구매 활동이 보다 빠른 쪽으로 흘러가고 있다. 퀵서비스 택배, 속달, 속성학원, 컵라면, 3일 완성 운전면허, 1주일 골프레슨, 한 달 토익 700점 완성은 너무나도 흔히 보는 문구이다. 심지어 교회마저 60분에 성경을 1독하는 프로그램을 도입하기도 한다.

그러나 이러한 환경 속에서 인내와 의로운 삶을 살기가 어려워진 것은 명백한 사실이다. 이렇게 빠른 속도로 일을 끝낸다고 해서 꼭 바람직하게 시간을 보낸다는 것은 아니다. 인간은 시간이 남아돌면 선하고 의로운 일보다는 죄악 된 일을 더 많이 하기 때문이다. 로마시민은 육체적인 일을 노예에게 맡기고 시간이 남자 그 무료한 시간을 보내기 위해서 원형경기장에서 사자를 동원하여 사람을 죽이는 일과 성적으로 타락해갔다. 오늘날 서구사회도 비슷한 모습을 띠고 있다. 19, 20세기에는 기계와 전자제품이 인간을 대신하여 여유시간을 만들어 주었고 21세기는 컴퓨터와 인터넷이 정보를 빠르게 전달함으로써 여가시간을 늘려주었다. 인간은 허드렛일로부터 더 많은 자유시간을 누리지만 이상하게 더 바쁘고 더 조급해졌다.

이제 화장실에서도 전 세계에서 일어나고 있는 뉴스와 볼거리를 스마트폰 동영상으로 접할 수 있는 스피드시대가 되었다. 젊은 세대일수록 속도에 익숙해서 정보를 습득하는 능력이 탁월하다. 그러나 10대와 20

통곡 속에 숨은 유머

대 세대가 친구들의 이야기를 참을성 있게 잘 들어주고 할머니 할아버지와 정감이 있는 대화를 나누며 장애인에게 웃음으로 대하는 모습은 찾아보기 힘들다. 그 이유는 모든 면에서 대부분의 노년세대와 장애인들이 젊은 자신들의 속도 맞출 수 없기 때문이다.

속도문화에 익숙해지면 자신의 내면에 휴식과 평정이 깨지기 쉽고 인간미를 잃을 가능성이 높기 때문에 때로는 느림의 미학을 배워야 한다. 부모세대의 도움으로 물질적 부족함과 기다림 없이 충족된 삶을 살아왔기 때문에 감사와 고마움이 무엇인지 모른다. 이처럼 인내가 빠진 현대문명은 인간을 가볍고 신경질적으로 만들었다. 인내는 매 순간 이런 속도의 죽음을 요구하기 때문에 이런 죽음을 경험자들만이 인간 이해와 감사를 하게 된다. 왜 소설가 박완서 씨가『꼴찌에게 보내는 갈채』라는 소설을 썼겠는가를 생각해보자.

그러나 성경에 말하는 인내는 훨씬 의미 깊고 영적이다. 베드로가 예수님께 물었다. 잘못한 형제를 몇 번 용서해 주어야 하는가라고 묻자 예수님께서 70번씩 7회 용서하라고 하셨다. 490번 용서하려면 얼마나 많은 시간이 걸리며 그 사이에 자신의 속이 뒤집어져야 하겠는가? 그러나 바로 이 인내야말로 인간 사랑의 가장 중요한 기초가 되는 품성임을 성경은 증거하고 있다. 그래서 고린도전서 13장에서 사랑은 언제나 오래 참고가 가장 먼저 나온다.

즉 인내가 단회적인 사건에 국한되기보다는 전 인생에 걸치는 길고 긴 마라톤에 비유되는 것이다. 이 싸움에서 우리를 늘 유혹하는 것이 바로 사행심이다. 복권이나 부동산투기, 도박같이 노력 없이 결과를 얻으려는 시도이다. 이런 사행심은 교묘해서 우리 인생 전반에 두루 나타난다.

유학준비를 하고 있는 많은 중국 학생들이 중국 북경에 있는 신동방 학원에 가서 높은 점수를 받고 유학을 간다. 이 학원은 학문에는 왕도가 없다는 인내의 법칙을 무시하고 요령과 테크닉을 가르쳐 점수를 올리는 꼼수를 가르친다. 이렇게 꼼수를 배운 뒤에 높은 점수를 받고 유학을 갔지만 막상 영어실력이 형편없음이 드러나는 경우가 허다하여 미국에서는 또 다른 시험제도를 만들어서 동양에서 온 학생들을 제대로 평가하려고 애쓴다. 토플에 작문과 말하기가 추가된 것도 다 이런 이유이다.

원래 시험이란 자신이 현재 가지고 있는 실력을 반영하는 것인데 그 실력이 아닌 요령으로 시험을 쳐서 점수를 높게 받는 것은 일종의 사기이며 정직하지 못한 것이다. 결국 하루하루 조금씩 공부하면서 자신의 실력을 쌓은 인내의 과정을 생략하면 이런 정직하지 못한 결과까지 낳게 되는 것이다.

어려서부터 많은 독서와 사고와 유연성과 창의성 훈련을 계속한 자만 나중에 빛을 보고 진정으로 최후의 승자가 되는 것이다. 그러나 이런 과정은 너무 지루하고 따분하고 견디기 힘들기 때문에 모두들 속성으로 끝내는 지름길을 찾아 나선다. 비법, 뒷문, 낙하산, 엘리베이터, 비밀과외 등등 모두 자신의 땀과 수고 없이 결과를 속히 쟁취하려는 교묘한 도박임을 명심해야 한다.

우리 신앙도 마찬가지다. 천국에 가기 전까지 우린 이 땅에서 천국백성의 훈련을 받는다. 훈련은 결코 하루아침의 기도와 기적으로 이루어지지 않는다. 인내의 땀이 요구되는 것이다. 이웃과 직장으로부터 미움과 억울함과 모함과 손가락질과 유혹을 받으며 우린 매일 하루하루를 인내로 이겨나가야 하는 싸움을 해야 한다. 그것이 바로 자기를 부인하고 십자가를 지는 것이기 때문이다. 그리고 여기에는 지름길이 없다.

왜냐하면 가나안은 반드시 광야를 거쳐야 하기에 우린 기도 찬송 성경 예배와 같은 너무도 평범한 신앙적인 삶을 하루하루 쌓아가야 한다. 이것은 하루 세 끼 밥과 반찬이며 충분한 수면과 같은 것이다. 결코 입신이나 불받는 체험으로 단번에 이룰 수 있는 일이 아니다. 만약 그럴 수 있다면 성경은 몇십 페이지로 충분하다. 영의 양식으로 이 세대를 본받지 않고 거룩한 영적예배를 하루하루 드릴 때 우린 조금씩 천국백성의 모습을 가지게 되는 것이다.

야산을 둘러보면 잡초는 한 달만 지나도 눈에 뜨이게 자라 있지만 소나무 묘목은 1년이 지나도 자란 것 같지 않다. 그러나 우린 알고 있다. 잡초는 겨울이 되면 시들어져 사라지지만 아기 소나무는 그 푸르름이 눈 속에서 더욱 선명하게 드러난다. 소나무로부터 우린 천국의 비밀이 숨어 있음을 배운다.

마지막으로 인내는 나의 때가 아닌 하나님의 때를 인정하고 순종하는 것이다. 인내는 바로 내가 원하는 일이 지금 반대로 일어날 때도 순종하며 감사로 기다리는 것이다. 이런 인내를 주로 못하는 이유는 나에게 너무 가진 것이 많을 때 일어난다. 그래서 하나님께서는 때로는 이런 재능과 힘을 빼앗아 가신다. 그것이 바로 로마서 5장에서 말하는 환란은 인내를 이란 말인 것이다.

이런 인내 가운데 우리가 엎드릴 때 하나님이 보이고 진정한 사랑을 터득하게 되면서 사람을 어떻게 사랑해야 알게 되는 것이다. 그 결과 우리는 물리적으로 풍족한 천국에 들어가도 거기 풍습과 문화와 행동거지가 낯설지 않고 나의 집에 온 것 같은 편안함을 느낄 것이다. 그러므로 이 땅에서 인내가 무엇인지 배우고 사랑을 자신의 몸에 맞게 재단하는 일이 우리의 몫이니 이를 위해서 기도해야 할 것이다. 우리의 삶은 길고 긴 천로역정이기 때문이다.

구조활동

통곡 속에 숨은 **유머**

소가 떠난 이유를 알려줘를
세 글자로 하면은?

한국 대전에서 1년 정도 머물렀던 아파트는 나를 놀라게 했다. 엘리베이터를 탈 때마다 거의 모든 사람들이 나에게 "안녕하세요"라고 인사를 하는 것이다. 처음에는 친절한 사람들도 한두 사람 사는구나 했는데 아이들부터 연세든 어른까지 인사를 하는 것이었다. 그래서 이 아파트단지가 무슨 반상회 같은 것을 해서 인사하기 운동을 했나 싶어서 다른 동도 그러나 싶어서 물어보았더니 다른 동은 전혀 인사를 하지 않는다는 것이다.

해답의 열쇠는 이 아파트에 노인을 모시고 사는 가정이 대부분이라는 사실이었다. 할아버지 할머니를 모시고 사는 집안의 가정을 중심으로 어른과 아이들이 인사를 자연스럽게 시작한 것이 발단이 되어서 이제는 인사하는 것이 모두에게 정착되었다. 엘리베이터에서 처음 만난 중년여성과 인사를 나누고 이번에 가스비가 많이 나온 것 같다고 서로 이야기할 정도였다. 이웃과 친밀하게 하는 이 인사는 사람들의 벽을 허물고 있었다.

인사가 이렇게 좋은데 도시 사람들은 왜 서로하지 않을까라는 의문을 가지게 되었다. 그저 모르고 지내는 것이 편하고 왠지 먼저 인사하면 내 자존심이 상할 것 같은 느낌 정도 이상의 이유가 있을 것 같았다.

중세사회인 봉건사회 혹은 우리나라의 농경사회에서는 재화를 생산하는 사람과 판매하는 사람 간에 인격적인 교감이 있었다. 그리고 모든 사람들이 어떤 전통과 연륜과 권위 아래서 활동을 해야 했다. 빵을 사러 가든, 구두를 수선하든 어디를 가도 모두가 누구 집의 아들인지 그가 누구인지를 아는 환경 속에서 살았다.

똑같이 동양적이 문화권도 마찬가지였다. 나의 고향은 남쪽 바닷가가 있는 시골마을이다. 20가구 정도 되는 아담한 마을로 모두들 서로 20촌 이내 친척이다. 그래서 어려서부터 동네에 나가면 어른들께 인사를 해야 했다. 특별히 아버님께서 동네 어른을 만나면 깍듯이 인사를 해야 한다고 귀에 못이 박히도록 말씀하시는 바람에 나중에는 인사하는 것에 대한 은근히 거부감이 들 정도였다. 어떤 때는 동네 아이들이 놀고 있는 정자나무까지 가는데 열 분도 넘는 어른들을 차례로 만나서 고개 숙이고 절을 하고 정자나무에 도착하니 목이 뻐근하였다.

세월이 흘러 도시로 간 많은 친구들이 때때로 고향이 그리워 방문하기도 했다. 한번은 도시에 사는 친구가 선글라스를 끼고 동네에 들어 갔다가 "저놈이 누구 집 자식이냐?"고 동네 어른들이 고함을 지르시는 바람에 혼이 난적이 있었다. 그래서 나도 고향에 갈 때마다 동네 입구에서 본의 아니게 선글라스를 벗고 동네로 들어가곤 했다. 괜히 부모님께 누가 되는 일을 하고 싶지는 않았다. 그 이후로 모든 도시로 나간 젊은이들이 고향 동네에 들어갈 때는 선글라스를 벗고 들어가곤 했다.

산업혁명이 일어나면서 서양에서는 봉건제도가 붕괴되고 동양에서도

통곡 속에 숨은 유머

그 이후 산업화가 진행되고 젊은 청년들이 도시로 몰려들면서 새로운 환경이 탄생한다. 즉 고향에서 경험했던 어른들의 권위가 도시에서는 더 이상 존재하지 않았다. 그도 그럴 것이 집을 나서서 길을 걸어서 목적지까지 가도 자기를 아는 사람이 한 사람도 없는 이상한 자유를 누리게 되는 것이다. 바로 묵시적인 권위가 사라지게 되었다. 그래서 내가 하고 싶은 복장이나 행동을 할 수 있게 되었다.

선글라스를 벗을 필요도 없고 인사를 할 필요가 없게 되었다. 정말로 도시는 젊은이들에게 천국과 같은 곳이었다. 누가 길을 물어도 그냥 모르는 척하거나 "몰라요." 퉁명스럽게 대답하고 지나가도 아무도 시비 걸 사람이 없는 곳이 바로 도시였다.

그러나 성경은 위로부터 오는 권세에 굴복하라고 하며 그 권세나 권위가 하나님으로부터 온다고 하고 하나님이 정하신다고 강하게 경고하고 있다(로마서 13장). 권세가 좁게는 정치적인 지도자나 지도자를 포함하고 넓게는 불문율적인 권위까지 포함해서 연장자를 지칭하고 있다. 이런 권위를 거부하고 자신이 하고픈 대로 사는 현대인은 예상치 않은 고통을 받게 된다. 바로 고독인 것이다. 고독은 우리 인간이 직장에서나 이웃 사이에서 인격적인 교류가 없을 때 생겨난다.

우선 오늘날 우리가 살아가는 삶은 거대한 자본에 지배를 받고 있다. 대부분의 관계가 돈이 연관되어 있지 않으면 서로 서비스나 도움을 주고받지 않는다. 어느 날 낯선 사람이 와서 과잉 친절을 베풀면 우리는 의심부터 하게 된다. 그 이유는 바로 돈이 관련되어야만 움직이는 세상인데 마치 돈과 관련이 없는 것처럼 친절을 베풀면 정체를 밝히기 전에는 마음을 열지 않는다.

우리는 이미 거대한 상업주의가 지배하는 삶에서 벗어날 수 없는 세상에 살고 있다. 산업혁명의 시작으로 공장의 조립라인에서 하루 종일 기계처럼 나사만 죄는 일을 하는 사람이 이미 기계와 같은 인간이 되어버린 사실을 이미 체험하였다. 인간은 원래 자신의 고유한 모습을 일을 통해 자신을 드러내야 하는데 그 길을 막아버리는 것이다.

공장이 아닌 사무실에서 일하는 대기업의 사원 역시 별반 차이가 없다. 거대한 조직의 한 부품으로서 그 일을 감당하는 것이지 회사가 어떻게 돌아가는지도 모르고 경영권에 참여하여 자신의 목소리를 낼 수 없는 톱니바퀴의 바퀴 역할만 하다가 집으로 온다. 자영업을 한다고 해도 마찬가지이다. 주유소 사장 역시 거대한 유류 판매조직의 한 부품으로 그저 기름을 구입하고 파는 단순 작업으로 자신의 고유함을 잃어버렸다.

이런 면에서 직업으로 치면 그래도 농부가 자신의 고유영역을 확보하여 정체성을 직업에 반영하여 살아간다고 볼 수 있다. 논을 갈고 씨를 뿌리고 거름을 주고 김매고 가을걷이하는 대부분의 일에 자신의 결정과 판단과 개성을 심을 수 있기 때문이다. 그러나 우린 대부분 흙을 떠나 편하고 교육환경이 좋다는 이유 때문에 도시에 거주하고 자신을 제대로 표현하지 못하는 직업 환경 속에서 살고 있다. 그 결과, 고유의 가치를 인정받지 못하는 소외감을 겪게 된다.

자신이 무의식중에 개성을 상실한 채 기계적 순환 고리에 걸려있는 삶이 직업이 되면 외로움을 느끼게 된다. 이 직업적 고독을 모르고 살고 있다면 더 슬픈 삶이다.

그런데 이 외로움은 직업뿐 아니라 우리 주거환경 속에도 널려 있다. 아파트 밖을 나서서 타게 된 엘리베이터 안에서 윗층 사람에게 인사도 없이 불편하여 눈을 천장으로 향해야 한다. 길을 걸어가도 매일 모르는 사람과 어깨를 스치고 지나가야 하고 할인매장에 가도 아는 사람이 없다. 어쩌다 종업원이 반갑게 미소 짓지만 그 미소는 어렸을 때 동네 구멍가게 아주머니의 미소와 다르다는 것을 안다.

"왔나, 니그 어무이니 좀 갠아네 졌나?"
"그래, 빨리 나사야 되낑데."

그러나 매장 직원은 나의 이름도 나의 어머니에게도 전혀 관심이 없고 오로지 지갑에서 돈이 나오기를 기다리고 있기에 더욱 외롭다. 그래서 다원주의와 이 돈에 물든 집단이 주는 외로움에 벗어나 자아가 진정하게 대접받는 곳을 찾아 나선다. 그중에 하나가 SNS이다. 공간을 초월하여 친구를 만들어 그 고독을 달래고 싶은 인간의 욕망을 SNS가 채워주고 있다.

그러나 성경에서 말하는 권위가 무슨 뜻인지 모르고 이곳에 도피하여 들어오면 또 다른 고독이 기다리고 있을 뿐이다. 하나님께서 이웃을 사랑하기 전에 하나님 사랑을 먼저 요구하시는 것은 바로 권위에 대한 순종이 무엇인지 알아야 진정 이웃을 자유롭게 사랑하고 고독으로부터 탈출할 수 있기 때문이다.

그래서 하나님의 진리는 우리의 평범한 삶 가운데서 얼마나 위대한가를 우리에게 보여주고 계신다. 대전 아파트의 인사하는 모습은 바로 이 진리가 육신이 되어 나타난 일부에 불과하다.

소외감

높은 사람이
드나드는 절은?

어찌하여 이방 나라들이 분노하며 민족들이 헛된 일을 꾸미는가 세상의 군왕들이 나서며 관원들이 서로 꾀하여 여호와와 그의 기름 부음 받은 자를 대적하며 우리가 그들의 맨 것을 끊고 그의 결박을 벗어 버리자 하는도다(시편 2:1–3).

시편 1장에서는 의인과 악인의 차이점을 토로하다가 2장으로 넘어오면서 나라와 민족이라는 집단적 특징을 묘사하고 있다. 원문과 문맥을 고려해 볼 때 말씀을 주야로 묵상하는 사람보다는 바람에 날리는 겨와 같은 사람이 나라와 민족에 훨씬 많을 가능성이 많고 그 집단이 하나님의 뜻과 거룩함을 실천할 가능성은 낮을 수밖에 없다.

악인들이 홀로 있는 것보다 다수가 존재하면 그 악의 크기가 기하급수로 증가함을 우린 역사를 통하여 보아왔다. 600만의 유태인 대학살 사건은 인간이 얼마나 잔인할 수 있는지를 보여주었다. 난징대학살에서 일본군의 잔인성 역시 버금가는 사건이었다. 그러나 그것을 해석하는 오늘의 평가가 다르다는 것이 더더욱 희망 없게 만든다. 독일은 홀로코스트에 대한 자신들을 과오를 철저하게 반성하고 있지만 일본은

통곡 속에 숨은 유머

겨우 20만을 죽였는데 하며 600만에 비하면 아무것도 아니라는 식의 변명을 늘어놓는 우익세력의 반응이 바로 오늘 본문에 나오는 헛된 일을 꾸미는 거짓과 사기로 얼룩진 모습과 유사하다.

우린 왜 이런 차이가 있는지를 분명하게 알아야 한다. 본인은 인간이 잔인해질 수 있다는 사실을 군대생활을 통하여 경험하였다. 1979년 부마사태가 발생하자 우리 전투경찰 중대는 바로 부산으로 향했다. 우린 내륙에서 4개월간의 각종 훈련을 받으며 해안초소로 이사 가기를 학수고대하였지만 예상치 않았던 사태로 인하여 부산과 마산에서 데모군중을 진압해야 했다. 부산의 군중은 경찰병력으로 감당되지 않을 만큼 수가 많았다. 그러자 위수령이 발동되어 탱크를 앞세운 군인들이 부산을 담당하게 되었고 우린 상대적으로 덜 심한 마산으로 와서 데모를 진압하게 되었다.

그러나 마산지역 데모군중도 결코 만만하지 않았다. 대부분의 파출소가 박살나고 데모군중에 의하여 점령당했다는 소식에 우린 파출소를 탈환하기 위해서 급하게 차로 이동하여 돌진하였다. 겨우 데모군중을 생포하고 파출소를 탈환하자 이번에는 마산 경찰서가 위험하다는 소식이 들려왔다. 부랴부랴 우린 마산경찰서로 달려갔다. 경찰서가 막 데모군중 속으로 넘어가려는 순간에 도착한 것이다. 군중은 사나웠다. 데모 군중 가운데 한 사람이 2층에서 화분을 던졌다. 그 화분에 우리 동료 중 한 사람이 머리에 정통으로 맞아 피를 흘리고 쓰러졌다. 그때 그 현장을 목격한 나와 우리 동료들은 눈이 뒤집혔다. 그 이후 우리는 피를 본 승냥이처럼 만나는 데모대를 잔인하게 구타하고 발길질하였다. 불신자였던 난 한 점의 죄책감도 없이 복수의 칼을 휘두른 것이다. 세월이 흘러 하나님을 알게 되고 데모대가 같은 민족이며 백성이었다는 사실을 인정하면서 회개와 용서기도를 드렸다.

하나님이 계시기 때문에 독일 총리가 유태인들 비석 앞에서 무릎을 꿇는 것이지 결코 독일인이 일본인보다 선하기 때문이 아니다. 하나님의 형상을 가지고 있기에 우리가 용서와 사랑을 할 수 있음을 깨달아서 일본의 아베정권을 위해서 기도하고 일본이 진실된 반성을 하기를 원한다. 하나님 없이 뭔가 하려는 모든 움직임은 말씀처럼 헛된 일을 꾸미는 일임을 뼈에 새겨야 할 것이다.

고관절

농토를 많이
소유한 사람은?

  인간은 태어나서부터 일정한 공간과 시간 속에서 살고 있다. 특별히 특정한 시간에 일정한 공간을 점유하고 산다. 아무리 공간을 공유하는 곳이라고 할지라고 두 물체가 동시에 어떤 공간을 점유할 수가 없다. 짧은 순간의 공간인 도로의 한 부분에서 화장실 같은 생활공간뿐 아니라 어떤 직위를 상징하는 자리까지 인간은 특정한 시간에 꼭 한 사람만 허용하는 공간을 점유하고 살아간다. 이런 공간은 남과 최소한 그 순간에 공유할 수 없는 창조질서의 원리가 있기 때문에 상호배타적인 특징을 가진다. 특별히 그 공간을 소유하려고 하는 사람이 많으면 많을수록 그 공간에 대한 인기도는 높아가고 이것으로 인하여 심하면 경쟁이나 전쟁까지 발생하게 된다.
  인간은 이런 공간의 배타성을 시간을 도입하여 해결한다. 먼저 온 사람이 먼저 그 공간을 차지하게 하는 일반법칙이나 사랑과 양보로 타인에게 공간을 내어 주는 행위 등등이다. 그래서 시간은 그런 면에서 질서와 인간의 양보의 미덕을 포함할 수 있기 때문에 이 시간에 대한 많은 묵상이 필요하다. 그저 시계를 상징하는 그 이상의 비밀들이 시간 속에 포함되어 있기 때문이다.

공간의 또 하나의 특징은 인간은 주어진 공간이 주는 한계를 극복하려는 노력을 오래전부터 해왔다는 것이다. 통신에는 공간을 극복하려는 인간의 처절한 싸움이 녹아들어 있다. 인간이 원하는 목적 즉 공간적으로 의사를 빠르게 전달할 수 없이 멀리 떨어져 있는 사람들이 서로 자신의 뜻을 전달하려는 노력이 바로 공간의 한계성을 극복하는 원동력이다. 그 중심에 지금은 인터넷이 자리를 차지하고 있으며 공간의 제약을 넘어선 만남이 이루어지고 있다. 그래서 업무의 효율과 상업의 발달이 가속화되고 있다. 이제는 시간마저도 극복하려는 시도가 그 공간 안에서 이루어지고 있다. 이메일이 바로 그것이다. 이메일은 수신자의 공간여부와 상관없이 전달되어 서로 다른 시간에 정보가 공유된다. 물론 편지도 그런 기능이 있지만 상상을 초월하는 속도로 공간을 극복해 버린 것이 바로 이메일이다.

이처럼 인간은 시간과 공간을 마술사처럼 주물럭거려 놓은 후 놀라운 발전을 이룩하였다. 그러나 하나님께서 허용한 시간과 공간 안에서 만나는 이웃과는 점점 멀어져 가는 느낌을 지울 수가 없다. 실제로 공간을 같이하고 있는 부모가 자녀들과는 시간을 같이하는 기회가 점점 줄어들고 있다. 그것은 하나님이 선택하셔서 주신 공간과 시간을 공유하라는 이웃 즉 가족이나 이웃집 그리고 회사 사람들과 질적으로 높은 관계를 맺기보다는 자신이 택한 공간의 사람들과 시간을 더 많이 공유하는 시대가 된 것이다.

바로 창세기에 하나님의 아들이 땅의 여자들에게 매력을 느끼는 것 같은 것이고 사사기에 사람들이 자기 소견대로 살아가는 것과 방불하다. 창조질서에 의해서 형성된 이웃을 자신의 기호와 이기심으로 멀리

하는 경향이 강해지고 있다.

이것이 바로 하나님을 떠난 사람들의 자연스런 모습이다. 오직 시간과 공간을 동시에 초월하시는 분은 하나님이시다. 하나님처럼 되려고 노력하는 선악과를 먹는 행위나 바벨탑을 쌓은 이 모든 인간의 활동은 스스로가 시간과 공간의 한계를 극복해 보려고 하는 끝없는 불순종을 기반으로 한다. 그러나 우리는 이 시간과 공간을 한꺼번에 빼앗아가는 죽음이라는 실체에 이미 굴복했는데도 불구하고 엄연히 그 사실을 망각하거나 부정하면서 살아간다. 돌아가신 부모님에 대한 간절하고 애틋한 슬픔이 밀려오는 것도 인간이 공간은 극복했지만 완전히 시간을 극복하지 못한 한계에 통곡하고 있는 것이다.

그러므로 우리가 이 공간에만 목숨을 걸고 있으면 한평생 수고하고 짐지다가 그 인생을 마쳐버린다. 왜냐하면 우리의 공간은 완전하지 않고 늘 구멍이 뚫려있고 바람이 불고 비가 새는 곳이기 때문이다. 그리고 어떤 공간이 더 나아 보이는가를 평생 재다가 인생을 마치게 된다. 예수님께서 간음한 여인을 용서하신 것도 자신이 차지하고 있는 도덕적 높은 공간을 내어주어 그 여인을 앉게 하셨기 때문이다. 그러나 바리새인들은 그 도덕적으로 높은 공간에서 다른 공간을 내려다보고 자신의 우월감을 드러내고 있기 때문에 죄를 크게 짓게 되는 것이다.

죄란 바로 시간을 무시하고 공간 속에서 자신을 오래 두고 남에게 양보하지 않고 그 배타성을 그대로 유지하고 있는 것이다. 바로 십자가란 그 공간의 배타성을 포기하고 모두에게 그 공간을 내어 줌으로써 인간으로 하여금 하나님의 원래 창조하신 시간과 공간의 세계를 누리게 하는 것이다.

어떤 인간도 시공을 초월할 수 없기 때문에 우린 예수님의 공로가 아니면 얼마나 그것이 불가능한가를 계속해서 시공간에 대한 묵상으로 그 깊이를 더해야 할 것이다. 공간을 선택할 때마다 영원한 시간에 잇대어 살아가는 습관을 가져야 할 것이다. 그것은 끊임없이 자신이 차지하고 있는 공간에 대한 포기를 연습하고 시간의 영속적인 속성에 몸을 맡기는 훈련이다.

논산사람

스님이
어려움을 겪고 있으면은?

2006년도에 우즈베키스탄을 방문한 적이 있다. 소련이 붕괴되면서 민족별로 독립하였고 이 나라를 우즈벡족이 다스리게 되었다. 우즈벡족은 태어나면서부터 이슬람교를 믿어야 하고 슬라브족은 동방정교를 믿어 왔지만 고려인들은 종교가 없는 민족이라고 상대하기 곤란한 민족이었다고 한다. 왜냐하면 그들의 전통과 문화에 의하면 짐승만이 종교가 없고 반드시 인간이라면 종교가 있어야 한다고 믿어왔기 때문이다.

다행스럽게도 소련이 무너질 때 기독교가 들어와서 고려인들의 종교가 생겨서 이제서야 고려인들을 사람 대접하게 되었다는 이야기를 듣고 유신론 국가의 종교관을 알 수 있게 되었다.

고려인들은 우리와 조상이 같다. 불교가 오랫동안 머물렀지만 종교로 완전히 지배를 하지 못해서 고려인들이 거의 무신론자로 취급받고 있는 것을 보면 이슬람처럼 강력한 구속력이 없는 불교가 종교로 불리기에는 한계가 있다는 것을 절감하게 되었다. 불교와 기독교의 차이를 살펴보자. 불교는 엄밀한 의미에서 신이 존재하지 않기 때문에 학문이나 사상에 가깝다. 그리고 인간의 종교이다. 영원에 대해서 기독교는 직선적이며 역사적이고 사실적이다. 반면에 불교는 윤회적이고 관념적이고 철학적이다.

직선적이란 의미는 역사의 시작과 끝이 있다는 뜻이다. 이 세상이 계속되는 것이 아니라 끝이 존재하며 그 종말의 시기에 인간은 심판대에 서게 되고 새 하늘과 새 땅의 시작이 분명히 있음을 성경은 증거하고 있다. 그러나 심판의 시기는 인간에게 닫혀있음에도 불구하고 수많은 기독교 이단들이 혹세무민하여 사회적 문제를 일으켜왔다.

여기서 기독교 이단들이 많다는 사실은 한편으로는 진짜가 있기 때문에 가짜가 존재하는 것이 아닐까? 위조지폐는 100원짜리와 1,000원 짜리가 드문 이유도 그것이 만 원이나 오만 원에 비하여 가치가 떨어지기 때문이다. 기독교 이단들이 널려있는 것도 참 진리가 별처럼 존재하고 인간의 어리석음으로 인하여 이단들이 우후죽순처럼 난무하는 것이 아닐까 싶다.

기독교는 계시의 종교이기 때문에 신이 보여준 만큼 세상과 인간을 이해할 수 있고 신과 인간과는 차원이 다른 차이가 있다. 반면에 불교에서는 인간이 득도하면 해탈의 경지에 이르고 윤회의 탈을 벗어서 인간이 신이 될 가능성을 가지고 있다.

그런 면에서 불교는 죄와 정욕이 많아지면 타락한다고 보기 때문에 비워야 하고 기독교는 성령으로 채워나갈 때 하나님의 뜻과 의도에 합한 사람이 된다. 불교는 기독교를 인정하고 진리로 가는 길이 여럿이 있는데 기독교는 외길이라 여긴다. 그래서 스님은 성경을 읽기도 한다. 그 결과 불교가 더 포용력이 있는 종교처럼 보인다.

반면 기독교는 내가 곧 길이요 진리이니 나로 말미암지 않으면 하나님께 갈 수 없다는 말씀을 근거로 예수님 외에는 구원이 없다는 진리를 가르친다. 때문에 편협하고 독선적이라는 평을 받는다. 그러나 답이 하나라면 어쩔 것인가? 답을 알지 못할 때 이것도 맞고 저것도 맞아 보이는 것이 아닌지 생각해 볼 일이다. 포용력의 깊은 의미를 다시 한번 생각해 보고 진정으로 하늘에서 내려오는 밧줄이 썩은 것이 아닌지를 현명한 눈으로 사물을 바라보아야 할 것이다.

중고생

야생 개를 키우면은?

학개서 2장에 9절 11절에는 거룩한 고기를 옷자락에 담았다고 해서 옷이 거룩해지지 않는다고 거룩의 특징에 대해서 언급하고 있다. 일반적으로 사람들은 환경에 영향을 받기 때문에 좋은 환경에서는 좋은 결과가 나온다고 믿고 있다. 그래서 맹자의 어머니는 맹자를 세 번이나 이사를 시켜가면서 맹자를 교육시킨다.

그러나 성경은 거룩은 사람들 사이에서는 전달되지 않는다고 한다. 그것은 인간으로부터 거룩이 나오지 않기 때문이다. 인간은 하나님이 보이지 않으면 거룩해지는 것이 아니라 금송아지를 섬긴다. 그러면서 스스로 바른길을 걷고 있다고 여긴다. 모세가 돌판을 들고 내려왔을 때 아론은 금송아지를 애굽에서 인도해낸 신이라고 여기고 섬긴 것이라고 해명했다. 방탕과 탐닉으로 시작한 활동이 아니었음을 시사하고 있다. 소는 인간들이 모두 이구동성으로 동의한 그들의 또 다른 보이는 하나님이었고 그것을 하나님으로 섬기는 것으로 시작하다가 자신의 즐거움과 만족을 추구하는 축제로 무르익어 뛰놀았던 것이다.

캘리포니아에서 이상적인 집단을 꿈꾸며 모인 시나논(Synanon)이란 공동체를 세운 사람은 찰스 디더리치(Charles Dederich)이다. 그는 1958년에 알코올과 마약갱생소를 세워서 술이나 마약에 중독된 사람을 회복시켜주는 일을 시작했다. 그러나 또다시 마약중독이 재발하는 근본 원인이 타락한 세상에 있다고 보고 거주 공동체를 만들어 마약의 기회를 제거하는 것이 유일한 해법이라고 생각한다. 그리고 마약과 술뿐 아니라 거의 모든 인간이 돈이나 이성 같은 다른 것에 중독되어 있기 때문에 거룩한 거주공동체를 만들어서 이것들로부터 자유로운 삶을 살 수 있는 공동체인 시나논을 만든다.

처음에는 술과 마약으로부터 해방되기 원했던 중독자들과 그의 가족들이 시나논에서 마약으로부터 해방될 뿐 아니라 시나논 안에 병원 이발소, 영화관, 미술관, 수영장 같은 문화시설이 갖추어져 무료로 즐기며 건강하며 자유로운 삶에 매료되어 자신의 재산을 들고 시나논으로 이주하게 된다. 모두들 좋은 직장과 현재의 삶의 터전을 버리고 이곳에 모여들어서 같이 삶을 나누며 낙원을 이루어 살아가자는 거룩한 꿈을 가지고 모여들었다. 범죄도 없고 서로 경쟁하지 않고 서로를 위하며 살아가는 이상적 사회를 꿈꾸며 모여들었다. 아이들이 생후 6개월부터 시나논에서 운영하는 보육원에 맡겨져서 고등학교까지 무상교육을 하였기에 여성들은 더 많은 자유와 여가를 즐길 수 있는 그야말로 지상의 낙원 같은 곳이었다.

그러나 시간이 흐르자 보육원과 학교에 디더리치의 사진이 걸리고 온종일 디더리치가 연설한 내용이 방송으로 모든 방에 설치되었다. 게다가 디더리치를 위대한 사람으로 칭송하는 분위기를 넘어서 구세주라는 말이 나오게 된다. 디더리치는 세금 면세를 받기 위해서 시나논을 종교단체로 등록한다. 그리고 교육받는 아이들에게 부모보다 시나논에 더 충성하는 교육을 시키고 아이들을 나치와 같은 충성집단으로 둔갑

시킨다.

한편 이런 부정적인 모습이 밖으로 흘러나가면서 여론이 악화되고 후원금이 줄어들어서 자구책으로 디더리치는 임신한 여인들에게 낙태를 하라고 명령을 내리고 남자들에게는 정관수술을 의무화하게 한다. 내부에서 불만의 소리가 나오자 디더리치는 충성을 확인하기 위해서 현재의 결혼대상과 모두 헤어져서 디더리치가 지정한 짝과 결혼하게 하는 기괴한 명령을 내렸다. 그 결과 시나논의 모든 부부들은 헤어져서 새로운 짝을 맞이해야 했다. 여기서 이탈과 탈출이 생기자 자체 감시대를 구성하여 훈련시킨 야생 개를 감시견으로 두어 도주자들을 물어뜯게 하여 체포하고 구타하는 엄중한 감시체제가 시작된다. 시나논을 극적으로 탈출한 사람이 변호사를 사서 자신의 아이를 돌려달라고 고발하자 디더리치는 수화물에 맹독성 방울뱀을 넣어 변호사를 살해하려고 했으나 뱀에 물린 변호사가 병원에서 회생하는 바람에 디더리치는 체포되었지만 집행유예와 벌금형이 선고되어 풀려난다. 그러나 그의 죄가 유죄로 인정되어 공포정치가 종결되고 계속되는 폭력과 살인미수에 대한 고소로 인하여 기부금 네트워크가 붕괴되어 결국 시나논은 1989년에 완전히 와해된다.

시나논 사건이 주는 교훈은 인간은 아무리 스스로 거룩해지려고 노력하고 집단을 형성해 보아도 하나님 없이는 불가능하다는 것이다. 오늘 성경 말씀처럼 거룩은 환경으로 전파되는 것이 아니지만 타락은 순식간에 퍼진다는 사실을 확인하였다. 인간은 하나님의 통치권 안에 들어가지 않으면 스스로가 신이 되어서 숭배받기를 원하고 만약 그가 권력이나 힘이 있으면 자신의 생각과 사상을 실현하기 위해서 물리적인 억압을 가하게 된다. 아무리 좋은 의도와 배려라고 하더라도 절대자의 손이 아니면 인간은 반드시 독재와 탄압과 잔인성을 드러낼 수밖에 없는 그런 존재인 것이다.

루소가 주장한 자연으로 돌아가자 라는 자연주의는 기존 질서인 정치 경제 사회제도를 완전히 부정하여 완전히 백지상태에서 인위적인 질서로 시작해야 한다는 사상이다. 이것은 예술 분야에서 낭만주의를 자극했고 사상적으로 피의 혁명을 불러일으키는 데 결정적인 영향을 미친다. 시나논은 루소의 사상과 인간의 독재정권이 어떻게 생기게 되었는가를 자연스럽게 설명해 주는 작은 모형이다. 인간이 절대자인 하나님을 외면한 채 만들어 놓은 또 하나의 바벨탑이었고 그 바벨탑은 무너질 수밖에 없다는 것을 성경은 증거하고 있다.

시나논 사건은 우리에게 진정한 거룩이 무엇인지를 단적으로 이야기해 주고 있다. 거룩은 구별된 것이고 깨끗하고 근접하기 어려운 뭔가 인간 세상에 존재하기 힘든 영적으로 고결한 상태라고 생각하기 쉽지만 성경은 바로 하나님 자신을 외면하면 거기에 거룩이 없다고 한다. 우린 끝없이 자신의 이름과 관심과 갈채가 이어지기를 기대하면서 산다. 단체사진을 보아도 제일 먼저 자신이 어디에 있는지 먼저 보게 된다. 왜 하나님께서 이런 사진을 허용하시고 보게 하시는지에 대한 관심은 전혀 없다. 그저 자신이 잘 나왔는지 아닌지에만 유독 관심이 있다. 그런 면에서 우린 자신의 사진을 교실 벽에 걸어두는 디더리치와 별로 차이가 없다. 그래서 우린 대화와 토론과 관계 속에서 자신의 주장을 관철시키기 위해서 고함을 치거나 간접적으로 자신을 드러내는 데 고

단수가 된다.

　모세와 바울이 거룩했던 이유가 바로 자신은 사라지고 오직 하나님
만 나타나기를 진심으로 원했던 것이다. 거룩은 제사나 표면적 행동에
의해서 나오는 것이 아닌 하나님의 빛을 받아서 반사시키는 것이기에
끝없이 해바라기처럼 하나님을 향해 있어야 한다. 우리가 소문에 훌륭
한 사람들과 같이 생활하면서 실망하는 이유는 바로 그들이 하나님의
이름으로 사역하면서 자신의 이름을 새기고 있기 때문이다. 거기서 정
도 차이는 있지만 사랑이 아닌 자신의 아집과 독선과 세속적 리더십으
로 직무를 수행한다.

　우리는 거룩을 방해하는 요소가 어떤 것인지를 깊은 통찰력으로 하
나님 앞에 가증스런 거만함과 종교적 행위만 남는 껍데기 신자가 되어
있지는 않은지 살펴보아야 한다. 오늘도 우리는 바울처럼 날마다 죽고
있는지 통회하는 심정으로 자신을 살펴보기를 바란다. 이것이 거룩이
며 진정한 자유인 것이다.

들개기름

통곡 속에 숨은 **유머**

세상에서
제일 무서운 포탄은?

　한국교회가 살아나기 위해서는 목회자의 설교가 살아나야 한다. 한국교회는 일제강점과 내란을 겪어오면서 비장하고 장렬한 신앙으로 살아남아야 했다. 여기에 주기철, 손양원 목사님 같은 순교의 신앙으로 본을 보였고 초창기 경제적으로 어려운 시기에 목회자들은 가난을 양식 삼아서 기도와 전도로 오늘의 부흥을 이루었다.

　그러나 경제부흥 이후에 물질주의가 한국사회를 휩쓸면서 교회마저도 그 파고에 휘청거리며 급격히 세속화되어갔고 또한 초창기 장렬함 역시 변화된 환경 속에서 빛을 잃었을 뿐 아니라 평화와 안정의 시기에는 시대적 요구에 부합되지 않는 미아가 되고 말았다.

　그래서 교회마다 여러 대안을 마련하고 각종 다양한 프로그램을 개발하여 교인을 붙들어 놓거나 수평이동을 가속화한 교회성장론이 등장하여 목회자들을 세미나로 불러들여 각종 방법론이 전수되곤 하였다. 각종 전도법, 은사집회, 연예인 간증집회, 영성세미나, 경배와 찬양과 문화프로그램 등등이 설교보다 더 인기를 누리고 있다.

　그러다 보니 목회자들은 개신교의 가장 핵심적인 복음사역인 설교가 쇠약해져서 교인들이 진정한 말씀으로 은혜받는 일이 줄어들고 있다.

또한 평화와 안정의 시기에는 구원받은 성도가 그 삶 속에서 어떻게 신앙에 녹아들어야 하는지에 대한 설교가 요구됨에도 불구하고 계속 초창기 살아남기 위한 시대에 전달되던 전도중심의 설교는 시대적 요구를 읽지 못하여 계속 좌충우돌하고 있다.

이러한 절체절명의 위기 속에서 한국교회 강대상이 살아남기 위해서 우리보다 먼저 세속화가 된 서구에서 위대한 설교자들은 어떻게 그 시대를 살면서 하나님의 사람으로서 그 소명을 다했는지 시리즈로 엮어 보면서 기도의 방향을 정해보고 싶어서 필을 들었다.

제1화에서는 영국과 미국에서 목회를 하신 아더 핑크 목사님을 선정하였다. 아더 핑크 목사는 1886년 영국 버팅햄에서 태어나서 그의 나이 22세 때 잠언 14장 22절 말씀을 읽고 거듭난 뒤 성경에 대한 열망을 품고 미국으로 건너와서 무디 바이블 학교를 다녔다. 그 이후 약 26년 동안 호주와 영국 미국에서 목회생활을 하다가 그의 나의 48세에 스코틀랜드 스트로노웨이에 돌아와서 18년 동안 기독교 잡지에 글을 썼다. 그의 나의 66세인 1952년 7월 15일에 소천하였다.

아더 핑크 목사님은 26년의 말씀선포 사역은 한마디로 시련의 역사였다. 그의 말씀사역을 교인들이 잘 수용하지 못하여 사역지를 여러 번 옮겨야 하는 수난의 목회를 하였다. 대중에게 매력을 끌 수 있는 카리스마적 능력이나 청중을 울고 웃기는 현락한 말솜씨에 의지하지 않고 오직 성경 말씀에 초점을 맞추어 풀어내는 스타일에 교인들은 만족하지 못했던 것이다. 결국 그는 이 교회 저 교회 쫓겨 다니는 목회를 하다가 마지막에 스코틀랜드 북쪽 스트로노웨이의 외딴 섬의 산골에 정착한다.

통곡 속에 숨은 **유머**

거기서 그는 강해설교 말씀을 매월 정기적으로 약 2,000여 명의 독자들에게 자신의 글을 써서 보냈다. 2,000여 명 중에서 일부 교인이 보낸 헌금으로 찢어지게 가난하게 살다가 이생의 삶을 마감한다. 그는 생존 시에는 아무도 알아주지 않은 묻힌 목회자로서 평생을 가난과 싸우며 살아야 했다. 그러나 그 가난은 그의 말씀에 대한 열정을 잠재우지 못했다. 심지어 2차 대전으로 포탄과 총성이 오고가는 와중에도 그는 외로운 고도에서 묵상한 내용을 하나하나씩 적어 나갔다. 그의 글은 그의 나의 30세 결혼한 아내인 베라 레셀에 의하여 타이핑되어서 독자들에게 전해졌다.

아더 핑크 목사님이 소천한 후 어느 편집자가 그의 원고를 발견하고 책으로 출간함으로써 세상에 알려지게 되었고 그는 20세기 초중반기 가장 영향력이 있는 복음주의 목회자의 반열에 오르게 된다. 지금도 전 세계에서 핑크 목사님의 책을 읽고 감명받은 독자들이 그의 무덤을 보기 위해서 스코틀랜드 스트로노웨이를 방문한다. 그러나 비석도 없는 공동묘지에 봉분마저 없는 맨땅에 아내와 같이 묻혀 있다. 그래서 그의 무덤은 묘지기에 물어보지 않으면 찾을 수 없다고 한다. 그 묘지기는 하도 전 세계에서 크리스찬들이 그 무덤을 찾아와서 이제는 무덤 지도를 보지 않아도 찾을 수 있다고 하면서 평평한 맨땅으로 방문자를 안내한다고 했다.

이 땅에 보이는 것으로는 아무것도 남기지 않은 아더 핑크 목사님이시지만 그는 사후에 수많은 크리스천들의 가슴에 불을 붙게 하여 하나님 앞으로 더 가까이 가게 한 위대한 목회자였다.

핑크 목사님은 설교의 목적에 대하여 다음과 같이 말씀하셨다. "설교란 하나님의 얼굴을 찾는 죄인들을 격려하고 애통한 자를 위로하고 떨리는 무릎을 강건케 하고 하나님과 밀착된 순종의 동행을 하도록 도전하고 하나님의 진리를 보다 균형 있게 이해하도록 돕는 일에 힘쓰는 것이다."

꾸짖거나 도덕적이나 시사적이나 예화 중심의 설교가 아닌 하나님의 임재를 느끼게 하는 말씀을 통하여 영혼들이 회개하고 하나님과 더욱 더 친밀해지게 하는 설교를 하신 것이다.

그리고 그렇게 내핍적 생활과 경건한 삶을 사시면서 그는 우리가 가장 즐겨 인용하는 구절인 로마서 8장 26절이 가장 두려운 구절이라고 했다. "우리가 알거니와 하나님을 사랑하는 자 곧 그 뜻대로 부르심을 입은 자들에게는 모든 것이 협력해서 선을 이루느니라" 라는 말씀을 대할 때마다 그는 다음과 같이 고백한다. "Alas! How little I love God! 아! 얼마나 나는 하나님을 형편없이 사랑하는가! 나는 너무도 자주 나의 사랑의 결핍에 한탄한다. 그래서 내 마음의 냉담함 때문에 자신을 꾸짖는다. 그럼에도 나는 나와 이 세상을 너무 사랑한다. 그래서 때때로 나는 하나님을 조금이라도 사랑하고 있는지 심히 의심한다. 하지만 내가 하나님을 사랑하고픈 열망이 있으니 좋은 증상이 아닌가?" 라고 고백하셨다.

핑크 목사님이 자신과 세상을 사랑한다고 했는데 우리 눈으로 보면 도저히 그럴만한 구석을 찾아볼 수 없다. 황무지 같은 곳에서 끼니를 이어가기가 힘든 삶과 추위와 싸우시며 밤낮으로 말씀을 쓰신 분이 자기와 세상을 사랑했다고 했을 때 그의 사랑은 차원이 다른 것이다. 그런 맑은 영성이 있기 때문에 로마서 8장 26절을 다르게 볼 수 있는 영안이 열리는 것이다.

오늘날 한국 신학교의 신학생들의 우상이 바로 대형교회 목사님이라고 하는 흐름이 만연되고 있다. 그리고 교회가 모두들 대도시에 집중되어 있고 교회 몸집 불리는 데 경쟁을 하고 있다. 그리고 많은 프로그램과 행사와 교인들의 가정사에 목회자들이 끌려다니다 보니 말씀을 놓고 하나님과 씨름하는 시간이 줄어들고 있어서 강대상에 전달되는 말씀에 성령의 능력은 없고 혼내는 설교나 인간적인 위로나 감정에 호소하는 설교를 하고 있다. 말씀과 성령의 능력에 의해서 변화되지 않는 교인은 목회자를 성경과 함께하는 시간을 방해하고 결국 피폐한 말씀을 먹다 보면 더욱더 목회자들을 자신의 세상사에 끌어들여 같이 망해가는 악순환을 반복하고 있다.

이 참담한 세대에 우리가 핑크 목사님과 같은 분이 그리운 이유는 무엇일까? 그는 천대받고 배고프게 살다 가셨다. 오직 하나님의 말씀이 영광을 드러낸다고 믿고 사신 그 순교자적 믿음과 실천이 우리를 부끄럽게 한다. 이 세대 사람들의 박수와 환호를 멀리하고 성경말씀 속에 들어 있는 생명을 드러내기 위하여 처절하게 자기와의 싸움을 이기시고 십자가의 길을 걸어가신 아더 핑크 목사님 같은 분들이 한국 교회에도 나올 수 있기를 간절히 기도한다.

* 핑크 목사님과 관련된 내용은 핑크 목사님의 무덤을 직접 방문하신 이중수 목사님의 증언과 이중수 목사님 쓰신 책『 하나님의 사람들』을 참고하였다.

공포탄

고통스러운 것도 수학이다를
다섯 글자로 하면은?

　사랑하는 자들아 너희를 연단하려고 오는 불 시험을 이상한 일 당하는 것 같이 이상히 여기지 말고 오히려 너희가 그리스도의 고난에 참여하는 것으로 즐거워하라 이는 그의 영광을 나타내실 때에 너희로 즐거워하고 기뻐하게 하려 함이라 너희가 그리스도의 이름으로 치욕을 당하면 복 있는 자로다 영광의 영 곧 하나님의 영이 너희 위에 계심이라 너희 중에 누구든지 살인이나 도둑질이나 악행이나 남의 일을 간섭하는 자로 고난을 받지 말려니와 만일 그리스도인으로 고난을 받으면 부끄러워하지 말고 도리어 그 이름으로 하나님께 영광을 돌리라 하나님의 집에서 심판을 시작할 때가 되었나니 만일 우리에게 먼저 하면 하나님의 복음을 순종하지 아니하는 자들의 그 마지막은 어떠하며 또 의인이 겨우 구원을 받으면 경건하지 아니한 자와 죄인은 어디에 서리요 그러므로 하나님의 뜻대로 고난을 받는 자들은 또한 선을 행하는 가운데에 그 영혼을 미쁘신 창조주께 의탁할지어다(베드로전서 4장 12-19).

　인간들이 세상을 살아가면서 피할 수 없는 것 중에 하나가 바로 환란이나 고난이다. 오늘 본문을 자세히 살펴보면 환란에는 크게 3종류가 있다고 볼 수 있다.

첫 번째 환란은 인간 스스로가 죄를 지어서 발생하는 응징적 고난이다. 여기에는 개인이 지은 죄를 그 개인에게 국한된 징벌을 의미한다. 개인이 지은 죄라 할지라도 죄의 결과는 다른 사람을 불행하게 하거나 고통 속으로 몰아넣는다. 살인이나 강도를 당한 본인과 가족과 친척들의 고통과 같이 비교적 적은 사람들에게 영향을 미치는 경우도 많지만 많은 사람들이 피해를 보는 경우도 허다하다. 사무엘 시대에 엘리 제사장 아들인 홉니와 비느하스의 패역한 행동의 결과로 본인들 죽음은 물론이고 언약궤를 빼앗기고 이스라엘 군사 삼만 명이 전사한다. 또한 한 개인뿐 아니라 전 백성들의 우상숭배와 타락으로 바벨론 포로로 끌려가는 고초를 당한다.

하나님께서는 신명기 28장 말씀을 통하여 순종하면 복이요 불순종하면 화를 당할 것이라고 분명하게 말씀하셨다. 그래서 그 명령을 준행치 아니하면 당연하게 고난과 고통이 찾아오게 되어있다. 그런데 이런 유아기적 불순종에 의한 고초라고 하더라도 하나님께서는 자신의 아들을 죽임으로써 우리를 구원한 사랑 때문에 우리를 파멸과 종국으로 몰고 가시는 것이 아니라 징계를 통하여 깨우쳐서 돌아오게 하시기 위해 고난 속으로 내몰아가신다. 오히려 죄를 지었는데 만사형통한다면 그것이 바로 저주이고 파멸의 길인 것이다(시편 73편).

두 번째 환란은 본인이 눈에 보이는 죄가 없는 것 같은데 이유를 알 수 없는 고난을 겪는 경우이다.

야곱과 요셉의 이주로 인하여 애굽에 살게 된 이스라엘 백성들이 겪는 고초는 급속하게 증가하는 이스라엘 백성을 두려워한 바로가 이스라엘 백성에게 국고성을 건축하는 고된 부역을 부과시켜 시작된다. 자손 번성이 결코 죄가 아님에도 불구하고 애굽왕의 두려움이 이런 고난을 부르고 영아살해라는 사회악을 불러일으킨다. 지금도 종족과 민족 간의 집단 학살과 인종청소가 아직도 자행되고 있다. 사람들은 문제의 근원을 하나님으로 출발하지 않기 때문에 해결되지 않고 죄악을 대대로 이어간다.

그럼 왜 하나님은 이런 고난에 침묵하실까? 이런 침묵의 시기를 견디지 못하고 하나님은 계시지 않는다고 하며 무신론자가 된 사람들도 비일비재하다. 그러나 하나님께서는 하나님의 시간표를 기준으로 일하신다. 예수님께서 요한복음에서 7번씩이나 하나님의 때를 말씀하시면서 인간이 설정한 시간으로 움직이지 않으심을 보여주셨다. 침묵의 핵심은 하나님께서는 우리와 일대일로 교제하시기 원하신다는 것이다. 예수님께서 십자가에서 돌아가셨을 때 성소의 휘장이 찢어진 것은 바로 율법과 전통에 갇혀서 직접 만날 수 없었던 그 관계를 예수님을 통하여 열어주신 것이다.

인간은 창조 당시부터 하나님의 형상을 지니고 있기 때문에 죄를 지으면 마음 한구석에서 가책을 느낀다. 이런 가책은 본질적으로 하나님께서 심어주신 것임에도 불구하고 우린 도덕과 윤리로 포장되어 있기 때문에 도의상, 윤리상 반성으로 인식하기 쉽다. 그래서 실제로 하나님을 믿고 난 후에도 하나님의 존재를 따스한 인정과 사랑이 오고 가는 관계로 인식하기보다는 아주 거룩하고 완벽한 상태나 힘이라고 인식하기 쉽다. 어쩌면 자신의 실제 모습보다는 물 위에 비치는 그림자에 더

통곡 속에 숨은 유머

매혹을 느끼는 나르시시즘적 경향이기도 하고 사물의 원형인 이데아를 좇는 비성경적 습성이라고 볼 수 있다. 이것은 죄를 합리화하는 쾌락주의나 자신의 힘으로 이데아로 나가려고 하는 금욕주의로 흘러가게 한다. 이런 것들은 전혀 하나님이 원하시는 사랑의 관계와 상관이 없는 인본적 발상이다. 이 상태에서는 우린 결코 하나님과 이웃을 사랑할 수 없기 때문에 고난이란 묘한 기회를 하나님께서 전략적으로 사용하시는 것이다.

　이스라엘 백성들에게 노역의 고통을 허락하심으로써 이스라엘 백성들은 바로와 에굽이 자신들이 모셔야 할 왕과 거주할 땅이 아님을 알게 된다. 모세와 아론이 지팡이를 들고 에굽 왕궁을 들락날락했을 때 그제야 전설과 이야기로 듣던 아브라함 이삭 야곱의 하나님이 실제로 존재하시고 그들의 고통을 들어주시고 해방시켜주실 전능자이시며 새로운 왕과 같은 존재임을 10가지 재앙을 통해서 알게 된다. 더 이상 그들에게는 상상과 추상과 정신적 환영이 아니신 화를 내시고 소리를 지르시는 신이셨던 것이다. 그리고 그런 행동과 역사가 모두 이스라엘 백성들을 가르치고 인도하여 가나안 땅으로 부르시기 위하여 계획을 세우시고 실행에 옮기신 분이라는 것이다.

　우리에게 다가오는 고난 역시 이 세상에 밀착되어 정신없이 바쁘게 지내면서 하나님은 내가 정한 시간에 잠시 틈내어서 선한 틀에 부합된 행동을 했으면 뿌듯하여 어깨에 힘이 들어가고 반대의 경우는 죄책감에 시달리는 행동을 반복한다. 그러다가 고난이 닥치면 초월적 세계가 실감나게 실제 현실로 다가오게 된다. 한탄과 비탄과 항의하는 마음으로 기도가 시작되었다가 마음에 평강이 찾아오면 감사로 기도를 마친다. 이것이 시편기자의 기도이다. 추상과 전설의 하나님이 고난을 통해서 인격의 하나님으로 다가오기 때문이다.

욥의 고난 역시 이런 점을 포함하고 있다. 성경은 그가 의로운 사람이라고 시작했는데 그에게 그의 아내마저 하나님을 저주하고 죽어라고 할 정도의 고통스런 사건과 사고가 발생한다. 욥은 그가 부끄러운 죄를 지은 적이 없고 그야말로 율법을 잘 지킨 당당한 의인이었다고 믿고 있는데 극심한 고난이 닥치자 이해할 수 없다고 넋두리를 한다. 심지어 태어나지 말았으면 좋았을 것이라고 창조주에 대한 간접적 불만을 쏟아낸다. 욥 역시 하나님을 윤리와 도덕과 전통의 완전한 상태나 힘으로 보았기 때문에 거기에 벗어난 하나님을 이해할 수 없었다. 그러나 귀로 듣던 전설의 하나님이 직접 나타나시자 욥은 회개 모드로 바뀐다. 인격적 만남에서 우러난 절대적 신뢰가 그동안 행동을 지배했던 윤리와 법칙으로 무장한 사고를 무너뜨린다.

고난은 또한 유행과 군중 속에 파묻혀있는 우리를 드러나게 한다. 하나님께서는 자신이 인간에게 친밀하고 유일한 인격체로 인식되시기 원하지만 우리 역시도 군중에 묻혀서 자신의 변화에 무감각한 상태를 허용하지 않으신다. 창세기 6장에서도 하나님께서 사람을 지으심을 후회하셨다는 말씀을 하실 때도 구체적인 특정한 인물이 아닌 군중 전체가 죄악으로 물들어 있음 묘사하고 있다. 또한 11장 바벨탑 사건 속에서도 특정 이름은 나오지 않고 모든 무리가 죄를 지은 것으로 그리고 있다. 죄악은 우리의 인격을 빼앗아 군중 속으로 던져 넣는다.

예수님 앞으로 창녀를 끌고 온 무리에게도 군중 속에 숨어 있는 죄를 들추어내시며 너희 중에 죄 없는 자가 먼저 돌로 치라고 하신다. 하나님께서 이런 죄악 된 무리를 구원하실 때는 반드시 개인으로 불러내신다. 갈대아 우르 땅에 있는 아브라함을 부르신 것은 바로 우리 역시 하나님과 군중 속에서 만나면 예수님의 인격이 우리 속으로 녹아들어 올 수 없기 때문에 한 개인을 불러내시는 것이다.

고난이 뼛속까지 스며들면 우리는 주위에 있는 어느 누구도 나의 고통을 대신 져줄 사람이 없음을 알게 되고 오로지 자신과 하나님과 일대일 관계가 된다. 군중이었던 친구 친척 심지어 가족마저도 자신의 작은 죽음과 고통을 대신 할 수 없는 순간 우리의 영혼은 하나님을 애절하게 찾는다.

하나님께서는 고난을 통해서 하나님 자신이 선반 속에 꽂혀있는 성경책의 글자로 인식되시기를 원하지 않으신다. 또한 우리 역시 집단 속에 묻혀서 노아의 방주가 지나가면 같이 탈 것이라는 환상을 환란을 통해 거두어 가신다. 결국 그분과 눈과 눈이 마주치고 호흡소리를 들으며 살아갈 때 조금씩 우린 더 큰 환란을 견딜 수 있는 맷집이 생긴다.

마지막 환란은 바로 하나님의 법칙대로 살아갈 때 찾아오는 적극적 고난이다. 십자가를 지고 모진 고문을 받으며 복음을 전한 사도바울과 같은 삶인 것이다. 우리에게는 우리가 만나는 이웃과 불신 친척과 직장 동료와 가족이다. 여기서 매일 내가 죽는 경험을 하며 살아가는 삶이 바로 가장 거룩한 환란에 참여하는 삶이다. 현장에 관리자도 없는데 열심히 일한다고 요령이 없다는 말을 듣는다. 정직하다고 바보 취급당하고 화낼 일에 참는다고 손가락질당하기도 한다. 이런 일들을 당하는 것이 적극적으로 고난에 임하는 자세이다. 오늘 베드로 사도는 이런 고난을 받고 사는 것이 바로 하나님의 영광을 위해서 사는 것이라고 한다. 이런 곳에서는 반드시 생명의 역사가 일어나기 때문이다. 자신이 어떤 단계에 있는지 점검해 보자. 그리고 뒷단계 고난을 받고 있다면 우린 "무명한자 같으나 유명한자요 죽은 자 같으나 보라 우리가 살아 있고 징계를 받는 자 같으나 죽임은 당하지 않고 근심하는 자 같으나 항상 기뻐하고 가난한 자 같으나 많은 사람을 부요하게 하고 아무것도 없는 자 같으나 모든 것을 가진 자로다"라고 하는 고백을 이웃을 통하여 들을 것이다.

고난도 수학

죽을 때 한 푼도 가져갈 수 없다고
믿는 사람이 준비해야 하는 것은?

　요한복음 20장에서 마리아가 울고 있을 때 예수님께서 왜 울고 있느냐고 묻고 계신다. 이 질문에는 엄청난 복음의 비밀이 들어 있다. 에덴동산에서 아담에게 네가 어디에 있느냐고 묻는 것과 같다. 이미 마음이 타락해 버린 아담은 그 아름다운 동산에서 두려워서 숨어버린다. 그리고 부끄러워했다.

　마리아는 죽음의 무덤 앞에 있지만 예수님께서 내가 온 것은 양으로 생명을 얻게 하고 풍성하게 할 것이라는 약속을 기억하지 못한 채 울고만 있었다. 그리고 우리는 이 세상의 권세자들과 세력에 눌려서 죽음을 이기지 못한 모습을 보인다. 마리아가 그리하였다. 고작 예수님의 시체를 돌려달라는 정도밖에 못 하고 있었다.

　어쩌면 불신자들이 개독교라고 저주할 때 우린 그저 마음이 불편하거나 약간 아픈 정도에 머물고 만다. 물론 예수님을 사랑하기에 그런 마음이 드는 것은 사실이지만 그것은 예수님께서 이제부터 간섭하시고 인도하셔서 얼마나 대단한 나라에 들어와 있는지를 알려 주실 약속을 기대하고 있다면 우리의 반응은 달라질 것이다.

약속에 대한 확신이 있으면 당연히 영원한 나라에 대한 소망이 크다. 즉 예수님 오시기를 기다린다. 파견대 소속의 군인이 황금과 다이아몬드 집에 살고 매일 즐겁고 유쾌한 오락과 평화로운 모습을 살고 있다면 그를 파견한 본부에 가보고 싶은 것은 너무나 당연하다. 그런데 오늘날 대부분의 교인은 영원한 나라를 사모하기보다는 현재 있는 곳에 더 오래 머물러 있고 싶어 한다. 그 이유는 단 하나 천국보다 여기가 더 좋아 보이기 때문이다. 이런 교인들에게 천국을 알게 하는 것은 현재의 삶을 고달프게 할 수밖에 없다. 그러나 진정으로 천국의 비밀을 아는 성도는 현재의 것도 좋지만 천국은 비교할 수 없는 엄청난 곳임을 알기에 그 영원한 나라를 기다릴 수밖에 없다.

영원과 의와 사랑의 깊이, 높이, 넓이를 제대로 안다면 이 세상의 어떤 것도 우리의 마음을 빼앗을 수가 없음에도 불구하고 세상과 죽음 앞에 연약한 모습을 보인다면 그것은 아직 우리가 아직도 초보에 머물러 있다는 뜻이다. 주님께 간구하자. 보이지 않은 세계와 영원한 세계를 갈망하게 되기를….

영원(0원)

통곡 속에 숨은 **유머**